U0471011

山西文華·著述編

郭弘農集

晋 郭璞 ◎ 著
聶恩彥 ◎ 校注
牛貴琥
王曉楓 ◎ 審訂

《山西文華》編纂委員會 編

山西出版傳媒集團
三晉出版社

圖書在版編目(CIP)數據

郭弘農集/(晋)郭璞著;聶恩彦校注. —太原:三晋出版社,2018.11
ISBN 978-7-5457-1799-0

Ⅰ.①郭… Ⅱ.①郭… ②聶… Ⅲ.①郭璞(276—324)—文集 Ⅳ.①Z429.371

中國版本圖書舘CIP數據核字(2018)第260076號

郭弘農集

著　　者:	〔晋〕郭　璞
校　　注:	聶恩彦
審　　訂:	牛貴琥　王曉楓
責任編輯:	解　瑞
封扉設計:	山西天目·王明自
出 版 者:	山西出版傳媒集團·三晋出版社（原山西古籍出版社）
地　　址:	太原市建設南路21號
郵　　編:	030012
電　　話:	0351-4922268（發行中心）
	0351-4956036（總編室）
	0351-4922203（印製部）
網　　址:	http://www.sjcbs.cn
經 銷 者:	新華書店
承 印 者:	山西人民印刷有限責任公司
開　　本:	700mm×1000mm　1/16
印　　張:	18.75
字　　數:	350千字
版　　次:	2018年11月　第1版
印　　次:	2018年11月　第1次印刷
書　　號:	ISBN 978-7-5457-1799-0
定　　價:	110.00圓

版權所有　翻印必究

《山西文華》編纂委員會

主　　任　樓陽生
顧　　問　廉毅敏
副 主 任　張復明
委　　員　李福明　李　洪　郭　立
　　　　　閻潤德　李海淵　武　濤
　　　　　劉潤民　雷建國　張志仁
　　　　　李中元　閻默彧　安　洋
　　　　　梁寶印

編纂委員會辦公室
主　　　任　安　洋(兼)
常務副主任　連　軍

《山西文華》學術顧問委員會

李 零　李文儒　李學勤　袁行霈
唐浩明　梁 衡　張 頷　張光華
葛劍雄　楊建業

《山西文華》分編主編

著述編　劉毓慶　渠傳福
史料編　張慶捷　李晋林
圖錄編　李德仁　趙瑞民

出版説明

山西東屏太行,西瀕黄河,北通塞外,南控中原,是中華民族的主要發祥地之一。中華文明輝煌燦爛,三晋文化源遠流長。歷史文獻豐富、文化遺産厚重,形成了兼容並包、積澱深厚、韵味獨特的晋文化。山西省政府决定編纂大型歷史文獻叢書《山西文華》,以彙集三晋文獻、傳承三晋文化、弘揚三晋文明。

《山西文華》力求把握正確方向,尊重歷史原貌,突出山西特色,薈萃文化精華,按照搶救、保護、整理、傳承的原則整理出版圖書。叢書規模大,編纂時間長,參與人員多,特將有關編纂則例簡要説明如下。

一、《山西文華》是有關山西現今地域的大型歷史文獻叢書,分"著述編""史料編""圖録編"。每編之下項目平列;重大系列性項目,按其項目規模特徵,制定合理的編纂方式。

二、"著述編"以1949年10月1日前山西籍作者(含長期在晋之作者)的著述爲主,兼收今人有關山西歷史文化的研究性著述。

三、"史料編"收録1949年10月1日前有關山西的方志、金石、日記、年譜、族譜、檔案、報刊等史料,以影印爲主要整理方式。

四、"圖錄編"主要收錄1949年10月1日前有關山西的文化遺產精華,包括古代建築、壁畫、彩塑、書畫、民間藝術等,兼收古地圖等大型圖文資料。

五、今人著述采用簡體漢字橫排,古代著述采用繁體漢字橫排。

《山西文華》編纂委員會

郭弘農集題辭

神僊傳言郭河東得符兵解之道今為水僊伯其然與否吾不敢知亦足見烈士殉義雖死可生亂臣賊子不能殺也景純才學見重明帝塟於溫嶠庾亮余謂其抗節王敦贊成大事匡

清刻本《郭弘農集》書影

郭弘農集卷之一

　　　　　　　晉河東郭　璞　著
　　　　　　　明太倉張　溥　閱

賦

南郊賦

於是時惟青陽、日在方旭、我后將受命靈壇、乃改步而鳴玉、升金軒、撫太僕、揚六轡、齊八駿、列五幡於一元兮、靡日月乎黃屋、矯陵烏以偵候兮、整豹尾於後屬、武騎伐以清道、被練煥以波

出版前言

先父諱恩彥,1929 年生人,山西萬榮人氏。1949 年參軍南下,歷任川北行署黨委秘書,中共西南局組織部幹事。1954 年入雲南大學中文系學習,後留校任教,教授中國文學史、古典文學,尤精於先秦兩漢魏晋南北朝文學。1970 年調雲南省文化局任創作室負責人,主編《文藝戰綫》《雲南文藝》,並曾主編雲南省散文小説選《航標燈》、詩歌選《金色的瀑布》、兒童文學選《新螺》等。1977 年調入山西師範學院(即今山西師範大學)中文系,從事中國古典文學的教學與研究,在楚辭、魏晋文章、宋話本方面均有造詣超卓之研究,素爲學界所欽敬。1991 年 11 月 5 日病逝於北京,享年 62 歲。

先父爲人剛正不阿,嫉惡如仇,秉性高潔,志行高遠。彼時離滇而入晋,即因厭惡官場之險惡,而以教書育人、著書立説爲人生之寄托。在山西師範大學執教十五載,其品行、學識深受師生景仰。離世之後,余每逢先父之故交、舊徒,憶及先父生時之行事,無不唏嘘、感慨,不勝欽敬。

先父於雲南大學中文系學習時,曾受教於劉文典先生,故對先秦兩漢魏晋南北朝文學情有獨鍾。余幼時既知先父精擅楚辭,至今尚能憶及先父在二十世紀八十年代初就屈原《天問》連續發表八篇系列研究論文時的工作情狀。彼時可謂先父創作力之高峰時期,故不徒有楚辭方面的研究發表,更有京本通俗小説方面的研究引起國内學界争鳴。先父病逝前,余尚懵懂無知,故雖在家中看到先父影印之郭璞《山海經圖贊》《穆天子傳》及書架上所陳張溥編錄《漢魏六朝百三名家集》之綫裝本、中華書局版《晋書》十册，並不知先父彼時已有更宏大之規劃。祇是去年在故家中檢索先父遺留文稿，才知先父不僅在去世前已經完成了《郭弘農集校注》，而且也完成了《穆天子傳箋注》《山海經圖贊箋注》和《郭璞評傳》。惜後三部書尚僅存字紙之中，睹物思人，豈不痛哉！

《郭弘農集校注》在先父離世前數月由山西人民出版社付梓出版。先父去世後，家母親贈我一册以爲紀念。學界對此書久有讚譽，謂爲名家之作，於郭璞研究中至今未有後繼者。今三晋出版社於此書基礎上出版《郭弘農集》，允爲盛舉。人以文傳，信夫！

《郭弘農集》繁體橫排，内容遵從原刻本，一仍其舊，保留異體字。因書中校注文字旁徵博引，多引用古注，故對其中存在的多種注音方式（如古注的直音法、反切法，今注的漢語拼音標注法等）不做統一。注中引用古注時，古注又有引注，層層套疊，爲不影響閱讀，在不產生歧義的前提下，僅以冒號點出，不再層層套加引號。注中引用古注時，高誘、郭璞、畢沅、郝懿行等人對古代典籍的稱名方式多有簡省或有異於今者，今從古文原注。

聶敏里
謹記於北京藍靛廠老營房
2018 年 8 月 7 日

前　言

　　郭璞(276—324),字景純,晋河東聞喜(今山西省聞喜縣)人。博洽多聞,好經術及古文奇字,詞賦爲中興之冠;又通曉陰陽算曆、卜筮之術,雖管輅不過也。以時亂避地渡江,官著作佐郎;後爲王敦記室參軍,以勸阻王敦起兵被殺,時年四十九歲。《晋書·郭璞傳》稱:"璞撰前後筮驗六十餘事,名爲《洞林》。又抄京、費諸家要最,更撰《新林》十篇、《卜韵》一篇。注釋《爾雅》,别爲《音義》《圖譜》。又注《三蒼》《方言》《穆天子傳》《山海經》及《楚辭》《子虛》《上林》賦數十萬言,皆傳於世。所作詩賦誄頌亦數萬言。"這數萬言的詩賦誄頌,梁時已編輯成集。《隋書·經籍志》云:"《晋弘農太守郭璞集》十七卷,梁十卷,録一卷。"唐時《郭璞集》尚在,《舊唐書·經籍志》《新唐書·藝文志》均著録《郭璞集》十卷。到了宋代已有散佚,《宋史·藝文志》著録的《郭璞集》,就只有六卷了。而明代,《郭璞集》殆已散亡,不傳於世了。到了晚明,張溥編録《漢魏六朝百三名家集》時,才把郭璞的詩賦誄頌輯爲《郭弘農集》二卷。清人嚴可均的《全晋文》和丁福保的《全晋詩》,都分别輯録了郭璞的創作,雖在内容上有所增補,但都没有超出《郭弘農集》二卷的範圍。

　　張溥(1602—1641),字天如,號西銘,太倉(今江蘇省太倉縣)人,崇禎進士,授庶吉士。後乞假歸家,不再出仕。溥自幼勤苦好學,崇尚節氣,富於正義感,是明末有名的文學家。曾集郡中文士,組織愛國社團,創爲文社,"以世教衰,此其復起,名社曰復",進行文學和政治活動。自稱繼承東林,敢於評議時政,爲權貴所惡。里人陸文聲要求入社,被拒,因向朝廷告發溥興黨禍;至溥死,案猶未結。張溥是代表江南中小地主階級,向貴族、閹黨進行鬥爭的復社領袖之一,著有《七録齋詩文合集》十卷。他的《五人墓碑記》,歌頌英勇的蘇州市民與閹黨進行的壯烈鬥爭,强調匹夫之死,"有重於社稷",遠非"縉紳"所能及,是一篇政治性很强的散文。

張溥編録《漢魏六朝百三名家集》,雖是根據張燮輯《七十二家集》、馮惟訥輯《古詩紀》、梅鼎祚輯《文紀》,但却不是純粹鈔録,而是有所"送疑取難",有一定的編録標準。他在《叙》中説:"余少嗜秦漢文字,苦不能解,既略上口,遍求義類,斷自唐前,目成掌録,編次爲集,可得百四十五種。近見閩刻七十二家,更服其搜揚苦心,有功作者。兩京風雅,光並日月;一字獲留,壽且億萬。魏雖改元,承流未遠;晋尚清微,宋矜新巧;南齊雅麗擅長,蕭梁英華邁俗。總言其概:椎輪大路,不廢雕幾,月露風雲,無傷骨氣。江左名流,得與漢朝大手同立天地者,未有不先質後文,吐華含實者也。人但厭陳季之浮薄而毁顏謝,惡周隋之駢衍而罪徐庾,此數家者,斯文具在,豈肯爲後人受過哉?余自賈長沙以下迄隋薛河東,隨手次第,先授剞劂,凡百三家,卷帙重大,餘謀踵行。古人詩文,不容加點,隨俗爲之,聊便流涉,無當有亡,評騭之言,懼累前人,何敢復贅?每集叙首本末,微見送疑取難,冀代筳叩爾。別集之外,諸家著書,非文體者,概不編入,其他斷篇逸名,雖少亦貴,期於畢收。但家無乘書,妄譚遠古,縢囊漏挂,寧免訕笑?倘世有蓄文德之别部,大思光之玉海者,則願負擔以從矣。"這就説明他的"送疑取難"編録標準,是"非文體者"不録;而所編之文,還必須是"先質後文,吐華含實者"。那些"浮薄""駢衍"之作,當然是被送之列了。這樣的編録標準,和他的文學主張是完全一致的。他組織復社,進行文學和政治活動,是要提倡"光復古學,務爲有用"的。他的"興復古學",並不是要復古,而是針對當時"士子不通經術",空疏不學的弊病,強調"居今之世",必須"爲今之言",以挽救"文章日衰,而道亦以散"的頹敗之風。他的"務爲有用",就是"致君""澤民"。所謂"致君",就是希望時君不爲桀紂式的獨夫;所謂"澤民",就是要求統治者減輕對人民的剥削和壓迫。具體地講,就是要求明王朝"蠲逋租,舉廢籍,撤中使,止内操"。因此,復社有廣泛的群衆基礎。這種使古學爲現實政治鬥争服務的文學主張,在歷史上是不多見的。陳子龍在《七録齋集序》中,大力肯定了張溥這種"要亦乘時鼓運之事"的文學思想。

張溥的《漢魏六朝百三名家集》,丁福保在《漢魏六朝名家集》緒言中,曾這樣批評説:"於是八代之文略備,學子之廣心而務博者,悉萃兹編矣。"然其"編録無法,謬誤錯見"。不僅"有采摭未盡者",而且"有僞妄無稽而濫收者"。以此可知,張溥此集缺陷是很多的。就以《郭弘農集》二卷來説,不僅有采摭未盡者,還有在《題辭》中過分強調術數應驗的,加之不注出處,考校失精,訛誤脱衍之字詞,亦是不少的。因此,我特以《漢魏六朝百三名家集》的張氏原版,而且是明末欽刻版,每册前後兩頁上有"天禄繼鑒"朱璽的《郭弘農集》一書爲底本,參照其他的版本、輯本、類書和有關著作,對每一篇作品都作了詳細校注,並加了題解。凡是需要校訂的字詞,有根據而又明顯是錯了的,即在注中説明當爲某字詞;有根據而又不一定錯的,則在注中説明一作某字詞;懷疑其有錯而没根據的,則在注中説明疑爲某字詞。在注釋上,凡是需要注釋的詞句,不僅注音注詞,而且解釋句意;特别是對名物事類,都儘量摘録了前人的著述,以廣異聞,增強鑒賞的興趣,從而更好地理解每篇作品的意藴。總之,凡是需要校注的字、詞、句,都用阿拉伯數字編次,並用"○"符號標示於後,以便翻檢。但由於學識有限,資料又極缺乏,加之郭璞的作品除《昭明文選》所録《江賦》和幾篇《遊仙詩》有唐李善以來注家的注釋外，其餘的均無人注釋過，因此，我的校注定有不妥之處，衷心希望同志們指正，以糾正我之失誤。注釋中也摘録了前人的一些著述，除衷心感念他們的功績外，亦特於此致謝！

聶恩彦

一九九〇年

郭弘農集題辭①

　　《神僊傳》②言："郭河東得兵解之道，今爲水僊伯。"其然與否，吾不敢知，亦足見烈士殉義③，雖死可生，亂臣賊子不能殺也④。景純才學，見重明帝，埓於溫嶠、庾亮⑤。余謂其抗節王敦，贊成大事，匡國之志，嶠可庶幾，亮安敢班哉⑥？雙栢鵲巢，越城伍伯，絶命之期，先知之矣⑦。猶然解髮銜刀，祈祥幽穢，非苟求活，欲觀須臾，得一當報國家耳⑧。陳迹虽亡，呼之爲福⑨。景純亦縱酒色，自滅精神，李陵惜死，若所耻也⑩。負豫讓之忠⑪，蹈稽生之禍⑫，豈非天乎？阮嗣宗厭苦司馬，以狂自晦，彼亦無可如何，不得已而逃爲酒人⑬。景純則非無術以處敦者也。令桓彝不窺裸袒，生命不盡日中⑭，勤王之師，義當先驅，其取敦也，猶廬江主人家婢爾⑮。"南岡斷頭"⑯，遺文彌烈。今讀其集，直臣諫諍，神靈博物，無不有也⑰。如斯人而不謂之仙乎？不可得已⑱。

婁東張溥題⑲

【校注】

① 郭璞字景純，河東聞喜（今山西省聞喜縣人）。博學有高才而訥於言論，詞賦爲中興之冠。性放散，不修威儀。爲東晉著作佐郎，遷尚書郎。後轉王敦記室參軍。敦謀逆，璞抗節諫阻，爲敦所害。敦平，追贈弘農太守。有《爾雅》《方言》《三蒼》《穆天子傳》《山海經》《水經》《楚辭》等注各若干卷，所作詩賦誄頌亦數萬言，皆傳於世。《隋書·經籍志》著録《晉弘農太守郭璞集》十七卷，梁十卷，録一卷。兩唐《志》著録《郭璞集》十卷。《宋書·藝文志》著録《郭璞集》六卷。至明而亡佚。本書的底本《郭弘農集》二卷，是晚明張溥輯録的，存於他編録的《漢魏六朝百三名家

集》中。此篇《題辭》，即爲張溥撰寫。在《題辭》中，張溥推崇郭璞的才學和忠義節操，但過分强調術數應驗，則是唯心主義思想的表現。

②《神仙傳》十卷，晉葛洪撰。其中有一篇《郭璞》，記録了郭璞的一些生平事迹，稱郭璞得兵解之道，死後爲水仙伯。所謂"兵解"，是説古代方士之流謂學道者死於兵刃實是借兵刃解脱軀殻以成仙。所以説郭璞死後成仙，全是神仙家的附會。

③《史記·伯夷列傳》："貪夫殉財，烈士殉名。"此言郭璞是爲正義而被王敦殺害，故云"烈士殉義"。

④《孟子·滕文公下》："孔子成《春秋》而亂臣賊子懼。"此指不守臣道、心懷異志的王敦，雖然殺害了郭璞，但郭璞却以自己的忠義節操，得到了永生，故云"雖死可生，亂臣賊子不能殺也"。

⑤《晉書·郭璞傳》："明帝之在東宫，與温嶠、庾亮，並有布衣之好。璞亦以才學見重，埒於嶠、亮，論者美之。"按：明帝司馬紹，爲東晉元帝司馬睿之長子，公元322年至325年在位。温嶠，字太真，封始安郡公。庾亮，字元規，封永昌縣公。此三人，《晉書》並有傳。

⑥《晉書·郭璞傳》："王敦之謀逆也，温嶠、庾亮使璞筮之，璞對不决。嶠、亮復令占己之吉凶，璞曰：'大吉。'嶠等退，相謂曰：'璞對不了，是不敢有言，或天奪敦魄。今吾等與國家共舉大事，而璞云大吉，是爲舉事必有成也。'於是勸帝討敦。初，璞每言'殺我者山宗'，至是果有姓崇者構璞於敦。敦將舉兵，又使璞筮。璞曰：'無成。'敦固疑璞之勸嶠、亮，又聞卦凶，乃問璞曰：'卿更筮吾壽幾何？'答曰：'思向卦，明公起事，必禍不久。若住武昌，壽不可測。'敦大怒曰：'卿壽幾何？'曰：'命盡今日日中。'敦怒，收璞，詣南岡斬之。"按：王敦，字處仲，東晉大臣，《晉書》有傳。《晉書·温嶠傳》稱：温嶠去世後，帝下册書曰："……惟公明鑒特達，識心經遠，懼皇綱之不維，忿凶寇之縱暴，唱率羣后，五州響應，首啓戎行，元惡授馘。王室危而復安，三光幽而復明，功格宇宙，勳著八表。"故張溥曰"嶠可庶幾"。《晉書·庾亮傳》稱："史臣曰：'……晉昵元規，參聞顧命。然其筆敷華藻，吻縱濤波，方駕搢紳，足爲翹楚。而智小謀大，昧經邦之遠圖；才高識寡，闕安國之長算。'"故張溥曰"亮安敢班哉"。

⑦《晉書·郭璞傳》："璞臨出，謂行刑者欲何之。曰：'南岡頭。'璞曰：'必在雙柏樹下。'既至，果然。復云：'此樹應有大鵲巢。'衆索之不得。璞更令尋覓，果於枝間得一大鵲巢，密葉蔽之。初，璞中興初行經越城，間遇一人，呼其姓名，因以袴褶遺之。其人辭不受，璞曰：'但取，後自當知。'其人遂受而去。至是，果此人行刑。"

⑧《晉書·郭璞傳》:"璞素與桓彝友善,彝每造之,或值璞在婦間,便入。璞曰:'卿來,他處自可徑前,但不可廁上相尋耳。必客主有殃。'彝後因醉詣璞,正逢在廁,掩而觀之,見璞祼身被髮,銜刀設醊。璞見彝,撫心大驚曰:'吾每屬卿勿來,反更如是!非但禍吾,卿亦不免矣,天實爲之,將以誰咎!'璞終嬰王敦之禍,彝亦死蘇峻之難。"又《漢書·李陵傳》:"彼之不死,宜欲得當以報漢也。"

⑨《晉書·郭璞傳》稱:"王敦起璞爲記室參軍。是時潁川陳述爲大將軍掾,有美名,爲敦所重,未幾而没。璞哭之哀甚,呼曰:'嗣祖,嗣祖,焉知非福!'未幾而敦作難。"

⑩《晉書·郭璞傳》:"嗜酒好色,時或過度。著作郎干寶常誡之曰:'此非適性之道也。'璞曰:'吾所受有本限,用之恒恐不得盡,卿乃憂酒色之爲患乎!'"又《漢書·李陵傳》:李陵兵敗後,先説:"兵敗,死矣。"又曰:"公止吾不死,非壯士也。"而後遂降匈奴。故張溥云"李陵惜死"。

⑪ 豫讓是晋卿智瑶的家臣,智伯以國士待豫讓。後韓、趙、魏三家滅智氏,智伯死。豫讓便改名换姓,爲智伯復仇,一再行刺趙襄子,不得成功,卒以身殉。詳見《戰國策·趙策》及《史記·刺客列傳》。

⑫ 嵇生,指嵇康。嵇康(223—262),字叔夜,譙郡銍(今安徽宿縣西)人。他不滿當時政治的黑暗,極力反對虛僞的禮法之士,公開發表叛道非聖言論,並曾當面奚落司馬昭的心腹鍾會。後嵇康即因鍾會之譖被處死於洛陽東市。詳見《三國志·魏書》及《晋書》本傳。

⑬ 阮籍(210—263),字嗣宗,陳留尉氏(今河南尉氏縣)人,建安七子之一阮瑀的兒子,竹林七賢之一。《晋》本傳稱:阮籍"本有濟世志,屬魏晋之際,天下多故,名士少有全者,籍由是不與世事,遂酣飲爲常。"詳見《三國志·魏書》及《晋書》本傳。

⑭ 桓彝,字茂倫,譙國龍(今安徽懷遠西)人,累遷中書郎、尚書吏部郎,名顯朝廷,後死於蘇峻之難。桓彝友善,窺裸袒事已見上注⑧。又"命盡日中"事,已見上注⑥。

⑮《晉書·郭璞傳》:"行至廬江……愛主人婢,無由而得,乃取小豆三斗,繞主人宅散之。主人晨見赤衣人數千圍其家,就視則滅,甚惡之,請璞爲卦。璞曰:'君家不宜畜此婢,可於東南二十里賣之,慎勿争價,則此妖可除也。'主人從之。璞陰令人賤買此婢。復爲符投於井中,數千赤衣人皆反縛,一一自投於井,主人大悦。璞攜婢去。"

⑯ "南岡斷頭"事,已見上注⑦。據《金山志》稱,南岡在今湖北武昌。

⑰ 此指《郭弘農集》所輯郭璞著作。直臣諫諍,如《省刑疏》《平刑疏》等奏疏,

郭璞自云："忝荷史任，敢忘直筆，惟義是規。"神靈博物，如《江賦》《山海經圖讚》等。

⑱《神仙傳·郭璞》：郭璞"殯後三日，南州市人見璞貨其平生服飾，與相識共語，非但一人。敦不信，開棺，無屍，璞得兵解之道。"

⑲張溥，字天如，江蘇太倉人。舊太倉州稱婁江，因婁江東流經過太倉，故稱婁東。

目　錄

出版説明 …………………………………………… 一
出版前言 …………………………………………… 一
前言 ………………………………………………… 一

郭弘農集題辭 ……………………………………… 一

郭弘農集卷一
　賦
　　南郊賦 ………………………………………… 一
　　江賦 …………………………………………… 五
　　巫咸山賦 ……………………………………… 二二
　　登百尺樓賦 …………………………………… 二三
　　鹽池賦 ………………………………………… 二六
　　井賦 …………………………………………… 二八
　　流寓賦 ………………………………………… 三〇
　　蜜蜂賦 ………………………………………… 三二
　　蚍蜉賦 ………………………………………… 三四
　疏
　　省刑疏 ………………………………………… 三六

日有黑氣疏…………………………………四〇

　　皇孫生請布澤疏……………………………四三

　　平刑疏………………………………………四五

　　彈任谷疏……………………………………四六

　　禁荻疏………………………………………四八

表

　　辭尚書表……………………………………四八

序

　　山海經序……………………………………四九

　　爾雅序………………………………………五四

　　方言序………………………………………五七

設難

　　客傲…………………………………………五九

哀策文

　　晉元帝哀策文………………………………六六

郭弘農集卷二

讚

　　南山經圖讚

　　　桂……………………………………………六九

　　　迷穀…………………………………………七〇

　　　猩猩…………………………………………七〇

　　　水玉…………………………………………七一

　　　白猿…………………………………………七一

　　　鹿蜀…………………………………………七二

鮭	七二
纇	七三
猼訑	七三
祝荼草旋龜鶘鴒魚	七四
灌灌鳥赤鱬	七四
鵁鳥	七五
猾褢	七五
長右彘	七六
會稽山	七六
患	七七
犀	七七
兕	七七
象	七八
纂雕瞿如鳥虎蛟	七八
鳳	七九
育隧谷	七九
鱄魚顒鳥	八〇
白蓉	八〇

西山經圖讚

羬羊	八二
太華山	八二
肥遺蛇	八三
螐渠赤鷩鳥文莖木䳎鳥	八三
流赭	八四
豪彘	八四

黄雚草肥遺鳥𧔥獸 …………………………… 八五

槖䪥 ………………………………………… 八五

桃枝 ………………………………………… 八六

杜衡 ………………………………………… 八六

菁容草邊䍺獸櫟鳥 …………………………… 八七

礐石 ………………………………………… 八七

獌如 ………………………………………… 八八

鸚䳇 ………………………………………… 八八

數斯鳥𤛄獸鸓鳥 ……………………………… 八八

鸞鳥 ………………………………………… 八九

𪃑䲤鳥朱厭獸 ………………………………… 九〇

蠻蠻 ………………………………………… 九〇

丹木玉膏 …………………………………… 九〇

瑾瑜玉 ……………………………………… 九一

鍾山之子鼓欽鵄 ……………………………… 九二

鰩魚 ………………………………………… 九二

神英招 ……………………………………… 九三

榣木 ………………………………………… 九三

崑崙丘 ……………………………………… 九四

神陸吾 ……………………………………… 九五

土螻獸欽原鳥 ………………………………… 九六

沙棠 ………………………………………… 九六

鶉鳥沙棠蘋薲草 ……………………………… 九七

神長乘 ……………………………………… 九七

西王母 ……………………………………… 九八

積石……九八

白帝少昊……九九

猙……九九

畢方……一〇〇

文貝……一〇〇

天狗……一〇一

三青鳥……一〇一

江疑獙狪獸鵸鳥……一〇二

神耆童……一〇二

帝江……一〇三

獂獸鴣䳜鳥……一〇四

當扈……一〇四

白狼……一〇五

白虎……一〇五

駮……一〇六

神媿蠻蠻髻遺魚……一〇六

㯶木……一〇七

鳥鼠同穴山……一〇八

䱱魮魚……一〇八

丹木……一〇九

窮奇獸蠃魚䮚湖獸……一〇九

鰩魚……一一〇

北山經圖讚

水馬……一一一

儵魚……一一一

膹疏獸鵸鵌鳥何羅魚 ……………………	一一二
孟槐 ………………………………………	一一三
鰡鰡魚 ……………………………………	一一三
橐駝 ………………………………………	一一三
耳鼠 ………………………………………	一一四
幽頞 ………………………………………	一一四
寓鳥孟極足訾獸 …………………………	一一五
䳜鳥 ………………………………………	一一五
諸犍獸白䳜竦斯鳥 ………………………	一一六
磁石 ………………………………………	一一六
旄牛 ………………………………………	一一七
長蛇 ………………………………………	一一七
山𤟤 ………………………………………	一一八
窫窳諸懷獸鰈魚肥遺蛇 …………………	一一八
鮆魚 ………………………………………	一一九
狪鴞 ………………………………………	一一九
狪䴰騞馬獨狢 ……………………………	一二〇
鶩鶋 ………………………………………	一二一
居暨獸嚻鳥三桑 …………………………	一二一
騨獸 ………………………………………	一二二
天馬 ………………………………………	一二二
鷗居 ………………………………………	一二二
飛鼠 ………………………………………	一二三
鸒鸒象蛇鮨父魚 …………………………	一二三
酸與 ………………………………………	一二四

鴟鵲黃鳥……………………………………………一二四

　　精衛………………………………………………………一二五

　　辣辣羆九獸大蛇…………………………………一二五

東山經圖讚

　　鱅鱅魚從從獸䖪鼠………………………………一二六

　　脩蠵………………………………………………………一二七

　　狪狪………………………………………………………一二七

　　堪㐨魚軨軨獸……………………………………一二八

　　珠鱉魚……………………………………………………一二八

　　犰狳………………………………………………………一二九

　　狸力獸𩾧胡鳥……………………………………一二九

　　朱獳………………………………………………………一三〇

　　獙獙蠪蚳獸𧋒鉤鳥………………………………一三〇

　　峳峳………………………………………………………一三一

　　蠵龜………………………………………………………一三一

　　絜胡精精獸鮯鮯魚………………………………一三二

　　獨狙獸𪅑雀………………………………………一三二

　　芑木………………………………………………………一三三

　　茈魚薄魚…………………………………………………一三三

　　合窳………………………………………………………一三四

　　當康獸鱃魚………………………………………一三四

　　蜚…………………………………………………………一三五

中山經圖讚

　　桃林………………………………………………………一三五

　　鳴石………………………………………………………一三六

旋龜人魚修辟	一三六
帝臺棋	一三七
若華烏酸草	一三八
蓇草	一三八
山膏獸黃棘	一三九
三足龜	一四〇
嘉榮	一四〇
天楄牛傷文獸䲢魚	一四一
帝休	一四一
泰室	一四二
栯木	一四二
菵草	一四二
鴒鳥	一四三
鳴蛇化蛇	一四三
赤銅	一四四
神熏池	一四四
神武羅	一四五
鴢鳥	一四五
荀草	一四六
馬腹獸飛魚	一四六
神泰逢	一四七
葪栢	一四七
橘櫾	一四八
猿	一四八
鮫魚	一四九

鳩鳥 …………………………………… 一四九

椒 ………………………………………… 一五〇

神蠱圍計蒙涉蠱 ……………………… 一五〇

岷山 ……………………………………… 一五一

夔牛 ……………………………………… 一五一

峽山 ……………………………………… 一五二

狍狼雍和猰獸 ………………………… 一五二

蜼 ………………………………………… 一五三

熊穴 ……………………………………… 一五三

跂踵 ……………………………………… 一五四

蛟 ………………………………………… 一五四

神耕父 …………………………………… 一五五

九鍾 ……………………………………… 一五五

嬰勺 ……………………………………… 一五五

獜 ………………………………………… 一五六

帝臺漿 …………………………………… 一五六

狙如 ……………………………………… 一五七

帝女桑 …………………………………… 一五七

梁渠狪即聞獜獸駅鵨鳥 ……………… 一五八

神于兒 …………………………………… 一五八

神二女 …………………………………… 一五九

飛蛇 ……………………………………… 一五九

海外南經圖讚

 自此山來蟲爲蛇蛇號爲魚 ………… 一六〇

 羽民國 ………………………………… 一六〇

神人二八 …………………………………… 一六一

讙頭國 ……………………………………… 一六一

厭火國 ……………………………………… 一六二

三珠樹 ……………………………………… 一六二

䔖國 ………………………………………… 一六三

貫胸交脛支舌國 …………………………… 一六三

不死國 ……………………………………… 一六四

鑿齒國 ……………………………………… 一六五

三首國 ……………………………………… 一六五

焦僥國 ……………………………………… 一六六

長臂國 ……………………………………… 一六六

狄山帝堯葬于陽帝嚳葬于陰 ……………… 一六七

視肉 ………………………………………… 一六八

南方祝融 …………………………………… 一六八

海外西經圖讚

夏后啟 ……………………………………… 一六九

三身國一臂國 ……………………………… 一七〇

奇肱國 ……………………………………… 一七一

形天 ………………………………………… 一七一

女祭女戚 …………………………………… 一七二

鴑鳥鶬鳥 …………………………………… 一七三

丈夫國 ……………………………………… 一七三

女丑尸 ……………………………………… 一七四

巫咸 ………………………………………… 一七五

并封 ………………………………………… 一七五

女子國……………………………………… 一七六

軒轅國……………………………………… 一七六

乘黃………………………………………… 一七七

滅蒙鳥大運山雄常樹……………………… 一七七

龍魚………………………………………… 一七八

西方蓐收…………………………………… 一七九

海外北經圖讚

無脊國……………………………………… 一八〇

燭龍………………………………………… 一八〇

一目國……………………………………… 一八一

柔利國……………………………………… 一八二

共工臣相柳………………………………… 一八二

深目國……………………………………… 一八三

聶耳國……………………………………… 一八四

夸父………………………………………… 一八四

尋木………………………………………… 一八五

跂踵國……………………………………… 一八六

歐絲野……………………………………… 一八六

無腸國……………………………………… 一八七

平丘………………………………………… 一八八

駒騵………………………………………… 一八八

北方禺彊…………………………………… 一八九

海外東經圖讚

君子國……………………………………… 一九〇

天吳………………………………………… 一九〇

九尾狐……………………………………一九一

豎亥………………………………………一九一

十日………………………………………一九二

毛民國……………………………………一九三

黑齒國雨師妾玄股國勞民國……………一九四

東方勾芒…………………………………一九四

海內南經圖讚

梟陽………………………………………一九五

狌狌………………………………………一九六

夏后啓臣孟涂……………………………一九七

建木………………................................…一九七

氐人………………………………………一九八

巴蛇………………………………………一九八

海內西經圖讚

貳負臣危…………………………………一九九

流黃酆氏國………………………………二〇〇

大澤方百里………………………………二〇〇

流沙………………………………………二〇一

木禾………………………………………二〇一

開明………………………………………二〇二

文玉玗琪樹………………………………二〇二

不死樹……………………………………二〇三

甘水聖木…………………………………二〇四

窫窳………………………………………二〇四

服常琅玕樹………………………………二〇五

海內北經圖讚

    吉良 ……………………………………… 二〇六

    蛇巫山鬼神蜪犬羣帝臺大蜂朱蛾 ……… 二〇六

    闒非據比尸袜戎 ……………………… 二〇八

    騶虞 ……………………………………… 二〇八

    冰夷 ……………………………………… 二〇九

    王子夜尸 ………………………………… 二一〇

    宵明燭光 ………………………………… 二一〇

    列姑射山大蟹陵魚 ……………………… 二一一

    蓬萊山 …………………………………… 二一二

海內東經圖讚

    郁州 ……………………………………… 二一三

    韓雁始鳩雷澤神瑯琊臺 ………………… 二一三

    竪沙居繇埻端璽晚國 …………………… 二一四

    大江北江南江浙江廬淮湘漢濛温穎汝涇渭白沅贛泗

        鬱肄潢洛汾沁濟潦虖沱漳水 ……… 二一五

補遺

    封豕 ……………………………………… 二一六

    鼶鼠 ……………………………………… 二一六

    弱水 ……………………………………… 二一七

    都廣之野 ………………………………… 二一七

    猩猩 ……………………………………… 二一八

    若木 ……………………………………… 二一八

    翡翠 ……………………………………… 二一九

    欵冬 ……………………………………… 二一九

鬼草	二二〇
蟒蛇	二二〇
枳首蛇	二二一
鰈魚	二二一
飛魚	二二二
焦堯	二二二
釋天地圖讚	二二三
星圖讚	二二三
炎山讚	二二四
筆讚	二二四
龜讚	二二五
蚌讚	二二六
蟬讚	二二六
螢火讚	二二七
苤苜讚	二二七
杜若	二二八
芙容	二二八
麻	二二九
珪	二二九
尺蠖	二三〇
菊	二三〇
萍	二三一
卷施	二三一
螳螂	二三二
麟	二三二

比肩獸……………………………………… 二三三

　　鼎………………………………………… 二三四

　　金銀讚…………………………………… 二三四

　　柚………………………………………… 二三五

　　梧桐……………………………………… 二三五

　　燕………………………………………… 二三六

　　馬………………………………………… 二三七

　　貔………………………………………… 二三七

　　䶉鼠……………………………………… 二三八

　　鼷鼠……………………………………… 二三八

　　鼫鼠……………………………………… 二三九

詩

　　贈溫嶠…………………………………… 二四〇

　　遊仙詩十四首…………………………… 二四一

　　贈潘尼…………………………………… 二五一

　　春………………………………………… 二五二

　　夏………………………………………… 二五二

　　別………………………………………… 二五三

　　題墓詩…………………………………… 二五三

附録

　　本傳……………………………………… 二五四

補遺

　　答賈九州愁詩三首……………………… 二六〇

　　與王使君詩五首………………………… 二六〇

　　答王門子詩六首………………………… 二六一

補遊仙詩殘句 …………………………………… 二六一
幽思篇殘句 ……………………………………… 二六二
詩二首殘句 ……………………………………… 二六二

郭弘農集卷一

賦

南郊賦①

　　於是時惟青陽，日在方旭，我后將受命靈壇，乃改步而鳴玉②。升金軒，撫太僕，揚六轡，齊八騄③。列五幡於一元兮，靡日月乎黃屋④。矯陵烏以偵候兮，整豹尾於後屬。武騎仡以清道，被練煥以波燭⑤。爾乃造曠場，戾壇庭，百寮山立，萬乘雲縈，延祝史，肆玉牲，登圓邱，揖太清，禮羣望，告皇靈⑥。天澄其氣，日朗其精，飛廉鼓舞於八維兮，豐隆擊節於九冥，祝融穆以肅侍兮，陽侯澹以中停⑦。於是司烜戒燧，火烈具炳，宗皇祖而配祀，增孝思之惟永⑧。郊寰之內，區域之外⑨，雕題卉服，被髮左帶，駿奔在壇，不期而會⑩。羗羗羣辟，蚩蚩黎庶，翹懷聖獸，思我王度⑪。事崇其簡，服尚其素，化無不融，萬物自鼓。振西北之絕維，隆東南之撓柱⑫。廓清紫衢，電掃神宇，風馬桂林，抗旌琳圃。五岳不足以題其勳，九韶不足以贊其舞⑬。饗駭鬼方，聲振丘隴，倒景望風，龍漢企踵。爛若列星之環辰，咸雲騰而海涌⑭。此蓋和氣旁通，玄羅潛總，自然之感，鼓而遂動⑮。

【校注】

　　① 賦是文體名，班固《兩都賦序》："賦者，古詩之流也。"南郊，本指祭天的南郊

大祀。《禮記·月令》:孟夏之月,"立夏之日,天子親帥三公九卿大夫,以迎夏於南郊。"謂封建王朝每年冬至日,在圜丘祭天,因地在都邑南面之郊,所以也叫南郊大祀。郭璞這篇賦,是寫晉元帝祭天即位的盛典,是東晉王朝的開國大典,因此,郭璞以《南郊賦》名篇。按:晉元帝登祚,在元帝太興元年(318)三月丙辰。《晉書·元帝紀》:太興元年,"三月癸丑,愍帝崩問至,帝斬縗居廬。丙辰,百僚上尊號。……是日,即皇帝位。詔曰:'……遂登壇南岳(《御覽》九八引"岳"作"面"),受終文祖,焚柴頒瑞,告類上帝。'"説的就是祭祀南郊這件事。郭璞是始終參與了晉元帝祭天這件事的,《神仙傳·郭璞》:"晉中興,王導受其成旨,以建國社稷,璞盡規矩制度。仰範太微星辰,俯則河洛黄圖,夫帝王之作,必有天人助者矣。"據此,可以推斷,郭璞的《南郊賦》,即寫於太興元年三月,晉元帝即皇帝位之前。整篇賦已亡佚,這裏輯録的是《藝文類聚》三八、《初學記》一三所引的殘篇。另外,這篇賦也見於《水經注·贛水》。《藝文類聚》卷十另有郭璞《南郊賦》殘句"弊梓擢秀于祖邑也"。在這個殘篇裏,郭璞極寫晉元帝祭祀天地祖宗的神秘儀式,因爲這是東晉王朝的開國大典,所以賦中也充滿了東晉初期生機勃發的興盛氣氛,寄託了郭璞希望晉室中興、國家統一的一片深情。因此,《晉書·郭璞傳》云:"後復作《南郊賦》,帝見而嘉之,以爲著作佐郎。"就是説,郭璞從此便離開了王導幕府,而成爲朝廷命官了,可見《南郊賦》在當時是有一定影響的。

② 青陽,春天。《爾雅·釋天》:"春爲青陽。"郭璞注曰:"氣清而温陽。"旭,初出的太陽。后,古代天子和列國諸侯皆稱后。我后,指晉元帝。鳴玉,古人佩帶在腰間的玉飾,行走時相擊發聲。此四句意謂:在春季的一天,太陽初升的時候,晉元帝將要郊祀天地,接受天命而爲帝,於是改步升輦,珮玉和鳴。《初學記》無"於是"二字,"我后"下有"方"字。

③ 軒,前頂較高而有帷幕的車。金軒,金飾的車。太僕,官名。《周禮·夏官》有太僕,掌正王之服位,出入王之大命。秦、漢爲九卿之一,掌輿馬及牧畜之事。故李周翰曰:太僕,執御之官也。六轡,《詩·秦風·小戎》:"四牡孔阜,六轡在手。"古代一車四馬,馬各二轡,共八轡,其中兩驂馬的内兩轡繫在軾前不用,故御者只執其他六轡。《藝文類聚》三八作"六鸞",《初學記》一三作"六鑾"。八駥,駥耳,良馬名;八駥,猶言八駿。相傳周穆王有八匹良馬,乘以出遊,但八駿名目記載不一,《穆天子傳》作赤驥、盜驪、白義、踰輪、山子、渠黄、華騮、緑耳。此四句意謂:晉元帝登上金飾的車乘,親暱地招呼執御官太僕趕車;於是,太僕高揚六轡,御駕八匹良馬,齊驅向前。

④ 幡,旗幟。五幡,即五彩旗幟。一元,本指事物的開始,此言走在最前頭的車,陳列着五彩旗幡。黄屋,帝王的車蓋,以黄繒爲蓋裏,故名黄屋。靡,無。此言晉元帝所乘車上的車蓋,遮蔽了日月。

⑤　矯，舉。陵烏，《初學記》作"凌烏"。偵候，偵探。疑陵烏當爲傳說中太陽中的三足烏，後亦用爲日的代稱，此指走在前面的儀仗隊，高舉着陵烏旗導引在前。豹尾，亦儀仗名，指豹尾車、豹尾槍、豹尾幡之類的儀仗，整齊地連屬在後。仡，勇壯貌，此言勇壯的武士驅馬清道。練，潔白；煥，光明。此言整個祭祀隊伍，被服潔白明亮的衣着，像水波一樣前進，光耀燦爛。

　　⑥　爾乃，發語詞，說明以下是寫祭祀活動。造，到達；曠場，寬大的祭祀場所。戾，至也；壇庭，指祭祀天地神靈的圓壇。延，請和引的意思；祝史，古司祝之官，因作辭以事神，故稱祝，以其執書以事神，故稱史。圓邱，即圜丘，古時祭天的圓形高壇。《周禮·春官·大司樂》："凡樂……冬日至，於地上之圜丘奏之。"《疏》曰："土之高者曰丘……圜者，象天圓。"太清，天空，古人認爲天係清而輕的氣所構成，故稱爲太清。此指有意志、有人格的天神。望，祭名，古代祭祀山川，是望而祭之，故稱望。羣望，即祭祀衆多的山川之神。皇，大也；靈，神靈。皇靈，即偉大的神靈，指天地神祇而言。告皇靈，向偉大的神靈禱告。

　　⑦　飛廉，神話中的風神。八維，四方與四角合稱八維。豐隆，神話中的雷神。冥，指天的高遠。九冥，猶言九天。祝融，傳說中的火神。陽侯，傳說中的波神。《淮南子·覽冥訓》："武王伐紂，渡於孟津，陽侯之波，逆流而擊。"《注》曰："陽侯，陵陽國侯也。其國近水，伏（溺）水而死，其神能爲大波，有所傷害，因謂之陽侯之波。"中停，本是封建迷信的相術，把人體及面部分爲上、中、下三部分，稱三停。中停指腰，又指山根至準頸。這裏作爲面部的代稱。連上句言火神祝融和波神陽侯，都面部表情恬靜安定，莊嚴肅穆地侍奉。

　　⑧　於是，繼事之辭，說明以下是寫祭祀的深一層活動。司烜，掌行火的官。《周禮·秋官》："司烜氏掌以夫遂取明火於日。"夫遂，即陽燧，古代以日光取火的凹面銅鏡。司烜戒燧，言掌行火的官司烜準備以凹形銅鏡取火。宗，尊崇。皇祖，偉大的祖先。配祀，古代祭天時以祖先配享。"增孝思"句，言使孝敬之心增加，思欲社稷永久垂統。

　　⑨　郊，都邑之外曰郊。郊寰，指東晉王朝的首都建康周圍。内和外是相對而言的，極言東晉王朝統轄範圍之廣，得到區域内外人民的支持。

　　⑩　題，額也；雕題，以丹青於額上雕刻花紋，爲古代南方民族的一種習俗。卉，草的總稱；卉服，用草織的衣服。被髮左帶，猶被髮左衽，《論語·憲問》："微管仲，吾其被髮左衽矣。"《疏》曰："衽謂衣衿，衣衿向左，謂之左衽。"被髮、左衽皆古代東方夷族的風俗，東晉王朝建都建康，即今南京市，所以說當地的夷族人民也梳妝打扮，不約而同地來參加祭祀活動。

　　⑪　峩峩，指儀容的端莊盛美。辟，本是天子、諸侯的通稱，此指東晉王朝的文武大臣，故曰"羣辟"。蚩蚩，敦厚之貌；黎庶，猶言衆民。翹，舉也；懷，思也；猷，謀劃；

度,法度。此四句言,儀容端莊的文武大臣和敦厚的黎民百姓,都翹首懷思我們聖明君王的謀劃法度。

⑫ 絕維,指維繫地的大繩斷了;橈柱,《藝文類聚》卷三十八作"橈柱"。橈,折。《後漢書·袁紹傳》:"乃欲橈折棟梁。"指撐天的柱子折斷了。相傳共工氏怒觸不周之山,天柱折,地維絕,故天傾西北,地陷東南。此指西晉末年,劉淵建立的漢國(前趙)、石勒建立的後趙,攻陷了洛陽、長安,俘虜了晉懷帝、晉愍帝,滅亡了西晉王朝。所以,希望東晉王朝的開國君主晉元帝司馬睿,能夠收復北方失地,中興晉室,重新統一中國。東晉王朝的謀劃法度是:政事從簡,服色尚素,教化融和,萬物自然鼓動,振興西北,隆盛東南。表現了郭璞的一種理想願望。

⑬ 紫衢,紫禁城的大道,借指西晉王朝的首都洛陽。神宇,猶言赤縣神州,借指當時中國的天下。風馬,神馬神車;桂林,桂樹之林。《山海經》:"桂林八樹,在番隅東。"郭璞注云:"八樹成林,言其大也。"番隅,縣名,在今廣東省廣州市南郊。此指東晉王朝的北伐兵馬從江南出發。琳圃,猶言懸圃。懸圃,在崑崙山頂。《爾雅》云:"西北之美者有昆崙虛之璆琳琅玕焉。"故云琳圃,借指中國的北方。抗旌琳圃,猶言東晉王朝的北伐兵馬,要把勝利的旗幟插上崑崙山頂。五岳,《爾雅》:"泰山爲東嶽,華山爲西嶽,霍山爲南嶽,恒山爲北嶽,嵩山爲中嶽。"九韶,也作《九招》,相傳爲帝嚳命咸黑所作的古樂,或謂帝舜命質所修,樂已久亡。此言東晉王朝如果重新統一中國,中興晉室,那豐功偉績,五嶽之石不足以刊記其功,《九韶》之樂不足以贊助歌舞。極言功勛之大,歌舞之盛。

⑭ 饗,祫祭。《禮記·禮器》:"大饗其王事與。"《注》云:"盛其饌與貢,謂祫祭先王。"此指北伐成功後告祭於太廟,故云"饗駭鬼方,聲振丘隴"。丘隴,也作岳隴,即墳墓。《楚辭》漢東方朔《七諫·沈江》:"封比干之丘壠。"《注》云:"小曰丘,大曰壠。"倒景,景同影,道家指天的最高處。《漢書·郊祀志》:"登遐倒景。"《注》:"如淳曰:在日月之上,反從下照,故其景倒。"望風,觀察氣勢。龍漢,漢指天河;企踵,踮起腳跟。此言銀河裹的神龍也踮起腳跟探望。列星,衆星,環辰,辰指北斗。此言衆多的星星都環繞着北斗星排列在天上,閃爍着燦爛的光亮。雲騰而海涌,形容天上人間都爲勝利而歡欣鼓舞,極寫天人同樂、普天共慶的情景。

⑮ 和氣旁通,天下太平,有如和暖的春風通達四方。玄羅,天網廣羅;潛總,暗中聚和。此言天下統一,萬物總而爲一。自然,自然之道。鼓而遂動,《易·繫辭》:"鼓天下之動者存乎辭。"

江　賦[①]

　　咨五才之並用，實水德之靈長[②]。惟岷山之導江，初發源乎濫觴[③]。聿經始於洛沫，攏萬川乎巴梁[④]。衝巫峽以迅激，躋江津而起漲，極泓量而海運，狀滔天以森芒[⑤]。總括漢泗，兼包淮湘，并吞沅澧，汲引沮漳[⑥]。源二分於崌崍，流九派乎潯陽[⑦]，鼓洪濤於赤岸，綸餘波乎柴桑[⑧]。網絡羣流，商搉涓澮，表神委於江都，混流宗而東會[⑨]。注五湖以漫漭，灌三江而漰沛[⑩]，滈汗六州之域，經營炎景之外[⑪]。所以作限於華夷，壯天地之嶮介[⑫]。呼吸萬里，吐納靈潮；自然往復，或夕或朝[⑬]。激逸勢以前驅，乃鼓怒而作濤，峨嵋爲泉陽之揭，玉壘作東別之標[⑭]。衡霍磊落以連鎮，巫廬嵬崛而比嶠[⑮]。協靈通氣，濆薄相陶；流風蒸雷，騰虹揚霄[⑯]。出信陽而長邁，淙大壑與沃焦[⑰]。

　　若乃巴東之峽，夏后疏鑿，絶岸萬丈，壁立赮駮[⑱]。虎牙嵥竪以屹崒，荆門闕竦而槃礴[⑲]。圓淵九廻以懸騰，溢流雷呴而電激[⑳]。駭浪暴灑，驚波飛薄；迅澓增澆，湧湍疊躍[㉑]；砯巖鼓作，漰湱㵝濞[㉒]；㴽瀁澆㴾，潰渡汍潫[㉓]；滀㵽㲿泱，瀺㴸灡瀹[㉔]；漩澴滎濚，渨瀹潰瀑[㉕]；㲽㲚瀘㴖，龍鱗結絡[㉖]。碧沙瀢迤而徃來，巨石硊硊以前却[㉗]。潛演之所汩淈，奔溜之所磢錯[㉘]；厓隒爲之泐嶏，碕嶺爲之嵒崿[㉙]。幽䃜積岨，礐硞砱碻[㉚]。

　　若乃曾潭之府，靈湖之淵。澄澹汪洸，瀇滉困泫[㉛]；泓汯浻澋，涒鄰圖潾[㉜]；混瀚灝溔，流映揚焆[㉝]；溟漭渺沔，汗汗沺沺[㉞]。察之無象，尋之無邊。氣滃浡以霧杳，時欝律其如煙[㉟]。類肧渾之未凝，象太極之構天[㊱]。長波浹瀁，峻湍崔嵬，盤渦谷轉，凌濤山頽[㊲]。陽侯砐硪以岸起，淇瀾㳽演而雲廻。㴞淪㴸濚，乍㴸乍堆，㵣如地裂，豁若天開[㊳]。觸曲厓以縈繞，駭崩浪而相礧[㊴]；鼓㕫窟以漰浡，乃湓湧而駕隑[㊵]。

魚則江豚海狶，叔鮪王鱣㊶，鱨鰊鱃魜，鯪鰨鯩鰱㊷。或鹿觡象鼻，或虎狀龍顏㊸。鱗甲錐錯，煥爛錦斑；揚鬐掉尾，噴浪飛唌㊹；排流呼哈，隨波遊延。或爆采以晃淵，或嚇鰓乎巖間㊺。介鯨乘濤以出入，鰻鱉順時而往還㊻。

爾其水物怪錯，則有潛鵠魚牛，虎蛟鈎虵㊼；蜦蟺鱟鯢，鰿蠹龜黿㊽；王珧海月，土肉石華㊾；三蝬蚱江，鸚螺蜓蝸㊿；蠑螖腹蟹，水母目蝦[51]；紫蚖如渠，淇蚌專車[52]。瓊蚌晞曜以瑩珠，石蚨應節而揚葩[53]；蜛蝫森衰以垂翹，玄蠣魂礫而碨砎。或泛瀲於潮波，或混淪乎泥沙[54]。

若乃龍鯉一角，奇鶬九頭[55]；有鱉三足，有龜六眸[56]。蝤蛑肺躍而吐璣，文魳磬鳴以孕璆[57]。鯈鱅拂翼而掣耀，神蜥蝠蜦以沈遊[58]。駁馬騰波以嘘𧕟，水兕雷咆乎陽侯[59]。淵客築室於巖底，鮫人構舘於懸流[60]。苞布餘糧，星離沙鏡[61]，青綸競糾，縟組爭映[62]。紫菜熒曄以叢被，綠苔髣髴乎研上[63]。石帆蒙蘢以蓋嶼，蓱實時出而漂泳[64]。

其下則有金礦丹礫，雲精燭銀[65]；琅玕璿瑰，水碧潛琂[66]。鳴石列於陽渚，浮磬肆乎陰濱[67]。或頹彩輕漣，或焆曜涯鄰[68]。林無不漘，岸無不津[69]。

其羽族也，則有晨鵠天雞，鷠鷔鷗鴥[70]。陽烏爰翔，于以玄月[71]。千類萬聲，自相喧聒。濯翮疏風，鼓翅翻翮[72]。揮弄灑珠，拊拂瀑泳[73]。集若霞布，散如雲豁，產毻積羽，往來勃碣[74]。

橉杞積薄於潯涘，柍棳森嶺而羅峯[75]。桃枝篔簹，實繁有叢[76]。葭蒲雲蔓，櫻以蘭紅[77]。揚皛毦，擢紫茸，蔭潭隩，被長江[78]。繁蔚芳薙，隱藹水松，洭灌芋菓，潛薈葱蘢[79]。

鯪鯕蹢䠦於垠㟞，猨獺睒睍乎廡空[80]；迅蜼臨虛以騁巧，孤玃登危而雍容；夔𧳒翹踱於夕陽，鴛雛弄翻乎山東[81]。

因岐成渚，觸潤開渠[82]，漱壑生浦，區別作湖[83]。磴之以瀠瀽，渫之以尾閭[84]。標之以翠翳，泛之以遊菰[85]。播匪藝之芒種，挺自然之嘉蔬[86]。鱗被菱荷，攢布水蓏[87]。翹莖濆蕊，濯穎散裹[88]。隨風猗萎，與波潭汦,流光潛映,景炎霞火[89]。

其旁則有雲夢雷池,彭蠡青草,具區洮灟,朱滻丹溹[90]。極望數百,沉潢㿊瀁[91]。

爰有包山洞庭,巴陵地道。潛逵旁通,幽岫窈窕[92]。金精玉英瑱其裏,瑤珠怪石琗其表[93]。驪虯繆其址,梢雲冠其㟬[94]。海童之所巡遊,琴高之所靈矯[95];冰夷倚浪以傲睨,江妃含嚬而矊眇[96]。撫凌波而鳬躍,吸翠霞而夭矯[97]。

若乃宇宙澄寂,八風不翔[98]。舟子於是搦棹,涉人於是檥榜[99]。漂飛雲,運艅艎[100],舳艫相屬,萬里連檣[101]。沂洄沿流,或漁或商。赴交益,投幽浪,竭南極,窮東荒[102]。

爾乃䬘霧褉於清旭,覘五兩之動靜[103]。長風颺以增扇,廣莫飀而氣整。徐而不飇,疾而不猛[104]。鼓帆迅越,趨漲截洞,凌波縱柂,電往杳溟[105]。霩如晨霞弧征,眇若雲翼絕嶺[106]。倏忽數百,千里俄頃。飛廉無以睎其蹤,渠黃不能企其景[107]。

於是蘆人漁子,擯落江山,衣則羽褐,食惟蔬蠃[108]。泝澨爲渟,夾潊羅筌[109],箵灑連鋒,罾罶比船[110]。或揮輪於懸碕,或中瀨而橫旋。忽忘夕而宵歸,咏採菱以叩舷。傲自足於一嘔,尋風波以窮年[111]。

爾乃域之以盤巖,豁之以洞壑,疏之以沲汜,鼓之以潮汐[112]。川流之所歸湊,雲霧之所蒸液[113]。珍怪之所化產,傀奇之所窟宅[114]。納隱淪之列真,挺異人乎精魄[115]。播靈潤於千里,越岱宗之觸石[116]。及其譎變儵怳,符祥非一。動應無方,感事而出[117]。經紀天地,錯綜人術。妙不可盡之於言,事不可窮之於筆[118]。

若乃岷精垂曜於東井,陽侯遯形乎大波[119]。奇相得道而宅神,乃協靈爽於湘娥[120]。駭黃龍之負舟,識伯禹之仰嗟[121]。壯荊飛之擒蛟,終成氣乎太阿[122]。悍要離之圖慶,在中流而推戈[123]。悲靈均之任石,歎漁父之櫂歌[124]。想周穆之濟師,驅八駿於黿鼉[125]。感交甫之喪珮,愍神使之嬰羅[126]。煥大塊之流形,混萬盡於一科[127]。保不虧而永固,稟元氣於靈和[128]。考川瀆之妙觀,實莫著於江河[129]。

【校注】

① 郭璞的《江賦》是一篇以長江爲題材的大賦，全長1683個字，從宏觀和微觀兩方面，歌頌了長江之美。李善注《文選·江賦》引《晋中興書》曰："璞以中興，王宅江外，乃著《江賦》，述川瀆之美。"這就是郭璞創作《江賦》的動因。考其寫作時間，當在晋愍帝建興四年(316)，晋元帝建武元年(317)之際。因爲當時西晋已經滅亡，東晋王朝正在建立，宅居江表，威德不能及遠，能否在江南站穩脚跟，進而收復北方故土，統一全中國，振興晋室，就成了南北士族共同關心的問題。特別是晋元帝司馬睿，在晋宗室中是疏屬，又向來缺少才能和聲望，雖被王導等推戴爲晋王，但有許多士人都懷疑他不會有什麽作爲，對東晋王朝的前途失掉信心。比如，《晋書·王導傳》曰："晋國既建，以導爲丞相軍諮祭酒。桓彝初過江，見朝廷微弱，謂周顗曰：'我以中州多故，來此欲求全活，而寡弱如此，將何以濟！'憂懼不樂。往見導，極談世事，還，謂顗曰：'向見管夷吾，無復憂矣。'過江人士，每至暇日，相要出新亭飲宴。周顗中坐而歎曰：'風景不殊，舉目有江河之異。'皆相視流涕，惟導愀然變色曰：'當共戮力王室，克復神州，何至作楚囚相對泣邪！'衆收淚而謝之。"郭璞當時正在王導幕府工作，積極協助王導建立東晋王朝，爲了解除南北士族的疑慮，堅定大家中興晋室的信心，便奮然命筆，寫了這篇《江賦》。全賦以長江爲主綫，因水及山，極寫長江沿岸的有利地形和豐富的物産，描繪了一幅自然天成、汪洋恣肆的壯麗畫面，極大地激勵了士庶們戮力王室的愛國主義熱情。所以，《晋書·郭璞傳》稱："璞著《江賦》，其辭甚偉，爲世所稱。"劉勰在《文心雕龍·詮賦篇》中，把《江賦》列爲"魏晋之賦首"，並高度地評論道："景純綺巧，縟理有餘。"梁蕭統編輯的《昭明文選》也全録了《江賦》。可見《江賦》是郭璞被譽稱爲"詞賦爲中興之冠"的代表作品。

② 咨，嘆美之詞。五才，又作五材，即金、木、水、火、土。水德，水的本質。《淮南子》曰："夫水者，大不可極，深不可測，無公無私，水之德也。"靈長，有兩層意思：一、長，平聲，即長短之長。言長江乃是中國最長的河流；二、長當讀上聲，即長幼之長。謂江神在衆水神靈中居於首位。開頭這兩句，與末尾兩句相呼應，統攝全篇，點明了主旨。

③ 惟，發語詞。岷山，在今四川省北部，綿延川、甘兩省邊界，是長江、黃河的分水嶺。導，疏通，引申爲通達。濫觴，謂長江初發源之處，水極淺小，僅能浮起酒杯。《家語》："孔子謂子路曰：夫江始於岷山，其源可以濫觴；及其至於江津，不舫舟，不避風，則不可以涉。"王肅曰："觴所以盛酒者，言其微也。"

④ 聿，語助詞。經始，開始測量營造。洛，《文選》作"雒"，與洛通。洛即洛水，《漢書》曰："廣漢郡雒縣，有漳山，雒水所出，入湔。"沫，沫水，又名渑水(一作涐水，誤)，隋唐以後改名大渡河。《説文》曰："沫水出蜀西徼外，東南入江。"攏，集合，猶

言括束也。巴梁,二山名。巴即大巴山,梁即梁山。言長江初出,必經洛水、沫水而過,與萬川相攏合在巴山、梁山之下。

⑤ 巫峽,長江三峽之一。江津,李善注引《水經注》曰:馬頭崖北對大岸,謂之江津。此二句意謂江水至巫峽,爲山所夾,迅疾登上津岸而漲起波浪。躋,登。漲,水大貌。泓,水深。海運,海波動盪。滔天,形容大水漫天。森芒,即渺茫,形容大水廣闊遼遠。芒,《文選》作"茫"。此二句言江水以其窮極深廣之器量,朝宗於海,運動其波瀾,狀如漫天遼闊之大水。

⑥ 總括,兼包、并吞,皆相合爲流之意。總,《文選》作"揔",總與揔通。漢,漢水。泗,泗水,郭璞《山海經注》:"泗水出魯國卞縣,至臨淮下相縣入淮。"淮,淮河。湘,湘水,郭璞《山海經注》曰:"湘水出鄙陵營道縣陽朔山。"沅,沅水,《山海經》曰:"沅水出象郡而東注江,合洞庭中。"澧,澧水,應劭:"武陵郡充縣歷山,澧水所出,入沅。"《水經注》云:"入江。"汲,引水,謂把這一條江(河)的水,導向另一條江(河)裏去。李周翰曰:"沮漳二水橫流入江,故云汲引。"沮水,即睢水,《山海經》曰:"景山,睢水出焉,南注於沔江。"漳,即漳水,《山海經》曰:"荆山,漳水出焉,而東南流注於睢。沮與睢同。"

⑦ 岷、崍,二山名,《山海經》曰:岷山東北百四十里崍山(即邛崍山,在四川省西部岷江和大渡河間),江水出焉。又東百五十里崌山,江水出焉,而東流注於大江。九泒,泒即派,水別流爲派。應劭《漢書注》曰:"江自廬江潯陽分爲九也。"故云九派。潯陽,縣名,屬廬江郡。

⑧ 鼓,激;洪,大;濤,潮水。赤岸,李善曰:"《七發》:'凌赤岸。'或曰:赤岸在廣陵輿縣。"綸,《文選》作"淪",李善曰:"淪,沒也;一本作綸。"餘波,波濤之餘波。柴桑,縣名,屬豫章郡,在今江西九江市西南。此二句言洪大的潮水激浪於赤岸,濤之餘波至柴桑而盡息。

⑨ 劉良曰:"網絡群流,猶籠衆水也;商推,猶都盧也,言都盧攝而納之;表,見也;言深廣故曰神也。"涓澮,細小的水流。江都,縣名,屬江蘇省。秦廣陵縣,漢置江都縣,以遠統長江爲一都會而名,故城在今縣西南,唐以後移治今揚州市。混流,水勢豐盈,郭璞曰:"混,並也。"即諸水合流而下之意。宗,歸往。《尚書·禹貢》:"江漢朝宗於海。"

⑩ 五湖,説法不一,此指太湖。李善注引張勃《吳録》曰:"五湖者,太湖之別名也,周行五百餘里。"漫漭,水漲廣大貌。三江,説法很多,李善曰:"《尚書》:三江既入,震澤底定。孔安國曰:自彭蠡,江分爲三,入震澤。又曰:震澤,吳南太湖名也。"《水經注》二九《沔水》引郭景純説,以岷江、松江、浙江爲三江。滭沸,水衝擊聲。

⑪ 滈,水廣大貌。滈汗,猶浩汗,李周翰曰:"長流貌。"六州,益、梁、荆、江、揚、徐等州。炎景,李善曰:"南方火,故曰炎景。"

⑫李周翰曰:"華,中國也;夷,蠻夷也;介,大也。言江所以限中國與蠻夷爲別,天地險大以益壯也。"嶮,同險,《周易》曰:"天嶮不可昇,地嶮山川丘陵。"

⑬潮,海水定時漲落,晝漲叫潮,夜漲稱汐。呂向曰:'呼吸、吐納,謂作潮波而納群流,須臾萬里。自然往復,或夕或朝,皆潮水進退在朝夕而自然也。"

⑭逸,迅疾。峨嵋,即峨嵋山,在今四川峨嵋縣西南。玉壘,玉壘山,在今四川灌縣西南。泉陽,即陽泉,顧野王《輿地志》云:"益州陽泉縣,蜀分綿竹。"故城在今四川德陽縣西,張銑以爲江之别名。東别,亦江之别名,李善曰:"《水經》曰:江水又東别爲沱,開明之所鑿。"《尚書》曰:"岷山導江,東别爲沱。"案:沱,江水支流的通名。從李善注引看,此處之沱水,當指今四川岷江的支流郫江。揭、標,皆表也,揭通楬,標幟。此四句意謂:潮水激疾之勢先於平水而前走,則相鼓擊怒而作波濤,江水自然下流,峨嵋、玉壘、陽泉、東别等山水,皆可作爲標記,知江水之本源。

⑮衡,衡山,在今湖南省衡山縣西。霍,霍山,在今安徽省,一名衡山,一名天柱山。磊落,形容山高大。鎮,古稱一方爲主的山;連鎮,謂連而作鎮。巫,巫山,在今四川、湖北兩省邊境。廬,廬山,在今江西省北部,一稱匡山。嵬崔,形容山高大特出。嶠,協韻音橋,《爾雅》曰:"山鋭而高曰嶠。"比嶠,謂山峰比並而高大。

⑯劉良曰:"協,合也,合神靈之變化,通山川之氣。潰薄,氣亂貌。相陶,猶陶冶所作也。流風激鬱蒸之氣如雷聲也,騰起虹蜺復飄而爲薄雲。霄,薄雲也。"

⑰劉良曰:"信陽,縣名,江水出此而長行。淙,集也。渤海東有大壑,而江水集焉。"李善曰:"《列子》:渤海之東,不知幾萬億里,有大壑無底之谷,其下無底,名歸墟。《玄中記》曰:天下之大者,東海之沃焦焉,水灌之而不已。沃焦,山名也,在東海南方三萬里。"(從開頭至此爲第一段,寫長江的源流。從長江的發源地,一直寫到入海處,把浩渺奔騰的江水、波濤翻滚的浪潮、起伏比並的山峰、氣象萬千的風景,描繪得有聲有色,是一幅壯美的長江萬里圖。)

⑱若乃,詞賦中常用的更端發語詞。巴東,縣名,屬湖北省,因以巴水以東得名。峽,即三峽,指四川奉節至湖北宜昌之間的長江兩岸,重巖叠嶂,無地非峽,就其最險者稱爲三峽。而三峽所指,歷代説法不一,今以瞿塘峽、巫峽、西陵峽爲三峽。䩵,古霞字。䮧,同駁,馬毛色不純。䩵䮧,如雲霞之斑駁。此四句言:巴東三峽,是夏禹所疏鑿,江水通過這裏,絕岸萬丈,石壁如削,雲霞斑駁。

⑲虎牙、荆門,李善注引盛弘之《荆州記》曰:"郡西泝江六十里,南岸有山名曰荆門,北岸有山名曰虎牙,二山相對,楚之西塞也。虎牙石壁,紅色間有白文,如牙齒狀,荆門上合下開,開達山南,有門形,故因以爲名。"此二山均在今湖北省。嶪,音桀,特立貌;豎,音樹,豎立。嶪豎,形容山突出聳立。屹崒,形容山高聳險峻。闕,五臣作"闒"。闒竦,如闒樓高聳。磐,《文選》李善注作"磐",五臣注作"盤"。磐礴,廣大貌。

⑳谥,水聲。呴,通吼,大聲呼叫。張銑曰:"峽間江水深急,激岸石而成圓流,

故云圓淵也。九廻者,言深而至九泉,或懸浪而下,或騰波而上,溢突擊躄如雷响之聲,疾如電光之激。"

㉑灑,散。飛薄,飛騰蕩薄。澓,水迴流。澆,水的迴波。湧,急的水流往上疾涌。此四句言波浪駭驚疾灑,或飛或止,急波疾涌,迅速澓迴而增高。水流急激,波浪高叠而躍起。

㉒砯,水擊岩聲。淵,水衝擊聲。渀,浪濤衝擊聲。泉,波浪激盪聲。《爾雅》曰:"夏有水,冬無水,曰泉。"潏,波濤激盪聲。以上皆象聲詞。呂向曰:"砯,巖江岸坎穴也,餘皆水激射聲。"

㉓渨(音平)濆(音背),猶澎湃,水流相擊聲。濆,水勢汹涌貌。潏,水聲。潰,水破堤而出。濩,水下流貌。汱,水流貌。渒,水勢汹涌貌。李善曰:"皆水勢相激汹涌貌。"

㉔淊,水涌出。湟,低窪積水之處。澹,水流急速貌。泱,奔涌貌。瀘,水波。润,水流迅疾貌。瀾,水疾流貌。渝,疏通。李善曰:"皆水流漂疾之貌。"

㉕漩,迴旋的水流。濘,流水迴旋涌起貌。縈瀠,水迴旋貌。渨濔,水迴旋涌起貌。潰瀑,同噴薄,衝擊貌。李善曰:"皆波浪迴旋,噴涌而起之貌也。"

㉖渒(音册)减(音於),水波動盪貌。瀡湏,水波起伏貌。李善曰:"渒减瀡湏,參差相次也。龍鱗結絡,如龍之鱗,連結交絡也。"

㉗澧泏,呂向作"潰泡"。言沙石隨水流動貌。硨砆,李善注《文選》作"硨砜",也作"硨矶",高聳突出,如石轉動貌。

㉘潛,藏;演,水脉行地中。潛演,地下水源,張銑以爲"岸沙下流而沸出者"。泪,水涌出貌,張銑曰:"沸出貌。"涊,細水流通貌。磈,磨。張銑曰:"言奔溜急而磨錯岸石。"

㉙厓陳(音兗),岸也。泐嶕、嵒(音沿)崿,皆謂急流冲激成的坎穴。碕嶺,小山。

㉚㵎,同澗,《爾雅》曰:"山夾水曰澗。"岨,載土的石山,五臣作"阻"。礐,或作碻,疾風激水擊石成聲。硞,五臣作"硌",音客,水石相擊狀。磱碻,《文選》作"硌碻",石撞擊聲。李善曰:"礐硞磱碻,皆水激石,嶔峻不平之貌。"劉良曰:"言山島之中,幽僻之澗,巨石積阻險,爲江浪急故石相叩爲聲,礐硞磱碻,石聲也。"(以上,"從若乃巴東之峽"至"礐硞磱碻"爲第二段,寫山險水急的三峽。先寫巴東之峽的懸崖絶壁,再寫圓淵九回的驚濤駭浪,末尾寫山水的相互作用,從山巔寫到地泉,描繪了一幅長江三峽的立體畫圖。)

㉛曾,重;潭,深淵。澄澹,水面清静。汪洸,水波動盪閃光。瀇滉,水深廣貌。圜,《文選》作"囷",淵的古字,淵泫,水深廣貌。李周翰曰:"曾潭,重潭也;府,猶如人之藏府,深不可見也;湖水深處多神靈故云靈也;澄澹汪洸,瀇滉囷泫,平漫不流廣

深之貌。"

㉜ 泓汯(音宏)泂濙,涒鄰(五臣作"剸")圜潾,皆水勢迴旋之貌。

㉝ 混瀚(五臣作"扞")灝溔,皆云水勢清深,澄澈映日,而有光明。焆,明也。

㉞ 溟漭渺汸,汗汗(五臣作"汙汙")沺沺,皆謂江水廣大無際之貌。

㉟ "察之"二句,言水長廣與天一色,故察無象。溰渤,霧出繁多貌。杳,深也。鬱律,言霧深如煙黑貌。

㊱ 胚渾,言雲氣杳冥,似胚胎渾混,尚未凝結。太極,古人想象中世界生成以前的元氣狀態。李周翰曰:"胚渾,渾沌也;太極,生天地者也;言江氣類渾沌,渾沌氣未凝結,象太極欲構立二儀也。"

㊲ 浃渫,水波連續貌。峻湍,水勢湍急。崔嵬,湍高嵯峨貌。盤渦,水的旋流。凌濤,波濤急馳貌。此四句言水深風大,急流相冲,盤旋作深渦,有如山谷之轉,波濤疾馳而上,凌空者却下如山之頹。

㊳ 陽侯,波神,高誘注《淮南子》曰:"陽侯,陵陽國侯也。其國近水,伣(溺)水而死,其神能爲大波,有所傷害,因謂之陽侯之波。"破硪,意同岌峩,言波高大。洪瀾,當作洪瀾,《文選》作"洪瀾",大波也。涴(五臣作"蜿")演,水勢逶曲貌。沍淪,水流迴旋貌。濎濼,水波起伏貌。泪,水下流貌。乍泪乍堆,言波浪如堆阜之高。㽪(音罕)、豁,皆開闊貌。以上六句言波浪高大如岸起,水勢迴曲爲紋如雲之回旋,水波起伏不平,波浪忽上忽下,堆積如山高,而水爲烈風所吹,四面浪起,中爲深穴,則㽪然如地裂,風波既息,雲霧盡銷,則豁然如天開。

㊴ 厓,五臣作"涯",邊岸。縈繞(音叫,五臣作"澆"),環旋。此句言浪觸曲岸則環旋。礔,堆石自高處下擊,通搷,撞擊。此句言浪驚崩則相擊。

㊵ 㝢,洞穴。窟,亦穴也。潚渤,水衝擊聲。溢湧,水上涌貌。駕,凌也;隈,曲也。此二句言波浪鼓穴窟而有聲,或分涌凌駕於山隈。(以上,從"若乃曾潭之府"至"乃溢湧而駕隈"爲第三段,寫長江沿岸的湖泊。水深浪高,雲霧環繞,静中有動,震撼天地,描繪出一幅壯麗的波光水色圖畫。)

以上爲第一大段,狀寫了長江的山山水水,説明了東晋王朝可以將有利的地理形勢,作爲立國的根據地。

㊶ 江豚,似豬,乃長江所産的一種鯨類。海狶,郭璞《山海經注》曰:"海狶,體如魚,頭似豬。"狶,音喜。叔,同鮍,叔鮪(音娓),郭璞《山海經注》曰:"鮪屬,大者王鮪,小者叔鮪。"鱣,大魚,今江東呼爲黄魚。

㊷ 鱛,《山海經》曰:"鱛魚,其狀如魚而鳥翼,出入有光,其音如鴛鴦。"鰊,音練,即鯡魚。鰧,音滕,其狀如鱖,蒼文赤尾。鮋,似鱔。鮫,鮫魚,人面人手魚身。鰩,鰩魚狀如鯉。䲛,魚名,䲛魚黑文,狀如鮒。鱧,亦稱鱺,白鱧。

㊸ 鹿觡,本懸物之鈎,形如鹿角,故名,但李善注曰:"《臨海異物志》曰:鹿魚長

二尺餘,有角,腹下有脚,如人足。"郭璞《山海經注》曰:"麋鹿角曰觡。"又曰:"今海中有虎鹿魚,體皆如魚而頭似虎鹿、龍顏、似龍也。"而李周翰曰:"言魚或似此虎,龍形也。"據李周翰注,兩句意謂,有的魚似鹿觡、象鼻,有的魚似虎形、龍顏。

㊹ 鱗,魚鱗。鱗甲即魚鱗。鏙錯,繁盛貌。煥爛,鮮明光亮。錦斑,言魚鱗鏙錯,文彩如錦之煥爛。鬐,魚背上鬛。噴,大聲呼叫。唌,同涎,口沫。言魚類揚舉其鬐鬛,搖掉其尾,噴飛口涎。

㊺ 哈,通呵,張口呼氣。延,連續。爆,五臣作"曝",曬也。晃,暉也,言明亮閃耀。嚇,開也。呂向曰:"排流,逆上也,遊延,隨長波貌。曝,露出。言魚或出采色以晃中淵,或開鰓於巖穴之下。"

㊻ 介,大也。鯨,鯨魚。鯼(音宗),石首魚,即黃魚,頸中有石。鮤,古稱鮛鮤,或鱴,即刀魚。郭璞《山海經注》曰:"鮤狹而長頭,大者長尺餘,一名刀魚,常以三月、八月出,故曰順時。"此二句言大鯨魚乘波濤或出或入,鯼魚、鮤魚順時節或往或還。(以上,從"魚則江豚海狶"至"鯼鮤順時而往還"爲第四段,寫江中的魚類。先點名後狀形,種類繁多,生動有神。)

㊼ 爾其,更端發語詞。怪錯,奇怪錯雜。潛鵠,李善引《舊説》曰:"潛鵠似鵠而大。"魚牛,《山海經》曰:"魚牛,其狀如牛,陵居,蛇尾,有翼。"虎蛟,《山海經》曰:"虎蛟,其狀魚身而蛇尾,有翼,其音如鴛鴦。"鈎蛇,郭璞《山海經注》曰:"今永昌郡有鈎蛇,其長數丈,尾岐在水中,鈎取斷岸人及牛馬,啖之。"

㊽ 蜦,音倫,蛇屬,黑色,《説文》曰:"黑色,潛於神泉之中,能興雲致雨。"鱄,又作鱄,《山海經》曰:"黑水……其中有鱄魚,其狀如鮒而彘毛,其音如豚,見則天下大旱。"鱟,鱟魚。《交州記》曰:"鱟,如惠文冠玉,其形如龜。子如麻,子可爲醬,色黑。十二足,似蟹,在腹下。雌負雄而行。南方用以作醬,可炙噉之。"蝐,蟲名,形狀似蝦,寄生龜殼中。《臨海水土物志》曰:"蝐似蝦,中食,益人顏色,有愛媚。"鱝,《臨海水土物志》曰:"鱝魚如圓盤,口在腹下,尾端有毒。"龜,龜屬,《臨海水土物志》曰:"初寧縣多龜,龜形薄頭,喙似鵝指爪。"鼊鼊,龜屬,《臨海水土物志》曰:"鼊鼊與蝃鼊相似,形大如蓋,生乳海邊沙中,肉極好,中啖。"

㊾ 王珧、海月、土肉、石華,皆謂江中所生之物。王珧,蚌屬,即江珧,亦名江瑶,一種小蚌。海月,海中動物,一名窗具,肉可食,貝殼可嵌門窗。土肉,李善注引《臨海水土物志》:"土肉正黑,如小兒臂大,長五寸,中有腹,無口目,有三十足,炙食。"石華,介類,肉可食,附生於海中石上。

㊿ 三蝬,蛤類軟體動物。虷江,李善注引《舊説》曰:"虷江似蟹而小,有十二脚。"鸚螺,《南州異物志》曰:"鸚鵡螺,狀如覆杯,頸如鳥頭,向其腹視,似鸚鵡,故以爲名也。"蜁蝸,小螺。

㊶ 蜨(五臣作"鎮")蛄,介類動物。《南越志》曰:"蜨蛄,長寸餘,大者長二三

寸,腹中有蟹子如榆荚,合體共生,俱爲蛣取食。"水母,海面浮游的腔腸動物,形似傘,體緣有很多觸手。《南越志》:"海岸間頗有水母,東海謂之蛇,正白,濛濛如沫,生物,有智識,無耳目,故不知避人,常有蝦依隨之,蝦見人則驚,此物亦隨之而没。"

㊵ "紫蚢"二句,李善曰:"《爾雅》曰:大貝曰蚢。"紫蚢,即紫貝,蚌蛤類軟體動物名,産海中,白質如玉,殻有紫點紋,亦稱文貝。渠,鄭玄曰:"渠,罔也。"即古代車輪的外圈。此謂紫貝大如車渠。蚶,瓣鰓動物,貝殻兩枚相等,厚而堅,紋如瓦楞,故亦稱瓦楞子。洪,《文選》作"洪",洪乃誤字。洪,大也,洪蚶,即大蚶。專車,《國語》中有孔子説防風氏"其骨節專車"之語。賈逵曰:專,滿也。此謂蚶大可以專車。

㊶ "瓊蚌"二句,張銑曰:"瓊,蚌中出玉,常有光曜於水中,若瑩光明珠。石砝(音劫),春生花,冬死,故云應節揚葩。"葩,花也。

㊷ 蜛蠩,也作蜛蟝,蟲名,李善注引《南越志》曰:"蜛蠩,一頭,尾有數條,長二三尺,左右有脚,狀如蠶,可食。"吕向曰:"翹,足也。森衰,足多貌。"蠣,牡蠣,也叫蠔。李善曰:"《臨海水土物志》曰:蠣長七尺。《南越志》曰:蠣形如馬蹄。"硨磲、碨砐,不平貌。泛瀲,瀲,五臣作"淹",音艷,泛瀲,言蟲魚水上浮游反覆貌。混淪,言蟲魚混没於泥沙。(以上,從"爾其水物怪錯"至"或混淪乎泥沙"爲第五段,寫江中的神奇物怪。呼名狀形,生動有致。)

㊸ 若乃,更端發語詞。龍鯉,穿山甲的別名,也稱鯪鯉、龍魚。李善注引《山海經》曰:"龍鯉陵居,其狀如鯉。或曰龍魚一角也。"鵅,怪鳥名,一説爲鬼車鳥,即傳説中的九頭鳥。

㊹ 李善曰:"《山海經》曰:三足鼈岐尾。《爾雅》曰:三足曰能。郭璞曰:今吴興郡陽羨縣,山下有池,池中出三足鼈,又有六眼龜。"眸,眼也。

㊺ 䞈,淺赤色。螫,魚名。璣,不圓的球。《南越志》曰:"珠螫吐珠。"此句謂赤色之螫,其狀如肺而吐璣。文魮,李善注引《山海經》曰:"文魮之魚,其狀如覆銚,鳥尾而(魚)翼魚尾,音如磬之聲,是生珠玉。"此句謂文魮之魚,鳴聲如磬而生珠玉。

㊻ 倏䗤,傳説中的動物名,狀如黄蛇,魚翼,出入有光。掣耀,即閃光。蜦,傳説中的神蛇,《説文》作"蜦"。蜲蜦,蛇行貌。

㊼ 騂馬,獸名,牛尾而白身,一角,其音如呼。嘘蹀,言騂馬騰出波濤中噴水頓足。水兕,獸名,形似牛。咆,嗥也,有聲如雷,故云雷咆。陽侯,即波神陵陽侯,此言水兕出而有聲如雷,則波浪起。

㊽ 淵客,即下句之鮫人,是傳説中的人魚,亦作蛟人。吕向曰:"淵客、鮫人皆水中居,故築室構舍於巖流之下。"

㊾ 黿布、星離,言衆多。餘糧,即禹餘糧,植物名,《博物志》:"海上有草焉,名蒒,其實食之如大麥,七月稔熟,名曰自然谷,或曰禹餘糧。"沙鏡,像雲母般閃光的沙。此二句謂餘糧、沙鏡之衆多也。

㉖ 劉良曰:"青綸、緣組,二草名,皆有采色;糾,亂;争,交也;言多而交亂爲暉映也。"

㉗ 紫菜(五臣作"荚",而轉反),色紫,狀似鹿角而細,生海中。熒暉,光明貌。緑苔,李善注曰:"《南越志》曰:海藻一名海苔,生研石上。《風土記》曰:石髮,水苔也,青緑色,皆生於石。"鬖䰐,毛髮蓬鬆貌。研與硯同,滑石也。

㉘ 石帆,草類,生海嶼石上。嶼,海中洲上有山石。蒙蘢,多密貌。萍實,萍即萍,水草也。萍實,李善曰:"《家語》曰:'楚昭王渡江中流,有物大如斗,員而赤,直觸王舟,舟人取之,王大怪,使聘魯問孔子,孔子曰:此所謂萍實也,可剖而食之,吉祥也,唯霸者爲能得焉。'"時出,言不常有也。漂,浮;泳,游也。(以上,從"若乃龍鯉一角"至"萍實時出而漂泳"爲第六段,進一步寫江中神怪之物。由動物寫到植物,形象逼真,有聲有色。)

㉙ 金礦,銅鐵之類的礦石。丹礫,丹砂。雲精,即雲母,入地,萬歲不朽。爚,(同燭)銀,郭璞《穆天子傳》注曰:"銀有精光如燭也。"

㊱ 玡,蜃屬,大蛤也。瑠(音溜)字又作琉,即琉璃,本名璧流離,有光的寶石。《説文》曰:"瑠,石之有光者。"璿,璇的異體字,美玉。瑰,美石。郭璞曰:"璿瑰,亦玉名也。"水碧、潛珸,皆水玉之類。

㊲ 張銑曰:"鳴石,似玉,撞之,聲聞數千里,生皆向陽,故云列於陽渚。浮磬,石也,可爲磬者,生北岸,故云陰濱水。水南曰陽。肆,亦列也。"

㊳ 颎,同烱,光明。焗,音涓,明也。涯,《文選》作"崖"。涯鄰,皆畔也。吕向曰:"言珍寶之物,或光色輕而相漣,或明曜於水中。"

㊴ 湑,濕潤。津,亦潤濕也。此二句言珠玉所出,林岸皆潤濕。(以上,從"其下則有金礦丹礫"至"岸無不津"爲第七段,寫江中的礦産。寫得珠玉寶氣,光彩相暉。)

㊵ 羽族,鳥類,《爾雅·釋鳥》:"二足而羽謂之禽,四足而毛謂之獸。"晨鵠,郭璞曰:"猶晨鳧也。"天雞,李善注曰:"《爾雅》曰:鶤,天雞。"郭璞注云:"小蟲,黑身赤頭,一名莎雞。即俗謂紡織娘。"此注誤。天雞,當指鶾,鳥名,即丹雞。《爾雅·釋鳥》:"鶾,天雞。"郭璞注云:"鶾雞赤羽。"《逸周書》曰:"文鶾若彩雞,成王時蜀人獻之。"鷔,音敖,《山海經》曰:"鷔,青黄,其所集者,其國亡。"䲭,五臣作"䴅",步求反。《山海經》曰:䲭,"其狀如梟"。郭璞注云:"音鉗鈦之鈦,徒計切。"鷗,水鳥名,在海者名海鷗,在江者名江鷗。《説文》作"鷗",一名鷺,水鴉,似鴿鷉而小,隨潮而翔,迎浪蔽日。

㊶ 陽鳥,神話鳥名,指日中三足鳥。《本草綱目》:"鳥名,一名陽鴉,似鸛而殊小,身黑,頸長而白,嘴可入藥,治蟲咬瘡。"《文選》作"陽鳥",李善注引《尚書》曰:"彭蠡既豬,陽鳥攸居。"《疏》:"鴻雁之屬,九月而南,正月而北。……此鳥南北與日進退,隨陽之鳥,故稱陽鳥。"玄月,《爾雅》曰:"九月爲玄。"

⑫ 聒，嘈雜聲。濯，洗；翮，羽也。疏，理也。鼓，動也。翩翃，鳥翅鼓動貌。言鳥類發出各種各樣鳴聲，自相喧擾，又將毛羽洗濯於水，疏理於風，不停地鼓動翅羽飛翔。

⑬ 拊拂，輕輕鼓動，言群鳥揮羽於水，弄灑成珠，拊拂於波，瀑而爲沫也。瀑，噴起的水。

⑭ 毻，鳥獸脱毛，同毤，落也。積羽，地名，《竹書紀年》曰："穆王北征，行流沙千里，積羽行千里。"勃碣，地名，《齊地記》曰："勃海郡，東有碣石，謂之勃碣也。"此四句言群鳥有文彩而多集，則如霞光之布散，又如雲氣豁開，産毻羽毛於積羽，往來翱翔於勃碣。（以上，從"其羽族也"至"往來勃碣"爲第八段，寫沿江的鳥類。種類繁多，鳴聲悦耳，逍遥自在，飛舞不停，寫得生機勃勃。）

⑮ 橉，亦名橝。杞，枸杞。稹，稠密，草木叢生。薄，叢生也。潯，水邊地。涘，河岸。楔榡，二木名。森嶺而羅峯，言樹木叢生羅列於江岸山間。

⑯ 桃枝，竹名，可以織席作杖。篔簹，竹名，皮薄，節長而竿高，漢楊孚《異物志》云："篔簹生水邊，長數丈，圍一尺五六寸，一節相去六七尺，或相去一丈，廬陵界有之。""實繁"句，言竹類繁茂叢生。

⑰ 葭，初生的蘆葦。蒲，水生植物名，可以制席。雲蔓，言多而無際。櫻，《文選》作"褸"，褸，襯映，言彩色相映。蘭，澤蘭。紅，蘢古草。《爾雅·釋草》："紅，蘢古，其大者蘬。"郭璞注："俗呼紅草爲蘢鼓，語轉耳。"紅即葒草，似蓼而葉大，赤白色，高丈餘，供田園觀賞，花果入藥。

⑱ 皜，潔白。毦、茸，皆草花。潭，深水坑。隩，水涯深曲處。《爾雅》曰："隩，隈也。"郭璞注云："今江東呼爲浦隩。"此四句言，白的、紫的草花，蔭於深水之曲處，被於長江之兩岸。

⑲ 繁蔚、隱藹，皆繁多茂盛貌。蘺，江離，香草，似水薺。水松，藥草名。涯，岸也。灌，水木雜生。芊蒨，青盛貌。潛薈，水中植物茂盛生長。葱蘢，草木青翠而茂盛。此四句言草木叢生，花果繁茂，滿於涯岸水中。（以上，從"橉杞稹薄於潯涘"至"潛薈葱蘢"爲第九段，寫沿江的草木。山嶺水中，草木叢生，萬紫千紅，春意盎然，江山格外秀麗。）

⑳ 鯪，鯪魚，傳説中人面魚身的怪魚。《楚辭》曰："鯪魚何所？"王逸曰："鯪魚，鯪鯉也。"鯪鯉，獸名，又名龍鯉、鯪鯉、石鯪魚。其形似鯉而有四足，穴陵而居，故曰鯪鯉。黑色，能陸能水，性好食蟻。俗稱穿山甲。鮭，傳説中的怪魚。《山海經》曰："有魚焉，其狀如牛，陵居，蛇尾，有翼，其羽在魼下，其音如留牛，其名曰鮭。冬死而夏生。"蹐蹠，行貌。垠隒，岸也。猵，小獺，郭璞《三蒼解詁》曰："猵似青狐，居水中，食魚。"獺，獸名，有小獺、旱獺、山獺等。此指捕魚的水獺，《文選》注引《山海經》曰："滽滽之水出焉，有獸，名曰獺，其狀如鱬（如珠切），其毛如彘鬣。"睒，暫視貌。瞲，

驚視。睒矚，暫視也。㢆，讀若籃，山崖和岸側的空地。此二句言鯪魚、鮭魚行於岸上，獱和獺驚視於坎穴之中。

(81) 蜼，長尾猴，又名狖。玃，大母猴，似獼猴。夔，神話獸名，夔牛，《山海經》曰："岷山……多夔牛。"郭璞注曰："今蜀山中有大牛，重數千斤，名爲夔牛。"犃，夔牛子，郭璞《爾雅注》曰："今青州呼犢爲犃。"翹踛，《文選》注引《莊子》曰：'齕草飲水，翹尾而踛，此馬之真性也。"司馬彪曰："踛，跳也。"《廣雅》曰："翹，舉也。"鴛鶵，即鵷鶵，鸞凰之屬，《莊子》曰："南方有鳥，其名爲鵷鶵，子知之乎？夫鵷鶵，發於南海而飛於北海，非梧桐不止，非練實不食，非醴泉不飲。"山東，《爾雅》曰："山西曰夕陽，山東曰朝陽。"此四句言：蜼疾速地臨空跳騁，玃孤獨地攀登危險而從容自得，夔和犃舉尾跳足於夕陽，鵷鶵揮弄羽毛於朝陽。（以上，從"鯪鮭踦𨅔於垠隒"至"鴛鶵弄翮乎山東"爲第十段，寫沿江的珍禽異獸。描形狀態，神氣活現。）

(82) 岐，山岸曲處。渚，停水曰渚。郭璞注《穆天子傳》曰："水岐成涛。涛，小渚也。"即水中小塊陸地。澗，夾在兩山間的流水。此言江潮因曲成渚，山夾爲澗，波潮觸之，又爲溝渠也。

(83) 漱，蕩也。浦，水濱。此言江水冲刷剥蝕而爲溝壑、濱浦，江水分流廣停而區别爲湖。

(84) 磴，五臣作"蹬"。潦，許慎注《淮南子》曰："楚人謂水暴溢爲潦。"即地面積水。瀷，水潦積聚。《淮南子·覽冥訓》："潦水不泄，瀇瀁極望，旬月不雨，則涸而枯澤，受瀷而無源者。"渫，出水也。尾閭，水從海出也。《莊子》曰："天下之水莫大於海，萬川歸之不知何時止而不盈，尾閭渫之不知何時已而不虛。"此言江水暴溢而爲潦瀷，流歸大海而尾閭渫之不竭。

(85) 標，表識也。翳，草之蘙薈也。菰，亦名蔣，即茭白。浮於水上，故曰游也。

(86) 播，布。藝，樹。芒種，稻麥也。嘉，善。蔬，李善曰："《禮記》曰：凡祭廟禮，稻曰嘉蔬。鄭玄曰：嘉，善也。稻，苽（同菰）蔬之屬。"

(87) 鱗被，如鱗之被，言多也。攢，聚集。蓏，瓜類植物的果實。應劭《漢書注》曰："木實曰果，草實曰蓏。"

(88) 瀵，地底噴出的泉水，此言水浸泡。蕊，花。穎，穗。裹，草實；散裹，散開其包裹之子。

(89) 猗萎，隨風之貌。潭淹，亦作淡淹，隨波蕩漾。流光，草之華蕊潛映於水而有光彩。景炎，波瀾景色外發炎盛於霞火之色。（以上，從"因岐成渚"至"景炎霞火"爲第十一段，寫沿江的渠壑湖渚、稻麥果蔬。花蕊流光，果實纍纍，隨風逐波，分外妖嬈。）

(90) 雲夢，澤名，歷來説法不一，秦漢以前所稱雲夢澤，大致包括今湖南益陽縣、湘陰縣以北，湖北江陵縣、安陸縣以南，武漢市以西地區。雷池，水名，即大雷水，今名楊溪河,在安徽望江縣南。彭蠡,湖名,在江西省,隋時因湖接鄱陽山,故又名鄱陽湖。青草,即青草湖,古五湖之一,亦名巴丘湖,南接湘水,北通洞庭,水漲則與洞庭相接,所謂重湖。具區,亦澤名,一名震澤,即今江蘇太湖。洮,湖名,一名長溏湖,也作長蕩湖,在江蘇省溧陽、金壇兩縣境内。滆,湖名,滆湖亦古五大湖之一。朱,一作珠。朱湖,《水經注》曰:"朱湖在溧陽。"瀦,亦湖名,《水經注》曰:"沔水又東得瀦湖,水周三四百里。"丹,即丹湖,李善曰:"在丹陽。"漅,即今巢湖,在安徽巢縣西。以上,皆旁通長江之湖泊。

㉑ 極,盡也。沅瀁,廣大貌。㴸㴸,深白之貌。謂上述湖泊大數百里,廣大深白。(以上,從"其旁則有雲夢雷池"至"沅瀁㴸㴸"爲第十二段,寫與長江旁通的著名湖泊。點名之後,僅有兩句寫其廣大深白。)

㉒ 爰,曰也,發語詞。包山洞庭,包山,山名,一名苞山,又名夫椒山,即今江蘇蘇州市西南太湖中的西洞庭山。郭璞《山海經注》曰:"洞庭,地穴也。在長沙巴陵。吳縣南太湖中有包山,下有洞庭,穴道潛行水底,云無所不通,號爲地脈。"巴陵,郡名,郡治在今湖南岳陽縣。逴,五臣作"達",道也,謂水中穴道交通者。岫,山洞。吕向曰:"巴陵,郡名;逴,道也;窈窕,深邃也。"

㉓ 李善曰:"《穆天子傳》,河伯曰:示汝黄金之膏。郭璞曰:金膏,其精汋也。……《孝經援神契》曰:玉英,玉有英華之色也。"瑱,瑱充,言金精玉英生其内,故云瑱。瑶,瑶玉,即美玉。珠,蚌殻内所生的珍珠,此指寶珠。怪石,郭璞《山海經注》曰:"怪石似玉也。"綷,《文選》作"琗",五臣作"粹",文彩相雜。言瑶珠之寶,怪石之珍生其外,故云綷其表。

㉔ 驪,驪龍。蚪,傳説中無角的龍,《説文》訓蚪爲有角的龍。驪蚪,驪龍。繆,絞結,言驪龍在九重之泉,故云繆其址。梢雲,瑞雲,人君德至則出,若樹木梢梢然,故云冠其巘。巘,山頂。

㉕ 海童,傳説中的海中神童。李周翰云是海神。琴高,傳説中的仙人。矯,飛也,言飛而去來其中。

㉖ 冰夷,即馮夷,傳説中的河神,《山海經》曰:"從極之川,唯冰夷恒都焉。冰夷人面而乘龍。"傲睨,傲然睨視,形容倨傲,蔑視一切。江妃,傳説中的仙女,妃也作斐。《列仙傳》曰:江妃二女,游於江漢之濱,遇鄭交甫。仙女以佩珠相贈,交甫行數十步,佩珠與仙女皆不見。嚬,同顰,皺眉。瞵(音棉)眇,遠視貌。

㉗ 撫,以手按之。凌,馳。凌波,言起伏的波浪。吸,飲也。翠霞,江上青氣。矯,飛騰貌。夭矯,自得之貌。言仙人撫凌波浪,又似鳬鳥之游躍,而吸食江上之氣,恣爲飛騰也。(以上,從"爰有包山洞庭"至"吸翠霞而夭矯"爲第十三段,寫與長江相通的洞庭湖。珍寶表裏,神仙巡遊,風景十分美。)

以上爲第二大段,極寫長江流域的動、植物和礦產,說明東晉王朝可以這豐富的物產資源,作爲中興晉室、收復故土、統一中國的物質基礎。

⑱ 宇宙,空間與時間,《淮南子·齊俗訓》:"往古來今謂之宙,四方上下謂之宇。"此指天地之間。八風,《淮南子》曰天有八風:條風、明庶風、清明風、景風、涼風、閶闔風、不周風、廣莫風。此二句言長江風波不動,風平浪靜之時。

⑲ 舟子,船夫。涉人,渡人過江者,亦即船夫。掬,捉,握持。棹,通櫂,划船的工具。檥,通艤,止也,船靠岸。榜,船槳,此指船。一曰並船也。

⑳ "飛雲"二句,李善曰:"劉淵林《吳都賦注》曰:飛雲,吳樓船之有名者。《左氏傳》曰:楚敗吳師,獲其乘舟艅艎。杜預曰:艅艎,舟名也。"

㉑ 舳,船後持拖處。五臣作"軸",船傍。艫,船前頭刺棹處。舳艫,皆指船。屬,相連。檣,掛帆的柱。

㉒ 泝,溯的異體字。泝洄,逆流而上。沿,順流而下。交益、幽浪,古州郡名,即交州、益州、幽州和樂浪郡。南極,指南方極遠處;東荒,指東方荒遠處。(以上,從"若乃宇宙澄寂"至"窮東荒"爲第十四段,寫長江的水路交通。風平浪靜,船隻相連,四通八達,無所不止。)

㉓ 㲉當作"瞉",伺視。五臣作"隸"。霧,通氛,氣也。祲,妖氛,鄭玄《禮記注》曰:"祲,陰陽氣相浸,漸以成灾也。"旭,初出的太陽。覘,窺視也。五兩,古代測風器。用雞毛五兩(或八兩)結在高竿頂上,測風的方向。

㉔ 飈,大風貌。廣莫,即廣莫風。飇,急風貌。飋,風緩貌。此四句言江上風起,有時風大,在時風急,有時雖徐緩不遲,雖疾不猛,和而得所。

㉕ 劉良曰:"迅,疾;越,度;趆,過;漲,闊也。截,直渡也;泂,遠也;柂,船尾,所以正船也。杳溟,絕遠之處;電,謂疾也。"帆,劉熙《釋名》曰:"隨風張幔曰帆,或以席爲之,故曰帆席。"

㉖ 霱,音兌,雲急度貌。晨霞,朝霞。雲翼,雲廣大。《莊子》言大鵬翼若垂天之雲,故曰雲翼。此二句言船行如朝霞,急度而連行,若大鵬垂雲翼,掩然絕嶺。

㉗ 倏,通儵,儵忽,疾速貌。俄頃,頃刻,一會兒。飛廉,又作蜚廉,人名,《史記》:"飛廉善走。"睎,望。渠黃,駿馬名,爲穆天子八駿之一。企,同跂,踮起腳尖,此謂舉足望視。景,五臣作"影"。此四句,極言船行迅疾,善跑的人、快速的馬,也不能睎望其踪影。(以上從"爾乃霱霧祲於清旭"至"渠黃不能企其景"爲第十五段,寫長江水運。船隻往來,乘風破浪,非常迅速。)

㉘ 蘆人,漁子,謂採蘆捕魚之人。此當指失意之人,如《吳越春秋》三《王僚使公子光傳》中之漁父和蘆中人(伍子胥)。言春秋楚伍子胥奔吳,至江,漁父渡之,見子胥有饑色,曰:爲子取餉。子胥疑之,乃潛身葦中。有頃,漁父持麥飯鮑魚羹等食品來,呼之曰:蘆中人!蘆中人!豈非窮士乎?如此再三,子胥乃出。故下云擯落江山。擯,被斥,摒棄。落,漂落。褐,毛布。鱻,古鮮字,小魚。張銑曰:"落,菴屋之

類,言其作屋於江濱山側爲菴也;衣裳則毛羽所爲短褐衣也;蔬,菜;鱻,魚也。"

⑩ 泠,《文選》作"栫"。泠,乃栫之誤字。栫,以柴木壅水。澱,通淀,水淺的湖泊。涔,《爾雅》曰:"椮謂之涔。"郭璞注曰:"今作椮,叢木於水中,魚得寒入其裏,因以簿圍捕取之也。"澲,小水入大水,衆水相會處。筌,捕魚器,以竹爲之,蓋魚笱之類的捕魚器。

⑩ 笱,一本作"簡",捕魚具。灑,投撒。鋒,釣鈎。罾,用竿支架的魚網。比船,下網之船而相比行也。

⑪ 輪,釣輪。碕,曲折的堤岸。採菱,歌曲名,《淮南子》曰:"夫歌採菱,發陽阿。"叩舷,敲擊船邊。謳,五臣作"嘔",歌唱。此六句言,釣魚者或坐於懸岸之上,或橫旋於湍急水中,或忘夕而尋夜方歸,或鼓栧而歌《採菱》,嘯傲自足樂一身,尋風波而終百年。(以上,從"於是蘆人漁子"至"尋風波以窮年"爲第十六段,寫長江流域的隱逸漁釣。高人韻士,嘯傲自在,釣輪連鋒,漁船比並,一片和平樂土。)

⑫ 沲,通沱,江水支流的通名。汜,水分岔流出後又回到主流叫汜。劉良曰:"域,界也;盤巖,大山。言江以大山爲界限也。洞,深;壑,海也。言江流壑入於海。沲、汜,謂江水分流故也。鼓之以朝夕,謂潮水往來也。"潮汐,《文選》作"朝夕"。

⑬ 湊,聚也,言長江爲川流歸聚之所。蒸,蒸發,言江氣潤液蒸發爲雲霧。

⑭ 化,變化;產,生也。傀,五臣作"瑰",偉也;奇,異也。窟宅,宅居也。此二句言長江乃是各種珍禽怪獸和瑰偉奇異之寶的變化出生宅居之場所。

⑮ 隱淪,隱居之人。列真,衆仙人,道家稱得道的人爲真人。異人,不尋常的人。精魄,人的精靈,古代謂精神能離形而存在者魂,依形體而存在者爲魄。此二句言許多隱居之人和得道之人,皆歸納於長江流域,許多不尋常的異人,誕生於時,皆得江漢之精英。

⑯ 岱宗,即泰山。舊謂泰山爲四岳所宗,故泰山別稱岱宗。此二句言長江播布雲雨,潤澤千里,超越泰山之觸石。雲霧興起,極爲疾速。

⑰ 譎,怪異;變,變化。儵怳,疾速。符祥,祥瑞的徵兆,古代以所謂祥瑞的徵兆,附會成君主得到天命的憑證。《晉書·元帝紀》:建武元年,三月,司馬睿稱晉王,"時四方競上符瑞"。所以郭璞在這裏說"符祥非一"。方,常也,言譎怪變化,離合疾速,有如符契而爲災祥,蓋非一狀也。感事,謂致感風雲也。

⑱ 經紀,經營料理。錯綜,交錯綜合。此二句意謂,東晉王朝的政事,應像長江那樣廣大利物,經營天下,撥亂反正,上則經紀天地,下則錯綜人術,都在傚法長江。所以張銑曰:"經紀天地,言廣大利育萬物也;人術,謂樂道法水而爲政,言其妙理不可窮盡也。"所以下接"妙不可"二句,言爲政傚法長江,其事理之妙,是言語文字無法窮盡的。(以上,從"爾乃域之以盤巖"至"事不可窮之於筆"爲第十七段,寫爲政應傚法長江。廣大的長江,有利於珍奇瑰寶變化生產,天下異人,歸聚其流域,各種

祥瑞徵兆,都説明天命授予了晋元帝,東晋王朝經營天下,就當法天則地,傚法長江之廣大無私,其事理是妙不可言的。)

⑲ 岷山之精,上爲東井。東井,即井宿,因在銀河之東,故名,是二十八宿之一,有星八顆。《河圖括地象》曰:"岷山之精,上爲井絡。"陽侯,陵陽侯,波神。遞形,謂其遁化爲波神。

⑳ 劉良曰:"宅,居。協,合也。奇相者人也,得道於江,故居江爲神,乃合其精爽與湘娥俱爲神也。"奇相,江神名,《廣雅·釋天》:"江神謂之奇相。"湘娥,舜二妃娥皇、女英,傳説死後爲湘水之神。靈爽,舊指鬼神的精氣。

㉑ 李善曰:"《吕氏春秋》:禹南省,方濟乎江,黄龍負舟。舟中之人,五色無主。禹仰視天而嘆曰:吾受命於天,竭力以養民。生,性也,死,命也,余何憂於龍焉。龍俛耳曳尾而逃。"

㉒ 太阿,古寶劍名。劉良曰:"荆佽飛得太阿寶劍,從楚王渡江,江神將奪之,風波大起,兩蛟夾舟,佽飛以劍斬蛟,風乃止,故思而壯之,終能成劍之神氣。"《越絶書》曰:歐冶子作鐵劍,二曰太阿。

㉓ 悍,勇也。戈,指劍,因叶韻而言戈。李善注引《吕氏春秋》曰:"要離走,往見王子慶忌於衛。慶忌喜。要離曰:請與王子往奪之國。王子慶忌與要離俱涉於江,拔劍以刺王子慶忌,捽而投之於江,浮出,又取而投之於江,如此者三。其卒曰:汝,天下之國士,幸汝以成名。要離不死歸吴矣。"

㉔ 張銑曰:"怨屈原至忠,遭遇放逐,而懷石自投於江漢。漁父,賢人,不爲時所用。"靈均即屈原。漁父,即《楚辭·漁父》篇中的鼓枻而歌者。

㉕ 李善曰:"《紀年》:周穆王三十七年征伐,大起九師,東至於九江,叱黿鼉以爲梁。《列子》曰:周穆王遠游,命駕八駿之乘,驊騮、緑耳、赤驥、白儀、渠黄、踰輪、盗驪、山子。"黿,緑團魚,俗稱癩頭黿;鼉,即揚子鱷。

㉖ 感,傷也。憖,哀憐。嬰羅,掛網也。李善曰:"《韓詩内傳》曰:鄭交甫遵彼漢皋臺下,遇二女,與言曰:願請子之佩。二女與交甫,交甫受而懷之,超然而去,十步,循探之,即亡矣。迴顧二女,亦即亡矣。《莊子》曰:宋元君,夜半,夢人被髮而窺阿門,曰:予自宰露之淵,爲清江使河伯之所,漁者豫且得予。元君覺,召占夢者占之,曰:此神龜也。元君乃剖龜以卜,七十鑽而無遺策。"

㉗ 吕向曰:"焕,美也。大塊,元氣也。言美元氣之流形,使萬物至於窮盡,同歸科。"科,坎也。

㉘ 劉良曰:"水柔弱淡然無欲,利育於物,故保道不虧而長堅固,此乃靈和之氣所以爲也。靈和,和之氣也。"

㉙ 李周翰曰:"四瀆,江爲長,河次之,故考其妙觀不過此也。"《爾雅·釋水》:江、淮、河、濟,爲四瀆,四瀆者,發源注海者也。(以上,從"若乃岷精垂曜於東井"至

"實莫著於江河"爲第十八段,寫長江流域的神話傳説。舉出種種歷史人物忠義勇壯行事,激勵東晋王朝的士庶,堅定中興晋室的信心,奮發圖强,厲精圖治。字裏行間,洋溢着愛國主義的激情,結束得非常有力。)

以上爲第三大段,寫長江流域的人事,從天時、地利、人和等方面,講歷史,寫現實,説明東晋王朝必然中興,激勵士庶的愛國主義熱情。

巫咸山賦① 有序

蓋巫咸者,寔以鴻術爲帝堯醫②。生爲上公,死爲貴神,豈封斯山而因以名之乎③?

伊巫咸之名山,崛孤停而嵾峙,體岑峭以隆頽,冠崇嶺以峻起④。配華霍以助鎮,致靈潤乎百里⑤。爾乃寒泉懸涌,浚湍流帶,林薄叢籠,幽蔚隱藹⑥。八風之所歸起,遊鳥之所喧會⑦。潛瑕石,揚蘭茝⑧。廻翔鸘集,凌鶄鷺翳⑨。禽鳥栖陽以晨鳴,熊虎窟陰而夕嘷⑩。

【校注】

① 巫咸山,《漢書·地理志》上《河東郡》:"安邑,巫咸山在南。"《太平寰宇記》六《陝州夏縣》:"巫咸山一名覆奥山。……巫咸祠在縣東五里巫咸山下。"《山西通志》云:"《水經注》:鹽水流遝巫咸山北谷口,嶺上有巫咸祠。"又云:"商巫咸、巫賢墓,在夏縣東五里,瑶臺山下。"據此巫咸山,即今山西省夏縣的瑶臺山。此山離郭璞家鄉山西省聞喜縣很近,所以郭璞寫這篇賦,歌頌家鄉山水之美,情調非常歡快。可惜的是,這篇賦是殘篇,見於《藝文類聚》七,大概是郭璞青年時期未離家前的作品。

② 蓋,發語詞。巫咸,人名,傳説不一,此指帝堯時之巫咸。《太平御覽》七二一引《世本》宋注云:"巫咸,堯臣也,以鴻術爲帝堯醫。"當本郭璞此説。《山海經》曰:"有靈山,巫咸、巫即、巫肦(一作巫盼)、巫彭、巫姑、巫真、巫禮、巫抵、巫謝、巫羅十巫,從此昇降,百藥爰在。"按,靈山,即巫山,十巫從此昇降,即從此上下於天,宣神旨,通民情之志。因爲十巫所操之主業,實巫而非醫,采藥爲醫,乃其餘業耳。郭璞在此,把群巫之首的巫咸具體化,所以强調其以鴻術爲帝堯醫。鴻術,鴻大高超的醫術。帝堯,傳説中的古帝,唐堯,名放勛,是陶唐氏部落的首領,都平陽(山西省臨汾市),晚年禪讓帝位於舜。

③ 上公,周制三公(太師、太傅、太保),出封時加一命,稱上公。貴神,尊貴的神祇。因巫咸死後,巫咸山有祠,受人享祭,故稱貴神。所以説巫咸山大概就因此而得

名。説明這篇賦的主旨,既是頌山,也是讚人。可惜的是讚人部分已亡佚。

④ 伊,發語詞。崛,突出,《説文》:"崛,山短高也,從山,屈聲。"孤停,猶獨出。嵥峙,陡起貌。岑,小而高的山。峭,同陗,陡直。岑峭,陡直的山峰。隆頽,高低不平貌。崇嶺,高大的山峰。峻起,高峭陡起。此句言巫咸山是高山峻嶺之首。

⑤ 華,西岳華山。霍,霍太山,《漢書·地理志》:"霍太山在河東彘縣東。"即今山西霍山,又稱太岳。鎮,一方爲主的山。華山不用説,是北方之主山;霍山也是古冀州三鎮之一。故云巫咸山助華、霍爲北方之主山。"致靈潤"句,言巫山神靈興雲布雨能潤澤方圓百里之廣。

⑥ 爾乃,辭賦常用的更端發語詞。寒泉,清涼的泉水。此兩句言巫咸山上的寒泉,有如懸流的瀑布噴涌下來,形成浚深湍急的河流,有如長長的帶子。林薄,樹木叢生。叢籠,又作葱籠,形容草木青翠而茂盛。幽蔚隱藹,形容樹木繁茂,雲氣彌漫。

⑦ 八風,八方之風,《吕氏春秋》:"何謂八方之風? 東北曰滔風,東方曰滔風,東南曰薰風,南方曰巨風,西南曰淒風,西方曰琴風,西北曰奇風,北方曰寒風。"《淮南子》的説法,又與《吕氏春秋》略異,曰:炎風、條風、景風、巨風、涼風、膠風、麗風、琴風。喧,聲大而繁鬧。此句言飛翔的游鳥聚會在這裏大聲喧鳴。

⑧ 瑕石,玉之小而赤色者。蘭,蘭草,即澤蘭,是一種香草。茝,也是蘭一類的香草。

⑨ 廻翔,盤旋飛翔。鵷鶵,鸞鳳之屬,《莊子》:"南方有鳥,其名爲鵷鶵,子知之乎? 夫鵷鶵,發於南海而飛於北海,非梧桐不止,非練實不食,非醴泉不飲。"鸐,長尾雉,又稱鸐雉、鸐雞。雄者羽色美麗,尾長,可作裝飾品。雌者羽黄褐色,尾較短。鷦,鷦明,鳳凰之類。司馬相如《上林賦》:"捷鷦鶵,掩焦明。"《史記·集解》:"焦明似鳳。"翳,翳鳥,有彩色羽毛的鳥。《山海經·海内經》:"(蛇山)有五彩之鳥,飛蔽一鄉,名曰翳鳥。"也作鷖鳥。司馬相如《上林》賦:"拂翳鳥,捎鳳凰。"鷖鳥,即鳳的别名。此二句言各種珍禽廻旋高翔聚集於此。

⑩ 陽指山南,陰指山北。此兩句互義,言山南山北,早晨晚上都有禽鳥和熊虎栖宿鳴嚄。嚄,羊益切,見《集韻》,此當爲熊虎的鳴叫聲。

登百尺樓賦①

在青陽之季月,登百尺以高觀②。嘉斯遊之可娱,乃老氏之所嘆③。撫凌檻以遥想,乃目極而肆運。情眇然以思遠,悵自失而潛愠④。瞻禹臺之隆窟,奇巫咸之孤峙⑤。美鹽池之滉汗,蒸紫雾而霞起⑥。異傅巖之幽人,神介山之伯子;揖首陽之二老,招鬼谷之隱士⑦。嗟王室之蠢蠢,方搆怨而極武;哀神器之遷浪,指綴旒以譬主⑧。雄戟列於廊柣,戎馬鳴乎講柱⑨。寤苔華而增恠,嘆飛駟之過户。陟兹樓以曠眺,情慨爾而懷古⑩。

【校注】

① 《登百尺樓賦》是一篇懷古抒情小賦,感情沉鬱,結構完整,表現了郭璞登高能賦的才能。百尺樓在何處,郭璞没有明說。但從賦中所寫情事來看,似在洛陽。陸機《與弟書》曰:"大夏門有三層,高百尺。"《洛陽伽藍記》云:"洛陽北面有二門,西頭曰大夏門,漢曰夏門,魏晋曰大夏門,嘗造三層樓,去地二十丈。洛陽城門樓皆兩層,去地百尺。惟大夏門甍棟干雲。"據此,百尺樓似爲洛陽西北面之大夏門城樓。郭璞是晋惠帝永興二年(305)八月,逃離聞喜老家,到達洛陽的。這篇賦的開頭,説明登百尺樓是在春季三月,當是惠帝光熙元年(306)三月。這正是西晋末年"八王之亂"的高潮時期,晋惠帝已被張方劫往長安,東海王越已進入洛陽,遣將西迎惠帝。所以,郭璞在賦中,從東到西瞻望北方,懷想古人,繫心惠帝,哀嘆王室的衰落,表現了他深沉的憂國之思。

② 青陽,指春季,《爾雅·釋天》:"春爲青陽。"郭璞注曰:"氣清而温陽。"季月,春夏秋冬四季的末月,即農曆三、六、九、十二月。《初學記》四東漢徐干《齊都賦》有"青陽季月",謂春季三月。百尺,即百尺樓,洛陽西北面城門大夏門。

③ 老氏,即老子。阮籍《詠懷詩》六十首末句云:"老氏用長嘆。"阮籍在這首詩裏,説儒家的六藝,儒生的所作所爲,老子都非常輕視。因爲老子反對儒家的這一套,説:"大道廢,有仁義,智慧出,有大僞。""禮者,忠信之薄而亂之首。"又説:"絶聖棄智,民利百倍,絶仁棄義,民復孝慈。"郭璞在此,正用其意,説明西晋王朝所謂的以孝治天下,不過是騙人的把戲,"八王之亂",就説明了西晋統治集團都是一些很不忠不信、不仁不義、不孝不慈的亂臣賊子,故以老氏之所嘆,表示自己對"八王之亂"的不滿與反對。

④ 凌檻,交錯的欄杆。目極,猶極目,目光達於極遠處。肆,任意;運,南北爲運,本指地的南北距離,此指由南向北遥望。此句言任意地由南向北縱目遠望。眇然,渺茫的樣子。思遠,思念遠方的家鄉。悵,惆悵。潛愠,暗中惱怒。愠,怒也。

⑤ 禹臺,疑即青臺。《太平御覽》一百七十八卷引《郡國志》云:"蒲州赤尤城鳴條野,禹娶塗山女,思念本國,築臺以望之,謂之青臺,上有禹祠,下有青臺驛。"郭璞因思念家鄉,所以北望青臺之禹祠。隆窟,《藝文類聚》卷六十三作"隆崫",謂隆高突起。巫咸,即巫咸山,詳見《巫咸山賦》注①。孤峙,謂突出聳立的山峰。

⑥ 鹽池,在今山西省運城縣境。滉,廣大無涯際;汙(wū),不流動的水。滉汙,

即廣大的鹽池。蒸,蒸發。雰同氛,指霧氣。紫雰,紫色之霧。此句言鹽池蒸發的霧氣,使天上出現霞彩。

⑦ 傅巖,古地名,在今山西省平陸縣。相傳爲傅説版築處。《尚書·説命》上:"説築傅巖之野。"《注》:"傅氏之巖在虞虢之界,通道所經,有澗水環道,常使胥靡刑人築護此道。"傅説,乃殷武丁之相,傳説他曾築於傅巖之野,武丁訪得,舉以爲相,出現殷中興的局面。因得説於傅巖,故命爲傅姓,號傅説。幽人,隱士。介山,山名,在今山西省萬榮縣,春秋時晉國的介子推隱居此山。介子推,又名介子綏,春秋晉人,傳説晉文公回國,賞賜流亡時的從屬,他没有得到提名,就和母親隱居在綿上山裏。文公爲逼他出來,放火燒山,他堅持不出,焚死。伯子,即介子推,《淮南子·説山訓》:"介子歌龍蛇而文君垂泣。"首陽,山名,在今山西永濟縣南,即雷首山,又名雷山。傳説伯夷叔齊餓死處。伯夷叔齊,本是商孤竹君的兩個兒子,相傳其父遺命要立次子叔齊爲繼承人,孤竹君死後,叔齊讓位給伯夷,伯夷不受,叔齊也不願登位,先後都逃到周國。周武王伐紂,兩人曾叩馬諫阻。武王滅商後,他們耻食周粟,逃到首陽山,采薇而食,餓死在山裏。封建社會裏把他們當作高尚守節的典型。二老,即伯夷和叔齊。鬼谷,地名,《史記》六九《蘇秦傳》司馬貞《索隱》曰:"鬼谷,地名也。扶風池陽(治所在今陝西涇陽)潁川陽成並有鬼谷墟,蓋是其人所居,因爲號。"隱士,即鬼谷子,戰國時縱橫家之祖,傳説爲蘇秦、張儀師。楚人,籍貫姓氏不詳,因其所居號稱鬼谷子或鬼谷先生。

⑧ 王室,指西晉朝廷。蠢蠢,動盪不安貌。搆怨,結怨。極武,濫用武力。此指西晉末年的"八王之亂"。晉武帝司馬炎稱帝後,大封宗室。豪門世族之間的矛盾日益激化。武帝死,惠帝立,汝南王司馬亮、楚王司馬瑋、趙王司馬倫、齊王司馬冏、河間王司馬顒、成都王司馬穎、長沙王司馬乂、東海王司馬越,先後起兵,爭權奪利,戰爭連續達十六年之久,使黄河流域的各族人民遭到極大災難。史稱"八王之亂"。郭璞寫這篇賦時,正是司馬越攻打司馬顒、司馬穎之時,是"八王之亂"的最高潮。神器,指帝位。《老子》:"將欲取天下而爲之,吾見其不得已。天下神器,不可爲也。"遷浪,流浪飄泊,指王室流轉各地。按,《晉書·惠帝紀》載:永興元年七月,惠帝北征,討成都王穎,兵敗蕩陰,穎將石超遣弟熙奉帝之鄴。八月,安北將軍王浚譴烏丸騎攻穎於鄴,大敗之,穎與帝單車走洛陽。十一月,河間王顒部將張方,劫帝幸長安。光熙元年正月,司馬越起兵,西迎大駕,五月,帝乘牛車還洛陽。所以郭璞説"神器遷浪"。綴旒,即贅旒,指君主爲臣下挾持,大權旁落。《後漢書·張衡傳》:"君若贅旒。"《注》曰:"《公羊傳》曰:君若贅旒然。旒,旂旒也,言爲下所執持西東也。"此句言惠帝虛居君位而無實權。所以説"指綴旒以譬主"。

⑨ 雄戟,古兵器名,有斜刺之戟。廊板,猶言朝廷,指帝王和大臣議論政事的地方。《藝文類聚》作"廊扳"。戎馬,軍馬。講柱,亦猶朝廷,因爲柱乃柱史之簡稱,相

傳老子(姓李名耳字伯陽)曾爲周柱史,後以爲官名。秦漢以後的御史,即稱柱下史,以其常侍立在殿柱之下,故名。

⑩ 寤,通悟,醒悟,理解。苕華,即《詩經·小雅·苕之華》,《詩序》曰:"《苕之華》,大夫閔時也。幽王之時,西戎東夷交侵中國,師旅並起,因之以饑饉。君子閔周室之將亡,傷己逢之,故作是詩也。"郭璞用其意,説明自己正逢西晉末年"八王之亂"。永興元年,匈奴族劉淵起兵叛晉,僭號漢王,永興二年,并州大饑。郭璞因此被迫逃離聞喜,寓居洛陽,故云"寤苕華而增恠"。恠,怪的異體字,此是責備、埋怨之意。飛駟過户,猶言白駒過隙,喻時光過得很快。曠眺,此句言登樓遠眺是爲了開朗心胸。所以下句云内心裏却因懷古傷時而感情更加憤慨。

鹽池賦①

水潤下以作鹹,莫斯鹽之最靈。傍峻岳以發源,池茫爾而海渟。嗟玄液之潛洞,羌莫知其所生②。狀委虵其若漢,流漫漫以潾潾。吁鑿鑿以粲粲,色皓然而雪朗。揚赤波之焕爛,光盱盱以晃晃。隆陽映而不焦,洪潦沃而不長③。磊崔嶵碓,鍔刹萘方;玉潤膏津,雪白凌岡;粲如散璽,焕若布璋④。爛然漢明,晃爾霞赤;望之絳承,即之雪積;翠塗内映,赬液外冪;動而愈生,損而滋益⑤。若乃煎海鑠泉,或凍或漉,所贍不過一鄉,所營不過鐘斛,飴戎見珍於西鄰,火井擅奇乎巴濮⑥。豈若兹池之所産,帶神邑之名嶽,吸靈潤於河汾,總膏液乎澮涑⑦。

【校注】

① 鹽池,即今山西省運城市境内之鹽池。郭璞《山海經注》曰:鹽販之澤"即鹽池也。今在河東猗氏縣"。《水經注·涑水》曰:"《地理志》曰:鹽池在安邑縣西南。許慎謂之鹽。長五十一里,廣七里,周百一十六里,從鹽省古聲。吕忱曰:夙沙初作煮海鹽,河東鹽池謂之鹽。今池水東西七十里,南北十七里,紫色澄渟,潭而不流,水出石鹽,自然印成,朝取夕復,終無減損。惟山水暴至,雨澍洪潦奔洩,則鹽池用耗,故公私共竭水遏,防其淫濫,謂之鹽水,亦謂之爲竭水。《山海經》謂之鹽販之澤也。澤南面層山,天巖雲秀,地谷淵深,左右壁立,間不容軌,謂之石門,路出其中,名之曰徑,南通上陽,北暨鹽澤。池西又有一池,謂之女鹽澤,東西二十五里,南北二十里,

在猗氏故城南。《春秋》成公六年,晋謀去故絳,大夫曰:郇瑕地沃饒近鹽。服虔曰:土平有溉曰沃。鹽,鹽池也。土俗裂水沃麻,分灌川野,畦水耗竭,土自成鹽,即所謂鹹鹺也,而味苦,號曰鹽田,鹽鹽之名,始資是矣。本司鹽都尉治,領兵千餘人守之。周穆王、漢章帝,並幸安邑而觀鹽池。故杜預曰:猗氏有鹽池,後罷尉司,分猗氏,安邑,置縣以守之。"沈括《夢溪筆談》卷三云:"解州鹽澤,滷色正赤,里俗謂之'蚩尤血'。"可見鹽池自古有名,所以郭璞爲之寫賦,歌頌自己家鄉的山水之美,表現自己的愛國主義感情。但是,這篇賦也是殘篇,見於《藝文類聚》卷九。另外,《北堂書鈔》一百四十六卷也引六條。從賦中所表現的郭璞的自豪感情來看,這篇賦也是郭璞青年時期未逃離聞喜老家時的作品。

② 鹹,鹽味。《尚書·洪範》:"潤下作鹹。"靈,美好,最靈,最美好。峻岳,指中條山。茫爾,猶茫然,廣闊貌。渟,水積聚不流。海渟,像海那樣廣大不流。玄液,即黑液,因水深而色黑,故云玄液。洞,疾流。潛洞,暗中疾流,言深水下面有急流。

③ 委虵,同委蛇,綿延曲折貌。漢,銀河。言鹽池水綿延曲折像銀河一樣。漫漫,曠遠貌。漭漭,即漭漭之誤字。漭漭,廣闊無際。言鹽池水彌漫,廣闊無際。鑒鑒,鮮明。粲粲,鮮明貌。皓,潔白。《藝文類聚》卷九作"皜"。焕爛,光耀燦爛。旰旰,乃旰旰之誤字。《藝文類聚》作"旰旰"。旰旰,光彩明盛。晃晃,明盛貌。陽,太陽。隆陽,猶言盛夏火紅的太陽。洪澇,猶言山洪水潦。沃,澆灌。以上,皆是形容鹽池的波光水色,紅日曬不焦枯,大雨澆灌也不增長。

④ 磊崔,本指衆石累積,此指石鹽塊堆積。磈,不見於字書,音義不詳。疑爲磙字之誤。碌,多石貌。碓,古堆字,小丘的意思。碌碓,言石鹽塊堆積如山丘。鍔剡,言石鹽塊邊際鋭利如刀刃。棊,棋的本字。棊方,言石鹽塊方正像圍棋盤的方格。津,渡口。岡,山岡。此二句言雪白的鹽像玉石一樣,膏潤津岸,昇凌山岡。璽,印章。璋,玉器名,半圭曰璋。此二句言鹽塊光粲焕爛好像散佈的玉璽圭璋。

⑤ 漢明,像銀河一樣明亮。晃,明亮閃耀。霞赤,像彩霞一樣鮮紅。絳,深紅色。承,承接連續。言鹽水遠遠看去深紅色連接成一片汪洋。翠,青綠色。塗,泥土。言鹽池裏青綠色的泥土在水底映彩。赬(chēng),紅色。冪,覆蓋。言鹽水的紅色從外面覆蓋鹽池。滋益,增多。

⑥ 煎海,指熬海水成鹽。鑠,熔銷。鑠泉,煮井水成鹽。凍,使鹽水冷凍凝結成鹽。漉,使鹽水乾涸而成鹽。凍、漉,是兩種治鹽的方法。贍,供養。鍾,古容量單位。受六斛四斗,十釜爲一鍾。斛,古容量單位,十斗爲一斛。飴戎,即戎地所產之飴鹽,岩鹽的一種,帶甜味。《周禮·天官·鹽人》:"王之饍羞共飴鹽。"注:"飴鹽,鹽之恬者,今戎鹽有焉。"《本草綱目》十一引陶弘景《名醫別錄》:"戎鹽生胡鹽山及西羌北地,酒泉福祿城東南角。"又云:"其形作塊片,或如雞鴨卵,或如菱米,色紫白,味不甚鹹,口嘗氣臭。"西鄰,即指上飴鹽產地,因在山西省西邊,故云西鄰。火

井，鹽井。左思《蜀都賦》："火井騰光以赫曦。"李善注引《博物志》曰："臨邛火井祠火，從諸葛亮往觀後火轉盛，以盆貯水煮之得鹽。後人以火投井，火即滅，至今不燃。"又曰："西河郡鴻門縣亦有火井，祠火從地出。"李善又曰："蜀郡有火井，在臨邛縣西南。火井，鹽井也，欲出其火，先以家火投之，須臾許，隆隆如雷聲，爛出通天，光輝十里，以筒盛之，接其光而無炭也。"擅奇，特有的奇異。巴濮，古族名，國名，主要分佈在今川東、鄂西一帶。巴，古國名，位於今四川省東部一帶地方。爲秦惠文王所滅，置巴蜀和漢中郡。濮，我國古代西南地區民族名，殷周時分佈於江漢以南，春秋以後漸散佈於今湖南西北部澧沅二水流域，以部族繁多，又稱百濮。此用巴濮，指四川井鹽的產地。

⑦ 兹池，指今運城鹽池。名嶽，指中條山，因鹽池位於中條山北麓，故云帶神邑之名嶽。河汾，二水名，河是黃河，汾是汾水。膏液，膏潤之津液。澮涑，二水名，澮是澮水，今稱澮河，源出山西翼城縣東，西流經曲沃、侯馬注入汾河。涑是涑水，源出山西絳縣，西經聞喜縣南，又西南經夏縣、安邑、猗氏、臨晉、永濟，至蒲州入黃河。

井　賦①

益作井，龍登天②。鑿后土，洞黃泉③。潛源洊臻，潝潝涓涓。幽溟圓渟，潒洞深玄④。爾乃冠玉檻，氅鱗錯⑤，鼓轆轤，揮勁索。飛輕裾之繽紛，手爭鶩而互搦。長繘委虵以曾縈兮，瑤甕龍騰而灑激⑥。乃回澄以靜映，狀囧然而鏡灼⑦。挹之不損，停之不溢。莫察其源，動而愈出⑧。信潤下而德施，壯邑移以不改。獨星陳於邱墟兮，越百代而猶在。守虛靜以玄澹兮，不東流而注海⑨。氣霧集以杳冥兮，聲雷駭而溯溜⑩。

【校注】

① 《井賦》是一篇寫景抒情賦，見於《藝文類聚》卷九、《初學記》卷七，《太平御覽》一百八十九也引録。可惜也是個殘篇，各本輯録的文字也略有不同，比如此篇末尾"氣霧集"兩句，嚴可均《全晉文》輯本，就插入"瑤甕龍騰而灑激"句之後。而《全晉文》輯本末尾尚有四句："怪季桓之穿費兮，乃獲羊於土缶；重華窜而龍化兮，子求鑒以忘醜。"而此篇則無。可見此篇僅保留寫景部分，而抒情部分已經散佚。郭璞爲什麼要寫這篇《井賦》呢？從現存的殘篇來看，他絕不是單純描寫晉南深井汲水的情

景，而是有針對性的發憤之作。從賦的開頭引用《淮南子》的話和嚴可均輯本所保留的四句話來看，郭璞是針對晉武帝太康五年(284)，"春正月乙亥，青龍二見於武庫井中"(《晉書·武帝紀》)這件事而寫的一篇諷刺賦。當時，郭璞年僅九歲，但他却能以敢於反抗和爲民請命的大無畏精神，辛辣地諷刺晉武帝和他的臣下們欲賀龍見的迷信愚妄、昏庸鄙俗的行爲。所以，這篇《井賦》，是現存《郭弘農集》中郭璞最早的作品。

② 益，伯益，一作伯翳，舜時東夷部落的首領。相傳助禹治水有功，禹要讓位給益，益避居箕山之北。又傳伯益乃秦之先，能與鳥語。《竹書紀年》上云："(夏帝啓)二年，費侯伯益出就國……六年，伯益薨，祠之。""益作井"兩句，見於《淮南子·本經訓》："伯益作井，而龍登玄雲，神栖崑崙。"注云："伯益佐舜，初作井，鑿地而求水，龍知將決川谷，漉陂池，恐見害，故登雲而去，栖其神於崑崙之山。"郭璞襲用《淮南子》之意，説明井中根本無龍，龍早在伯益作井之初就登天了。這樣，郭璞就不露聲色地嘲笑了晉武帝及其臣下欲慶賀兩條"青龍"見於武庫井中的迷信愚妄行爲。

③ 后土，古時稱地神或土神爲后土，此指大地。黄泉，地下的深處。此二句言在地上穿孔爲井。

④ 潛源，地層深處的水源。洊臻，相繼而至。《藝文類聚》卷九作"存湊"，水涌出貌。涓涓，水細而緩流貌。幽溟，同幽冥，指地下深處。淳(tíng)，水積聚不流。因井是圓的，故稱"圓淳"。溁洞，地下水脉。深玄，深長幽黑，指井洞而言。此句謂井洞深入地下水源。

⑤ 爾乃，更端發語詞。檻，欄杆。此指井上建築，故云"冠玉檻"。甃，指井壁，言以磚或瓦壘井壁，鱗比交錯井底，故云"甃鱗錯"。

⑥ 轆轤，井上汲水的起重裝置。勁索，强勁的繩索。裾，衣袖。《方言》四："袿謂之裾。"郭璞注曰："衣後裾也，或作袪。《廣雅》云:衣袖。"繽紛，衆疾貌。揚雄《羽獵賦》："繽紛往來，轆轤不絶。"此句言汲水者搖動轆轤，環轉不停，衣袖迅疾往來。鶩，急速之意。搊，握持。此句言汲水者挈牽繩索時，兩手急速輪换。縲，繩索。委虵，即委蛇，綿延曲折貌。曾縈，層層旋回攀繞。瑶甕，陶制盛水罐，指從井中汲水的工具。龍騰，形容陶罐上下井中如龍騰躍。灑激，形容水滴急速噴灑。這幾句生動地描繪了山西省晉南一帶深井汲水的情景。

⑦ 據嚴可均《全晉文》輯録，末尾兩句當在此句前。杳冥，幽暗，此句言汲出井水氣如霧聚昏暗不明。澌澎，波濤相激聲。此言汲出井水倒於蓄水池時，水波相激，聲如驚雷。澄，水靜而清。囬澄，言水迴旋澄清。静映，寧静照耀。囧，明亮。灼，鮮明光亮。此句言汲出的井水静止後，明亮的像鏡子一樣光亮。

⑧ 挹，舀取。溢，滿而外流。此四句言井水不斷舀取也不減，停止舀取也不滿而外流，没法察知它的水源，越動水越出得多。

⑨ 信,的確。潤下,謂水能潤物,而性就下。德施,道德恩澤普施於萬物。此言水的本性。邑,古代區域單位。《周禮·地官·小司徒》:"九夫爲井,四井爲邑,四邑爲丘,四丘爲甸,四甸爲縣,四縣爲都。"注:"四井爲邑,方二里。"此句言水井的本性,即使大的鄉邑遷移了,也不改變。邱墟,荒地。此句言鄉邑遷移後,水井仍然像天上陳列的星辰一樣,單獨陳列於荒地廢墟。百代,猶言百世,歷時長久之意。虛靜,虛是虛空,靜是安定,虛靜就是説井水清静而無雜質,明亮如鏡的意思。玄澹,玄是玄深,澹是安定,玄澹就是説井水深而不動。此句是從《荀子》的"虛壹而静"化出的,讚美井水能夠操守虛靜玄澹的本性,所以才不束流而注海,抒發自己虛心專一學習,不爲外物所誘,不人云亦云地隨大流的高尚品德。

⑩ 末尾這兩句,已據嚴可均輯本,校注於上⑦中。另外,據嚴可均輯本,這裏還有四句:"怪季桓之穿費兮,乃獲羊於土缶;重華窘而龍化兮,子求鑒以忘醜。"(見《初學記》七)怪,奇怪,非常見故曰怪。季桓,春秋魯國政卿季平子之子斯也。穿,挖井。費,春秋魯邑名,季孫氏封邑,即今山東費縣。獲羊於土缶,《國語·魯語》:"季桓子穿井,獲如土缶,其中有羊焉。"這裏的羊,即羵羊,土中怪羊,雌雄不分。重華,舜皇帝名。龍化,像龍一樣善於變化。《史記·五帝本紀》:"堯乃賜舜絺衣與琴,爲築倉廩,予牛羊,瞽叟尚復欲殺之。使舜上塗廩,瞽叟從下縱火焚廩,舜乃以兩笠自扞而下,去,得不死。後瞽叟又使舜穿井,舜穿井爲匿空旁出。舜既入深,瞽叟與象共下土實井,舜從匿孔出,去。"子求,春秋時人,一作子來。《淮南子·精神訓》:"子求行年五十有四,而病偏僂,脊管高於頂,膈下迫頤,兩髀在上,燭營指天,匍匐自窺於井曰:偉哉造化者其以我爲此拘拘邪,此其視變化亦同矣。"郭璞用這幾個典故,嘲諷龍見武庫井中,晉武帝與群臣欲賀,乃是荒誕愚昧的表現。

流寓賦①

戒雞晨而星發,至猗氏而方曉。觀屋落之隳殘,顧但見乎丘棗。嗟城池之不固,何人物之希少②。越南山之高嶺,修焦丘之微路。駭斯徑之峻絶,感王陽而增懼③。詰朝發於解池,辰中暨乎河北,思此縣之舊名,蓋曩日之魏國,詠詩人之流歌,信風土之儉刻④。背兹邑之迥逝,何險難之多歷,望陝城於南涯,存虢氏之疆場,實我姓之攸出,邈有懷乎乃迹⑤。陟函谷之高關,壯斯勢之險固,過王成之邱墉,想穀洛之合鬭,惡王靈之壅流,奇子喬之輕舉⑥。遊華輦而永懷,乃憑軾以寓目;思文公之所營,蓋成周之墟域⑦。

【校注】

①《流寓賦》見於《藝文類聚》卷二十七，是一篇紀行的抒情賦。郭璞真實地記錄了自己逃離聞喜老家，到達洛陽寓居的沿途經歷，抒發了自己憂國憂民的愛國主義思想感情。從賦中所寫的情景來看，大約是晉惠帝永興二年（305）末郭璞初到洛陽時的作品。流寓，在異鄉日久而定居下來。郭璞在洛陽居住的時間較長，故以"流寓"名篇。

② 猗氏，縣名，故治在今山西臨猗縣猗氏南二十里。隳，毀壞。丘棗，小山丘上的棗樹。希少，即稀少。

③ 南山，指中條山。焦丘，又作焦邱，是猗氏至河北縣（今山西芮城縣）之間的一條小道。郭璞在《易洞林》中曰："余鄉里曾遭危難，因之，災厲寇戎並作，百姓遑遑，靡知所投。時始涉易義，頗曉分蓍，遂尋思貞筮，鉤求攸濟。於是，普卜郡內縣道，可以逃死之處者，皆遇明夷䷣之象，乃投策喟然嘆曰：嗟乎！黔黎時漂異類，桑梓之邦，其爲魚乎？於是潛命姻妮密交，得數十家，與共流通。當由吳坂（即吳山，在山西安邑縣東南，春秋時晉假道於虞以伐虢，即由此路），遇寇據之，乃却回從蒲坂（即蒲州，戰國時屬魏，秦始皇東巡，見長坂，故加反字，反與坂同，東漢始稱蒲坂縣，故城在今山西永濟縣）而之河北。時草寇劉石，又招集羣寇，專爲掠害，勢不可過。於是，同行君子，皆欲假道取便，又未審所之，乃命吾決其去留……占行得此，是謂无咎。余初爲占，尚未能取定，衆不見從，却退猗氏縣，而賊遂至，諸人遑窘，方計舊之。從此至河北，有一間迳名焦丘，不通車乘，惟可輕步，極險難過，捕奸之藪，然勢危理迫，不可得停，復自筮之如何？……便以林義通示行人，說欲從此道之意，咸失色喪氣，無有讚者。或云：林迬誤人，不可輕信。吾知衆人阻貳，乃更申命，候一月，契以禍機，約十餘家即涉此迳詣河北。後賊果攻猗氏，合城覆没，靡有遺育。"王陽，王屋山南面。王屋山，在今山西陽城、垣曲兩縣間，山南爲陽，故云王陽。

④ 詰朝，明旦。解池，即今運城鹽池。辰，十二時之一，早上七、八時。曁，及、到。河北，即河北縣，在今山西芮城縣，古魏國。曩日，猶言曩昔，從前。詩人，指《詩經·魏風》的作者。流歌，流傳下來的詩歌，即《詩經·魏風》中的詩歌。信，的確。風土，風俗習慣和地理環境。儉刻，《詩序》曰："魏地陋隘，其民機巧趨利，其君儉嗇褊急，而無德以將之。"所以郭璞謂其風土儉刻，即儉嗇刻薄。

⑤ 背茲邑，猶言離開河北縣。迥逝，遠逝。陝城，即今河南陝縣，春秋時爲虢國，後滅於晉。南涯，黃河南岸。虢氏，《新唐書·宰相世系》曰："郭氏出自姬姓。周武王封文王弟虢叔於西虢，封虢仲於東虢。西虢地在虞、鄭之間，平王東遷，奪虢叔之地與鄭武公。楚王起陸渾之師伐周，責王滅虢，於是平王求虢叔裔孫序，封於陽曲，號曰郭公。虢謂之郭，聲之轉也，因此爲氏。"所以，郭璞説"實我姓之攸出"，即

他們姓郭的,都是虢氏的後代子孫。

⑥ 函谷,即函谷關,在今河南靈寶縣南,是秦的東關,漢關在今河南新安縣東北。王成,即王城,《藝文類聚》卷二十七作"王城"。指周代東都洛邑。故址在今河南洛陽市西。邱墟,廢墟上的城牆。穀洛合鬪,《國語·周語》:"靈王二十二年,穀洛鬪,將毀王宮,王欲雍之,太子晉諫曰:不可。"韋昭注曰:"穀洛,二水名也,洛在王城之南,穀在王城之北,東入於瀍。鬪者,兩水激有似於鬪也。至靈王時,穀水盛出於王城之西,而南流合於洛水,毀王城西南,將及王宮,故齊人城郟也。"王靈,即周靈王,韋昭注曰:"周簡王之子靈王大心也。"雍流,即欲雍防穀水使北出也。子喬,即王子喬,周靈王太子,早卒不立。一名晉,字子晉,傳說爲古仙人。《列仙傳》曰:"王子喬者,太子晉也。道人浮丘公接以上嵩高山。"

⑦ 華輦,京都的別稱,指西晉都城洛陽。軾,設在車箱前面供人依憑的横木,其形如半框,有三面。文公,指司馬昭,在魏時封文公,後追謚文皇帝。正始初,爲洛陽典農中郎將。故曰"文公之所營"。成周,即西周的東都洛邑,《尚書·洛誥》:"召公既相宅,周公往營成周。"本營之以遷殷民,在瀍之東,與王城相去十八里。平王東遷,居王城;敬王避王子朝之亂,遷都成周。墟域,即成周的遺址。

蜜蜂賦①

嗟品物之蠢蠢,惟貞蟲之明族。有叢瑣之細蜂,亦策名於羽屬②。近浮遊於園薈,遠翱翔乎林谷。爰翔爰集,蓬轉飈廻,紛紜雪亂,混沌雲頺,景翳燿靈,響迅風雷③。爾乃眩狻之雀,下林天井,青松冠谷,赤蘿繡嶺,無花不纏,無陳不省,吮瓊液於懸峰,吸䬸津乎晨景④。於是廻鶩林篁,經營堂窟,繁布金房,叠構玉室⑤。咀嚼華滋,釀以爲蜜,自然靈化,莫識其術⑥。散似甘露,凝如割肪,冰鮮玉潤,髓滑蘭香,百藥須之以諧龢,扁鵲得之而術良⑦。爾乃察其所安,視其所託,恒據中而虞難,營翠微而結落。徽號明於羽族,閫衛固乎管籥。誅戮峻於鈇鉞,招徵速乎羽檄。集不謀而同期,動不安而齊約⑧。

又⑨

窮味之美,極甜之長,百果須以諧和,靈娥御以艷顔。

【校注】

① 《蜜蜂賦》是一篇咏物抒情賦，見於《藝文類聚》卷九十七，《北堂書鈔》一百四十九卷引四條，《太平御覽》九百二十八、八百五十七卷，作者誤作郭珍。這裏輯録的兩節，嚴可均的《全晋文》則合爲一篇，即把"又"的四句，插入賦中，而文字略有不同，末尾還多出四句。這都説明原賦已經散佚，張溥輯録的是個殘篇。從賦中讚美蜜蜂的辛勤勞動、蜂蜜的甜美功用、蜂群的組織紀律性來看，可以肯定這篇賦是郭璞青年時期的作品，大約作於晋惠帝元康年間，所以他希望晋惠帝能夠像蜂王一樣，"大君以總群民"，平息"賈后亂朝"之後的"八王之亂"，從而加強封建王朝的中央集權，維護國家的安定團結局面。

② 嗟，嘆詞，表示讚嘆。品，衆多。品物，即衆物，猶言萬物。蠢蠢，動盪不安貌。貞蟲，細腰蜂，《淮南子·説山訓》："貞蟲之動以毒螫。"注："貞蟲，無牝牡之分而有毒，故能螫。"明族，顯著的族類。叢，衆多，繁雜。瑣，即瑣字，細小微賤。叢瑣，言蜜蜂是衆多微賤的細蜂。策名，書名於策，策即簡，連編諸簡謂之策。羽，鳥蟲的翅膀。羽屬，猶言蜜蜂屬於有翅會飛鳥蟲之類。

③ 園薈，草木茂盛的園圃。林谷，山林潤谷。爰，於是。蓬轉，言蜂群像蓬蒿遇風即轉動，以喻迅疾。飆，暴風，字當作飆或飆。飆廻，言蜂群像旋風而動亂迴轉。紛紜，多而雜亂貌。雪亂，如雪花亂舞。混池，池乃沌之誤字，嚴可均輯本即作"混沌"，是傳説天地未開闢以前之元氣狀態。雲頹，如雲塊墜落。燿靈，即太陽。嚴可均輯本作"唯靈"，誤。此句言蜂群的陰影翳蔽了太陽。響迅風雷，言蜂群飛動的嗡嗡聲，比風和雷還要迅疾響亮。

④ 爾乃，發語詞。眩是眩眩，疾貌。猨是猿猴。眩猨，即玄猿，黑色猿猴。眩猨之雀，言蜂迅疾如玄猴。雀，小鳥之泛稱，因蜜蜂策名羽屬，故可稱雀。林，聚會。下林，即群飛而下聚會。天井，四周爲山，中間低窪之地。谷，山谷。蘿，松蘿。繡嶺，言山嶺左右交錯，松蘿覆蓋，如雲霞綉成。陳，通田。無陳不省，言没有一塊田地，蜂群不省察到。吮，用口含吸。瓊液，喻甘美的花蜜汁液。懸峰，陡絶如懸掛在空中的高峰。椴，霞的古字，赤色。椴津，喻花蜜津液在日光照射下的晶瑩色彩。晨景，景，日光，晨景，猶言朝陽。

⑤ 廻騖，猶迴翔，言蜜蜂在盤旋飛翔。林篁，樹林和竹叢。堂窟，指蜂窩。"繁布"兩句，是形容蜜蜂建造的蜂房。另外，嚴可均輯本在"玉室"下，尚有兩句："應青陽而啓户，□□□□□。"青陽，春天。啓户下缺一句。

⑥ 咀嚼，咬嚼。華同花。華滋，花的滋液香味。自然靈化，天然的靈妙變化。莫識其術，没有誰知道蜜蜂釀造蜂蜜的技術。

⑦ 甘露，喻蜂蜜如甜美的露水。割肪，言蜂蜜如截割下來的脂肪。冰鮮玉潤，

形容蜂蜜如冰鮮明,如玉潤澤。髓滑蘭香,形容蜂蜜如骨髓柔滑,如蘭花芳香。嚴可均輯本"肪"作"脂","滑"作"谷"。並在"蘭香"下有兩句,"窮味之美,極甜之長"。鯀,古和字。諧鯀,言蜂蜜可入藥,使百藥協調合和。扁鵲,戰國時名醫。術良,醫術精良。另外,嚴可均輯本"術良"下還有兩句,"靈娥御之以艷顏,□□□□□□"。靈娥,仙女。御,進用。

⑧ 察其所安,考察蜜蜂安身之所。虞難,憂虞災難。翠微,輕淡青蔥的山色,此指青山。結落,猶言構造蜂窩。徽號,本指旗幟上的標志,或美好的稱號,此指蜂群的號令。明,嚴明。羽族,有翅會飛的鳥蟲之類。閽衛,守衛門户。固,牢固,堅固。管籥,鎖匙。鈇鉞,鈇和鉞,皆刑戮之具。鈇是鍘刀,爲腰斬之刑具;鉞是兵器,用於斫殺。羽檄,即羽書,以鳥羽插檄書,取其急速若飛鳥之意。另外,嚴可均輯本在"齊約"下還有四句:"大君以總群民,又協氣於零雀(本注:蜜母名零雀),每先馳而葺宇,番嚴穴之經略。"零雀,即蜜母,蜂王。葺宇,修理房屋。番,輪番。此句言蜂群輪番在巖穴上經略蜂窩。

⑨ "又"的四句話,有三句已據嚴可均輯本插入⑦注中,餘"百果須以諧和"一句,實即⑦注中之"百藥"句。

蚍蜉賦①

　　惟洪陶之萬殊,賦群形而遍灑。物莫微於昆蟲,屬莫賤乎螻蟻。滛滛奕奕,交錯往來,行無遺跡,鶩不動埃②。迅雷震而不駭,激風發而不動,虎賁比而不懾,龍劍揮而不恐。乃吞舟而是制,無小大與輕重。因無心以致力,果有象乎大勇③。出奇膠於九真,流頹液其如血。飾人士之喪具,在四隅而交結。濟齊國之窮師,由山東之高垤。感萌陽以潛出,將知水而封穴。伊斯蟲之愚昧,乃先識而似慭④。

【校注】

　　① 蚍蜉(pīfú),大螞蟻,《爾雅·釋蟲》:"蚍蜉,大螘。"《蚍蜉賦》是一篇詠物抒情賦,讚美大螞蟻的智勇,寄託郭璞自己隱居避世的思想感情。從賦中隱約透露的社會情況來看,《蚍蜉賦》大約也是寫於晉惠帝元康年間,"八王之亂"的初期。這篇賦亦見於《藝文類聚》九十七卷、《北堂書鈔》一百五十八卷。《太平御覽》九百四十七卷也有摘引。

　　② 洪陶,巨匠,指天。以天之生萬物,如匠人的範造器物。萬殊,萬般不同,多

式多樣。群形,指萬物的形體。遍灑,普遍灑落。昆蟲,蟲類的統稱,猶言衆蟲。螻蟻,螻蛄和蚍蜉,皆蟲之微小者。滔滔,行進貌。唐李周翰《文選》司馬長卿《子虛賦》注曰:"滔滔裔裔,部伍分列之貌。"奕奕,姿態悠閑,神彩焕發。此句言蚍蜉行進安閑有序。鶩,急馳。李善注《文選·答賓戲》曰:"東西交馳謂之鶩。"此句言螞蟻奔馳起來也不動塵埃。

③ 迅雷,疾雷。激風,猛烈的大風。虎賁,勇士的通稱。比,近。懾,恐懼。龍劍,謂刻畫龍形的寶劍。吞舟,即吞舟之魚。制,制服。此句言螞蟻能制服吞舟大魚。《韓詩外傳》曰:"夫吞舟之魚,大矣,蕩而失水。則爲蟻所制。"郭璞正用此意,故下句云"無小大與輕重"。大勇,是對螞蟻上述種種行爲的讚頌詞,言蚍蜉有很大的勇力,但又不露鋒芒。

④ "出奇膠"兩句,九真,郡名,轄境相當于今越南清化、河静兩省及乂安省東部地區。張勃《吴錄》曰:"九真移風縣,有赤絜膠,人視土知有蟻,因墾發,以木枝插其中,則蟻緣而生漆,堅凝如螳蜋子螵蛸也。"頳,當作赬,頳乃俗字,《爾雅·釋器》:"再染謂之赬。"《疏》:"赬,淺赤也。"即紅色。飾人士,嚴可均輯本作"飾殷人","喪具"作"喪輿"。《禮記·檀弓上》:"子張之喪,公明儀爲志焉,褚幕丹質,蟻結於四隅,殷士也。"鄭玄注曰:"畫褚之四角,其文如蟻行,往來相交錯也,蟻,蚍蜉也,殷之蟻結,似今地文畫也。"交結,交相連結。"濟齊國"兩句,嚴可均輯本"窮師"下有"兮"字。《韓非子·説林上》:"管仲、隰朋從桓公伐孤竹,春往冬反,……行山中,無水。隰朋曰:蟻冬居山之陽,夏居山之陰,蟻壤寸而有水。乃掘地,遂得水。"窮師,指齊國軍隊迷途無水,是境遇困窘之師。山東,嚴可均輯本作"東山"。高垤,指蟻塚,即蟻洞口的小土堆。萌陽,謂陽氣萌動,螞蟻始出。知水,嚴可均輯本作"知雨"。封穴,謂將陰雨,蟻先知而以土封閉洞口。焦贛《易林·震之蹇》曰:"蟻封户穴,大雨將集。"悊,同哲,明智,有智慧。似悊,是對螞蟻上述種種行爲的又一讚頌,言螞蟻雖是愚昧無知之微蟲,却有似哲人的智慧,有先識之明。

疏

省刑疏①

臣聞《春秋》之義，貴元慎始，故分至啓閉，以觀雲物，所以顯天人之統，存休咎之徵②。臣不揆淺見，輒依歲首，粗有所占，卦得解之既濟③。按爻論思，方涉春木王龍德之時④，而爲廢水之氣，來見乘加，升陽未布，隆陰仍積，坎爲法象，刑獄所麗，變坎加離，厥象不燭⑤。以義推之，皆爲刑獄殷繁，理者有壅濫⑥。又去年十二月二十九日，太白蝕月⑦。月者屬坎，羣陰之府，所以照察幽情，以佐太陽精者也⑧。太白，金行之星，而來犯之，天意若曰刑理失中，自壞其所以爲法者也⑨。臣術學庸近，不練內事，卦理所及，敢不盡言。又去秋以來，沉雨跨年，雖無金家涉火之祥，然亦是刑獄充溢，怨歎之氣所致⑩。往建興四年十二月中，行丞相令史淊于伯刑於市，而血逆流長標⑪。伯者小人，雖罪在未允，何足感動靈變，致若斯之恠邪！明皇天所以保祐金家，子愛陛下，屢見災異，殷勤無已。陛下宜側身思懼，以應靈譴。皇極之譴，事不虛降。不然，恐將來必有愆陽苦雨之災，崩震薄蝕之變，狂狡蠢戾之妖，以益陛下旰食之勞也⑫。

臣謹尋按舊經，《尚書》有五事供禦之術⑬，京房《易傳》有消復之救，所以緣咎而致慶，因異而邁政⑭。故木不生庭，太戊無以隆；雉不鳴鼎，武丁不爲宗⑮。夫寅畏者所以饗福，怠傲者所以招患，此自然之符應，不可不察也⑯。按解卦繇云："君子以赦過宥罪。"既濟云："思患而豫防之。"臣愚以爲宜發哀矜之詔，引在予之責，蕩除瑕釁，贊陽布惠，使幽斃之人，應蒼生以悅育，否滯之氣，隨谷風而紓散。此亦寄時事以制用，藉開塞而曲成者也⑰。

臣竊觀陛下貞明仁恕,體之自然,天假其祚,奄有區夏,啓重光於已昧,廓四祖之遐武,祥靈表瑞,人鬼獻謀,應天順時,殆不尚此⑱。然陛下即位以來,中興之化未闡,雖躬綜萬機,勞逾日昃,玄澤未加於羣生,聲教未被乎宇宙,主之未甯於上,黔細未輯於下,《鴻雁》之詠不興,康哉之歌不作者,何也?杖道之情未著,而任刑之風先彰,經國之畧未震,而軌物之迹屢遷⑲。夫法令不一,則人情惑;職次數改,則覬覦生;官方不審,則粃政作;懲勸不明,則善惡渾,此有國者之所慎也⑳。臣竊爲陛下惜之。夫以區區之曹參,猶能遵蓋公之一言,倚清靖以鎮俗,寄布獄以容非,德音不忘,流詠于今。今漢之中宗,聰悟獨斷,可謂令主,然厲意刑名,用虧純德㉑。《老子》以禮爲忠信之薄,況刑又是禮之糟粕者乎!夫無爲而爲之,不宰以宰之,固陛下之所體者也㉒。恥其君不爲堯舜者,亦豈惟古人!是以敢肆狂瞽,不隱其懷。若臣言可採,或所以爲塵露之益;若不足採,所以廣聽納之門。願陛下少留神鑒,賜察臣言㉓。

【校注】

① 省刑,減省刑罰。疏,專指書面向皇帝陳述政見。郭璞的這篇《省刑疏》,寫於晋元帝太興四年(321)一二月間。全文載《晋書·郭璞傳》,《太平御覽》五百二十七卷也有節錄,文字略有不同。

② 《春秋》,是孔子據魯史修訂而成的一種編年體史書。元,始,本原,開始。貴元愼始,謂尊重本原,愼終於始。因爲元始乃天人之大本,故《春秋》重之。分至啓閉,《左傳》僖五年:"凡分、至、啓、閉,必書云物。"《注》:"分,春、秋分也。至,冬、夏至也。啓,立春、立夏。閉,立秋、立冬。"天人之統,天道和人事之統緒。休咎,善惡,吉凶。徵,兆。

③ 解,《易》卦名,䷧,坎下震上。既濟,《易》卦名,䷾,離下坎上。《疏》云:"濟者,濟渡之名。既者,皆盡之稱。萬事皆濟,故以既濟爲名。"

④ 爻,《周易》中組成卦的符號叫爻。"—"是陽爻,"--"是陰爻。含有交錯和變化之意。八卦每卦有三畫;以兩卦相重,變成六十四卦,每卦有六畫。按爻論思,謂從卦爻所示之象,通過想象解釋推論人事的變化。"方涉春"句,謂正是春初木神旺盛之時。木,五行之一,《尚書·洪範》:"五行:一曰水,二曰火,三曰木,四曰金,五曰土。"王,通旺,盛也。龍德,即木正句芒。傳說上古有木正、火正、金正、水正、土

正,稱五行之官,死後都爲神。木正爲春官,其神稱句芒。《山海經》:"東方句芒,鳥身人面,乘兩龍。"郭璞注云:"木神也。"《月令》:"其帝太皞,其神句芒。"《注》:"此木帝之君,木官之佐,自古以來著功立德者也。"所以郭璞稱東方木神爲龍德。

⑤ 坎,《易》卦名,八卦之一,☵,象水。又爲六十四卦之一,䷁,坎下坎上。離,《易》卦名,☲,象火。又爲六十四卦之一,䷝,離上離下。《易·説卦》:"離也者明也。萬物皆相見,南方之卦也。"

⑥ 刑獄,刑罰。殷繁,衆多繁重。理者,《晉書·郭璞傳》作"理",《校勘記》:"理"下各本衍"者"字,今從宋本。《册府》五二八亦無"者"字。理者,指獄官,法官。雍,阻塞;濫,失實。雍塞,謂東晉王朝刑罰失中。

⑦ 太白,金星,一名啓明星。太白蝕月,《晉書·天文中》:"(太興)三年十二月己未,太白入月,在斗。郭璞曰:月屬坎,陰府法象也。太白金行而來犯之,天意若曰:刑理失中,自毀其法。"這裏説的就是太白蝕月這件事。因《省刑疏》寫於太興四年初,故云"去年"。

⑧ 以佐太陽精者,《晉書·郭璞傳》無"精"字。《晉書·天文中》:"月爲太陰之精,以之配日。"故云"以佐太陽者"。

⑨ 太白,金星,而金爲五行之一,故曰"金行之星"。而來犯之,即指太白蝕月這件事。"天意若"云云,是郭璞以迷信之説,來指責東晉王朝刑罰失中的事實。

⑩ 金家,指東晉王朝。秦漢方士有五行之説,以金木水火土相生相剋,爲帝王受命之符。晉時的五行家,認爲晉王朝是金德,所以,也稱晉王朝爲金行或金家。雖無,《晉書》作"雖爲"。

⑪ 湻,即淳字,淳于伯事,《晉書·五行中》曰:"(愍帝建興)四年十二月丙寅,丞相府斬督運令史淳于伯,血逆流上柱二丈三尺,此赤祥也。是時,後將軍褚裒鎮廣陵,丞相揚聲北伐,伯以督運稽留及役使臟罪,依軍法戮之。其息訴稱:'督運事訖,無所稽乏,受賕役使,罪不及死。兵家之勢,先聲後實,實是屯戍,非爲征軍。自四年已來,運漕稽停,皆不以軍興法論。'僚佐莫之理。及有變,司直彈劾衆官,元帝不問,遂頻旱三年。干寶以爲冤氣之應也。郭景純曰:'血者水類,同屬於《坎》。《坎》爲法象,水平潤下,不宜逆流。此政有咎失之徵也。'"長標,高的標杆,即"血逆流上柱"之"柱"。《晉書·郭璞傳》作"長標",故"摽"或"標"之誤。

⑫ 皇極,指帝王之位或王室,此指晉元帝的東晉王朝。譴,譴責,此謂上天以雲氣變化來譴責王室。故下句云"事不虛降"。愆,愆過也。愆陽,謂陽氣過盛。古人用陰陽之説解釋天氣變化,愆陽多指天旱和酷熱。苦雨,久降成災的雨。崩,指地震,《詩·小雅·十月之交》:"百川沸騰,山冢崒崩。"即山倒塌。震,指雷擊,《詩·小雅·十月之交》:"爗爗震電,不寧不令。"即雷電擊。薄蝕,日月相掩食。《吕氏春秋·明理》:"其月有薄蝕。"《注》:"薄,迫也。日月激會相掩,名爲薄食。"狂,狂妄;

狡,狡猾;蠢,不恭順。庋,乖背。狂狡蠢庋之妖,謂圖謀不軌之人。旴,當作"旰",《晉書·郭璞傳》正作"旰",旰食,晚食,指事忙不能按時吃飯。此言勤於政事。

⑬ 五事,指古代統治者修身的五件事,見《尚書·洪範》:"敬用五事。"宋王安石《臨川集》六五《洪範傳》:"五事:一曰貌,二曰言,三曰視,四曰聽,五曰思。貌曰恭,言曰從,視曰明,聽曰聰,思曰睿。……五事以思爲主,而貌最其所後也。"五事供禦之術,是說人君大臣見災異,退而自省,責躬修德,共禦補過,則禍消而福至。

⑭ 京房,西漢今文《易》學的京氏學的創始人。東郡頓丘人,字君明。本姓李,好音律,推律自定爲京氏。元帝時立爲博士,官至魏郡太守。他學《易》於焦延壽,宣揚天人感應說,借自然界的災異來附會朝政。後因與中書令石顯爭權,爲石顯忌恨,被捕下獄處死。今有《京氏易傳》三卷。消復,本指消除災情以恢復正常,此指帝王大臣見上天的災異譴責,即采取相應的修身治國措施,來消除災害而致福。所以下云緣咎致慶,因異邁政。

⑮ 太戊,商王名,太庚子。《史記·殷本紀》曰:"太戊立,是爲帝太戊。帝太戊立伊陟爲相。亳有祥桑穀共生於朝,一暮大拱。帝太戊懼,問伊陟,伊陟曰:臣聞妖不勝德,帝之政其有闕與?帝其修德。大戊從之,而祥桑枯死而去。"此事亦見於《尚書·咸有一德》:"伊陟相太戊,亳有祥桑穀共生於朝。"《疏》:"桑穀二木,共生於朝。朝非生木之處,是爲不善之徵。"所以古代迷信以桑、穀二木生於朝爲不祥之兆。武丁,殷王名,盤庚弟小乙之子。殷自盤庚死後,國勢衰落。武丁立,用傅說爲相,勤修政事,又趨強盛。在位五十九年,死後稱高宗。《史記·殷本紀》曰:"武丁祭成湯,明日,有飛雉登鼎耳而呴。武丁懼,祖己曰:王勿憂,先修政事。……武丁修政行德,天下咸驩,殷道復興。"

⑯ 寅畏,恭敬,戒懼,小心謹慎的意思。饗福,享福,受福。怠傲,怠忽傲慢。符應,猶瑞應。古代迷信,謂天降的祥瑞與人事相應爲符應。

⑰ 解卦、既濟,已見上注③。繇,通籀,卦兆的占辭。赦,有罪而赦免。宥,寬免。此是以《易》卦辭,說明應寬免有罪過之人。豫防,是先爲豫備的意思。此亦是以《易》卦辭,說明在禍患未發生前則思預防,禍患即可不生。哀矜,哀憐憫恤。此是要晉元帝哀憐那些無罪而受刑之人,發佈赦免的詔書。在予之責,猶言責任在於自己。此是要晉元帝能像湯王那樣,對上天說:"萬方有罪,在予一人;予一人有罪,無以爾萬方。"瑕釁,指過惡。蒼生,百姓,眾民。否滯,謂上下阻隔,閉塞不通。谷風,東風,《爾雅·釋天》:"谷風謂之東風。"孫炎曰:"谷之言穀,穀,生也,谷風者生長之風也。"曲成,多方設法使有成就。

⑱ 陛下,對帝王的尊稱,指晉元帝。貞,正也。貞明仁恕,言晉元帝正而明,仁愛而寬恕。體之自然,謂體法天地之德。天假,天所授與。祚,皇位。奄,覆蓋,包括。區夏,諸夏之地,指中國。重光,謂日光重明,喻晉元帝繼承前王之功德。四祖,

卷一

三九

指晋朝的四個開國君主,即高祖宣帝司馬懿、世宗景帝司馬師、太祖文帝司馬昭、世祖武帝司馬炎。邈武,久遠的遺迹。武,足迹。祥靈表瑞,即瑞應之物,古代迷信認爲天降祥瑞以應人君之德。應天順時,指東晋王朝的建立,是適應天命,順乎人心的。殆,大概。尚,超過。

⑲未闡,不明顯。萬機,指帝王日常的繁忙紛亂政務。日昃(zè),太陽開始偏西,約未時,即下午兩點。玄澤,指天子的恩澤。聲教,聲威和教化。主之,《晋書》作"臣主"。黔細,黔首細民,指百姓。輯,協和。《鴻雁》,《詩·小雅》篇名,《詩序》:"《鴻雁》,美宣王也;萬民離散,不安其居,而能勞來還定安集之,至於矜寡,無不得其所焉。"康哉之歌,用《尚書》"庶事康哉"之義。有的版本作"康衢",指《康衢謠》。《列子·仲尼》:"堯微服游於康衢,聞兒童謠曰:'立我蒸民,莫匪爾極,不識不知,順帝之則。'"杖道,倚憑道義。任刑,任意刑罰。經國,治理國家。軌物,法度與準則。

⑳覬覦,非分的冀望或希圖。秕政,同秕政,弊政。懲勸,懲罰和獎勵。

㉑曹參,漢初大臣,沛縣人,從劉邦起義,屢立戰功,後繼蕭何爲惠帝丞相,舉事無所變更,一遵蕭何約束。蓋公,漢初膠西人,善治黃老言。曹參爲齊相,問治世之術。蓋公爲言治道貴清静而民自定。參於是避正堂而舍蓋公,用其言,齊果大治。布獄,當作"市獄",《晋書·郭璞傳》正作"市獄"。即市中的監獄。今漢之中宗,《晋書·郭璞傳》無"今"字。中宗,指漢光武帝劉秀。他建立東漢王朝,中興了漢朝,所以可稱爲令主,即賢明的帝王。刑名,刑法。

㉒《老子》,即老子(老聃)所著《道德經》。老子在這部書中,認爲"禮者忠信之薄而亂之首","法令滋新,盜賊多有","無爲而無不爲","生而不有,爲而不恃,長而不宰,是爲元德"。魏晋崇尚玄學,所以郭璞也依據《老子》立論,希望晋元帝不要繁禮縟節,任意刑罰,而能實行無爲而治,不宰而宰的治世方術。

㉓狂瞽,謙詞,狂是悖理,瞽是不明。塵露,風塵雨露,喻物微小不足道。此言自己的奏疏,若被採納實行,或者對朝政有微小益處,若果不能採納,也可以作爲廣開聽從採納臣下意見大門的例證。

日有黑氣疏[①]

臣以頑昧,近者冒陳所見,陛下不遺狂言,事蒙御省。伏讀聖詔,歡懼交戰[②]。臣前云升陽未布,隆陰仍積,坎爲法象,刑獄所麗,變坎加離,厥象不燭,疑將來必有薄蝕之變也[③]。此月四日,日出山六七丈,精光潛暗,而色都赤,中有異物,大如雞子,又有青黑之氣,共相搏擊,良久方解④。按時在歲首純陽之日,月在癸亥全陰之位,而有此異,殆元首供禦之義不顯,消復之理不著之所致也⑤。計去微臣所陳,未及一月,而便有此變,益明皇天留情陛下,懇懇之至也。

往年歲末,太白蝕月,今在歲始,日有咎譴。曾未數旬,大眚再見。日月告釁,見懼詩人,無曰天高,其鑒不遠⑥。故宋景言善,熒惑退次;光武宵亂,嚤沱結冰⑦。此明天人之懸符,有若形影之相應。應之以德,則休祥臻;酬之以怠,則咎徵作。陛下宜恭承靈譴,敬天之怒,施沛然之恩,諧玄同之化,上所以允塞天意,下所以弭息羣謗⑧。

臣聞人之多幸,國之不幸。赦不宜數,實如聖旨,臣愚以爲子產之鑄刑書,非政事之善,然不得不作者,須以救弊故也⑨。今之宜赦,理亦如之。隨時之宜,亦聖人所善者。此國家大信之要,誠非微臣所得干豫。今聖朝明哲,思弘謀猷,方闢四門以亮采,訪興誦於羣小,微臣蒙珥筆朝末,而可不竭誠盡規哉⑩!

【校注】

① 《日有黑氣疏》,嚴可均輯《全晉文》題名《因天變上疏》。日中有黑氣,就是現在所說的太陽黑子,因爲當時科技水平低,人們無法解釋這種太陽光球層上出現的斑點,就誤認爲是不吉利的徵兆。郭璞記錄的這次太陽黑子,《晉書·天文志中》也有記載,曰:"(元帝太興)四年(321)二月癸亥,日闘。三月癸未,日中有黑子。辛亥,帝親録訊囚徒。"《注》云:《宋書·五行志》及《通鑒》九一並作"三月癸亥日中有黑子",疑是。二月無癸亥,三月無癸未,疑此誤。辛亥,上脱四月二字。按,《帝紀》正云:"四月辛亥帝親覽庶獄。"據此,則知這篇奏疏寫於太興四年四月。

② 頑昧,愚頑暗昧。冒,冒死,莽撞。陳,陳述。這都是奏疏常用的自謙之詞,猶言自己愚昧無知,輕率地陳述所見所聞。狂言,悖理之言。御,古時對帝王所作所爲及所用之物的指稱,此指晋元帝。省,省察。聖詔,皇帝的命令或文告。

③ 升陽,上升的陽氣。隆陰,隆厚的陰氣。此皆以氣喻政,言昇平之氣未能散佈發揚,而陰霾之氣仍然積結深厚。坎爲法象,是陰陽五行的説法,因坎是水象,是法律的象徵。刑獄,即刑罰。麗,依附。此言法律是刑罰的依據。變坎加離,坎,八卦之一,☵,象徵水。離,亦是八卦之一,☲,象徵火。坎的重卦爲䷝,離的重卦爲䷝,今變坎加離,即爲重卦䷝,恰好是郭璞年初所占之卦既濟卦象。這樣,水和火發生矛

盾,離雖是火,是明的意思,但火上却是象徵水的坎,所以説厥象不燭。燭,明也。不燭,不明。薄蝕,日月虧蝕。

④ 此月,即太興四年四月。精光,日光。潛暗,逐漸變暗。暗,《晉書·郭璞傳》作"昧"。異物,奇異之物,指太陽黑子。青,青色。青黑,言黑氣和青氣。搏擊,相鬥。

⑤ 純陽之日,《晉書·郭璞傳》作"純陽之月"。指四月,也稱正陽之月,《藝文類聚》三,晉傅玄《述夏賦》:"四月惟夏,運臻正陽。"全陰之位,指四月四日,因爲這天是癸亥日,癸爲陰乾,亥爲陰辰,故月在全陰之位。供禦,即《尚書·洪範》所謂五事共禦之術。消復,即京房《京氏易傳》所謂消復之術。

⑥ 太白蝕月,指太興三年十二月二十九日太白食月之事。咎,災禍。謫同讁,災禍。咎謫,謂日中出現黑子,發生了異常變化,是災禍的徵兆。眚,災異。大眚,大的災異,指日中有黑氣。釁,徵兆。詩人,此指《詩經·小雅·十月之交》的作者,因爲這首詩中有"日月告凶"的話,寫了一系列異常的天氣變化,作者因而憂懼。郭璞即借此來警告晉元帝,太白蝕月,日中有黑氣,都是上天對東晉王朝濫用刑罰的譴責。

⑦ 宋景,即春秋時的宋景公,乃宋國元公佐之子欒。言善之事見《吕氏春秋·季夏紀》。熒惑,火星别名,因隱現不定,令人迷惑,故名。古人迷信,認爲禮失,罰出熒惑,熒惑失行是也。出則有兵,入則兵散。所以宋景公時熒惑在心,景公懼,子韋勸景公移災於宰相、人民和當年的收成,景公不從,於是熒惑三徙舍。光武,即東漢光武帝劉秀。甯亂,使亂安定。嘑沱,當作滹沱,即今滹沱河。滹沱結冰,見《後漢書·帝紀》,曰:更始二年……劉秀至薊,劉接起兵以應王郎,光武不敢入城。到饒陽,詐稱邯鄲使者入傳舍,被傳吏識破,逃出城,"遂得南出,晨夜兼行,蒙犯霜雪,天時寒,面皆破裂,至呼沱河,無船,適遇冰合,得過,未畢數車而陷,進至下博城西,遑惑不知所之,有白衣老父在道旁,指曰:'努力,信都郡爲長安守,去此八十里。'光武即馳赴之,信都太守任光開門出迎。"

⑧ 天人懸符,謂天上的日月懸象和人世間的災禍吉祥相符合。休祥,吉祥。臻,至也。咎徵,災禍的徵兆。作,興起。沛然,充盛貌。玄同之化,言教化與天意相同。允塞,誠信而篤實。弭息,消除而止息。

⑨ 子產,春秋時鄭國大夫。鑄刑書,指周景王九年(前536),子產把制定的刑法鑄在鼎上公佈,是我國有成文法的開始。《左傳》昭公六年曰:"三月,鄭人鑄刑書,叔向使詒子產書。"批評鑄刑書這件事,子產復書曰:"若吾子之言,僑不才,不能及子孫,吾以救世也,既不承命,敢忘大惠。"所以郭璞説鑄刑書雖非善政,但是爲了救弊,現在東晉王朝應該大赦,也是這個道理。

⑩ 隨時之宜,猶言因時制宜。《易·隨》:大亨貞无咎,而天下隨時,隨時之義大

矣哉。《國語·越語下》:"夫聖人隨時以行,是謂寧時。"所以郭璞説聖人亦善隨時之宜。大信之要,言刑罰是國家取信於民,樹立威信的至關重要的大事。干豫,參預別人的事。思弘謀猷,謂計謀法則弘大深遠。亮采,輔助辦事。闢四門以亮采,謂廣開言路,采納好的建議來輔助朝政。輿誦,亦作輿頌,指眾人的言論。《左傳》僖公二十八年有"聽輿人之誦曰"云云。群小,《晉書·郭璞傳》作"群心","微臣"上有"况"字,皆是。珥筆,古代史官、諫官入朝,或近臣侍從,把筆插在帽子下,以便隨時記録撰述。郭璞寫此奏時,爲東晉朝廷的著作佐郎,故云"珥筆朝末"。

皇孫生請布澤疏①

有道之君,未嘗不以危自持,亂世之主,未嘗不以安自居。故存而不忘亡者,三代之所以興也;亡而自以爲存者,三季之所以廢也。是以古之令主,開納忠讜,以弼其違,標顯功直,用攻其失②。至乃聞一善則拜,見規誡則懼。何者?蓋不私其身,處天下以至公也③。臣竊惟陛下符運至著,勳業至大,而中興之祚不隆,聖敬之風未躋者,殆由法令太明,刑教太峻。故水至清則無魚,政至察則衆乖,此自然之勢也④。臣去春啓事,以囹圄充斥,陰陽不和,推之卦理,宜因郊祀作赦,以蕩滌瑕穢⑤。不然,將來必有愆陽苦雨之災,崩震薄蝕之變,狂狡蠢戾之妖。其後月餘,日果薄闘⑥。去秋以來,諸郡並有暴雨,水皆洪潦,歲用無年。適聞吳興復欲有搆妄者,咎徵漸成,臣甚惡之。頃者以來,役賦轉重,獄犴日結,百姓困擾,甘亂者多,小人愚嶮,其相扇惑。雖勢無所至,然不可不虞⑦。按《洪範傳》,君道虧則日蝕,人憤怨則水涌溢,陰氣積則下代上。此微理潛應已著實於事者也。假令臣遂不幸謬中,必貽陛下側席之憂⑧。

令皇孫載育,天固靈基,黔首顒顒,實望惠潤。又歲涉午位,金家所忌。宜於此時崇恩布澤,則火氣潛消,災譴不生矣⑨。陛下上承天意,下順物情,可因皇孫之慶,大赦天下。然後明罰勑法,以肅理官,克厭天心,慰塞人事,兆庶幸甚!禎祥必臻矣⑩。臣今所陳,蹔而省之,或未允聖旨,久而尋之,終亮臣誠。若所啓上合,願陛下勿以臣身廢臣之言。臣言無隱,而陛下納之,適所以顯君明臣直之義耳⑪。

【校注】

① 《皇孫生請布澤疏》,嚴可均《全晉文》輯本題作《皇孫生上疏》。《晉書·郭璞傳》曰:"永昌元年,皇孫生,璞上疏曰……"説明這篇疏寫於晉元帝永昌元年(322)正月。皇孫生,是指東晉成帝司馬衍,他是東晉明帝的長子,生於太興四年(321)十一月。所以《資治通鑑》卷第九十二,把這篇疏列於元帝永昌元年春正月。在這篇疏中,郭璞仍然借談陰陽五行,用天意來説服晉元帝減損刑罰,肆赦改年,以致中興之隆,表現了他憂國憂民的思想感情。

② 自持,自己克制,保持一定的操守、準則。三代,謂夏、商、周。令主,猶令王,賢明的帝王。三季,謂夏、商、周的末年。開納忠讜,謂廣言路,採納忠信正直的言論。以弼其違,以矯正自己的過失。標顯,標榜、炫耀。功直,《晉書·郭璞傳》作"切直"。切直,謂確當的直言。

③ 善,善言,即昌言,《尚書·大禹謨》:"禹拜昌言。"規誡,以正言警戒。懼,戒懼。《詩大序》:"聞之者足以戒。"言有所警惕也。

④ 符運至著,言天賜祥瑞,以爲受命憑證,最爲顯著。祚,皇位,此句言晉王朝的中興没有隆盛。聖敬,謂晉元帝没有像商湯那樣聖敬日躋。躋,昇也,言聖敬之道,上聞於天。未躋,即未上聞於天。乖,乖違。

⑤ 去春啓事,指太興四年初的《省刑疏》。囹圄,牢獄。郊祀,古於郊外祭祀天地。郊謂大祀,祀謂群祀。這是封建王朝祭祀天地的大典。瑕穢,猶言過失或惡行,此指弊政而言。"不然"以下三句,已見《省刑疏》注⑫。

⑥ 日果薄鬭,指太興四年四月日有黑氣的異常現象。

⑦ 無年,荒年。吳興,郡名,即今浙江湖州市。搆妄者,即連結謀逆之人,指永昌元年正月,沈充起兵於吳興以應王敦,敦以充爲大都督,督護東吳諸軍事。所以郭璞説"咎徵漸成,臣甚惡之",表現自己是反對王敦造反這件事的。但是,他對東晉王朝的弊政以及晉元帝任用劉隗等人,排抑王導,挑起王與馬兩大族的矛盾,也是不滿的。所以他在下面批評朝政的話,與王敦上疏罪狀劉隗的話是一致的。賦役,賦税和徭役。獄犴,牢獄。結,凝聚。獄犴日結,謂牢獄充滿。困擾,謂百姓遭受困窮煩擾。甘亂,願意作亂。愚嶮,愚妄危險。扇惑,煽動蠱惑。其,《晉書·郭璞傳》作"共",謂互相勾結狼狽爲奸。

⑧ 《洪範傳》,即《洪範五行傳》,漢劉向撰,十一篇,以上古至春秋戰國秦漢之各種變異,分列條目,附會爲朝政人事禍福的徵兆,認爲發生灾害就是上天對人的一種警告和懲罰,宣揚天人感應説和讖緯神學,書已佚。郭璞所引的這三句,就是天人

感應的説法。著實,本意爲務實,此言天人感應的微理,已有了顯著的實證。側席,坐不安穩。

⑨ 載,語詞。載育,出生。基,根基,靈基猶靈根,靈木之根,喻祖考。顒顒,仰慕貌。惠潤,恩澤。歲涉午位,言當年的干支爲壬午。金家,指晉朝。災譴,謂上天以灾異譴告人君。

⑩ 上承天意,謂籌謀上合天意。物情,人心歸向。下順物情,謂謀略下附衆望。勑,同勅。明罰勑法,謂嚴明賞罰,整頓法紀。理官,司法官。兆庶,兆民。禎祥,吉祥。臻,至。

⑪ 蹔,同暫,暫時。終亮臣誠,言終究會顯露出我的誠意。

平刑疏①

臣聞上古象刑而民不犯,中古明刑以致刑措②。故立刑以禁刑,立殺以去殺,重之以死,所以求其生,峻之以刑,所以輕其死,死由於法輕,生存乎法重,此立防之成標也。然則,刑無輕重,用之唯平,非平法之爲難,思在斷之爲難。是以子皋行戮,刖者忘痛,釋之典刑,民無怨色③。何者?積之於誠也。按《癸酉詔書》之旨,專爲邊城,實之裔土,濟當時一切之用,非爲經遠之法,亦是中夏全平之時,威御足指控制,故可得行之矣④。欲役無賴子弟,驅不逞之人,聚之於空荒四維之地,將以扞固牧圉,未見其利也⑤。且濱接鯨猾,密邇姦藪,退未絕其邱窟之顧,進無以塞其通逃之門,五流三居,誠古之犯刑,論之於今,事實難行,且律令以跨三代,歷載所遵,未易輕改者也⑥。是以刑法不專,則名幸者興,政令驟變,則人志無繫,子產患其如此,故矯先正議事之制,而立刑書之辟,皆所以弭民心而正羣惑者也⑦。

【校注】

① 《平刑疏》見於《藝文類聚》五十四卷,《晉書·郭璞傳》未載,所以不知寫於何時。嚴可均輯《全晉文》題作《奏請平刑》。平刑,就是刑罰公平,改變東晉初年"議斷不循法律,人立異議,高下無狀"的情況。特別是末尾的議論,與《日有黑氣疏》講子產鑄刑書之意相同。據此,可推斷此疏也寫於太興四年左右。

② 象刑,有二説:一、傳説上古堯舜時無肉刑,以特異的服飾象徵五刑,以示耻辱,謂之象刑。二、象天道以制刑法,公示於衆,謂之象刑。郭璞是用象刑的前一義。明刑,謂將犯人所犯罪狀寫在板上,著其背以公開示衆。刑措,也作刑錯,謂無人犯法,刑法擱置不用。

③ 子皋,又作子羔,姓高名柴,春秋衛人,一説齊人,孔子弟子,曾爲費邱宰。《孔子家語·七十二弟子解》曰:"季羔爲衛士師,刖人之足。俄而衛亂,季羔逃,刖者守門焉。曰:'彼有缺。'季羔曰:'君子不逾。'曰:'彼有竇。'季羔不隊。'曰:'此有室。'季羔入焉,既而問其故。刖者曰:'斷足,固我罪也。臨當刑,君愀然不樂,見於顔色,此臣所以脱君也。'"《藝文類聚》"子皋"作"子皇"。釋之,張釋之,漢南陽堵陽人,字季,以貲爲騎郎。後爲公車令,曾奏劾太子(景帝)與梁王共車入朝,不下司馬門,受到文帝的重用。後爲廷尉,稱爲平恕。所以《漢書》曰:"張釋之爲廷尉,天下無冤人。"

④ 《癸西詔書》,不詳。邊城,《藝文類聚》卷五十四作"邊成",注云:"疑當作戍。"就是説《癸西詔書》是有關邊戍的事。裔土,荒遠的邊地。中夏,中國。

⑤ 無賴,奸詐、刁狡、強横之徒。不逞之人,爲非作歹的人。空荒四維之地,猶言四方荒遠無人之地。扞固牧圉,扞,扞衛;固,固守;牧圉,養牛馬的地方。此句喻讓壞人守衛邊地。

⑥ 鯨猾,大豪奸詐之徒。密邇姦藪,貼近奸人聚集的地方。邱窟,猶鄉里家室。逋逃,指逃亡。五流三居,謂多數逃亡,少數居住。犯刑,違犯刑法。三代,指晉朝的三個皇帝,疑爲晉武帝、晉惠帝和晉元帝。

⑦ 名幸,指爲君主寵信的幸臣。興,産生。子産,春秋鄭國人,名僑,字子産,又字子美,自鄭簡公時始執國正,歷定、獻、聲公三朝,使弱小的鄭國,在晉楚兩強之間,保持無事。所以,孔子稱其爲古之遺愛。矯先正,正,疑爲"王"字之誤,謂矯正先王議事之制,指鑄刑書而言。故下句云"立刑書之辟"。辟,法,刑法。弼民心,輔正人心。正羣惑,端正衆人的疑惑。

彈任谷疏①

任谷所爲妖異,無有因由。陛下玄鑒廣覽,欲知其情狀,引之禁内,供給安處②。臣聞爲國以禮正,不聞以奇邪。所聽惟人,故神降之吉。陛下簡默居正,動遵典刑③。按《周禮》奇服怪人不入宫,况谷妖詭,怪人之甚者,而登講肆之堂,密邇殿省之側,塵點日月,穢亂天德,臣之私情,竊所以不取也④。陛下若以谷信爲神靈所憑者,則應敬而遠之。夫神,聰明正直,接以人事。若以谷爲妖蠱詐妄者,則當投畀裔土,不宜令褻近紫闥。若以谷或是神祇告譴、爲國作眚者,則當克己修禮,以弭其妖,不宜令谷安然自容,肆其邪變也⑤。臣愚以爲陰陽陶蒸,變化萬端,亦是狐狸魍魎,憑陵作慝⑥。願陛下採臣愚懷,特遣谷出。臣以人乏,忝荷史任,敢忘直筆,惟義是規⑦。

【校注】

①《彈任谷疏》見於《晉書·郭璞傳》,曰:"時暨陽人任谷因耕息於樹下,忽有一人著羽衣就淫之,既而不知所在,谷遂有娠,積月將産,羽衣人復來,以刀穿其陰下,出一蛇子便去。谷遂成宦者。後詣闕上書,自云有道術。帝留谷于宫中。璞復上疏曰:……其後元帝崩,谷因亡走。"這就是説,妖人任谷是永昌元年(322)閏十一月元帝死後離開宫中的。而郭璞在這篇疏的末尾,説他"忝荷史任",即爲佐著作郎時寫作的。按《晉書·郭璞傳》稱,郭璞於元帝太興四年四月上《日有黑氣疏》,頃之,遷尚書郎。這就説明《彈任谷疏》當寫於太興四年四月以前。文章不長,但却表現了郭璞直方諫諍的膽量,説明郭璞雖相信陰陽五行之説,而樸素唯物主義却是他世界觀的主導方面。

② 玄鑒廣覽,言其見識深廣高超。禁内,猶言禁中,即宫内,秦漢制,皇帝宫中稱禁中,言門户有禁,非侍衛及通籍之臣,不得入内。

③ 簡默居正,簡易恬默,遵循正道。典刑,舊法常規。

④《周禮》,書名,原名《周官》,也稱《周官經》。西漢末列爲經而屬於禮,故有《周禮》之名。講肆,本指講會,此指講經論政之堂,即朝廷。殿省,殿,指皇帝所居;省,省中,諸公所居。密邇殿省,謂貼近皇宫。塵點,也作塵玷,是污染、玷辱的意思。穢亂,污濁擾亂。德,《晉書》作"聽"。

⑤ 接以人事,謂與人事相交接。妖蠱,以邪術蠱惑害人。投畀,投,棄;畀,給予。投畀即擲給。裔土,荒遠的邊地。褻近,親近。紫闥,皇帝的宫廷。告譴,言神祇預告他們的譴責。眚,災異。弭,止息。

⑥ 陶蒸,猶陶冶、陶鑄。《文選》晉張茂先(張華)《鷦鷯賦》:"陰陽陶蒸,萬品一區。"《注》:"《文子》《老子》曰:陰陽陶冶萬物。蒸,氣出貌。"蒸,也作烝。狐狸,本是兩種動物,此合稱以喻任谷這類詭怪小人。魍魎,傳説山川中的精怪。《孔子家語·辨物》:"木石之怪夔魍魎。"憑陵作慝(tè),憑陵,侵凌;作慝,猶慝作,姦惡之人乘機而起。此句意謂任谷妖人,憑藉晉元帝的權勢乘機作惡。

⑦ 人乏,人才缺乏。忝荷史任,猶言愧任著佐郎之位。這是郭璞的自謙之詞。直筆,如實地説明事實真相。因爲如實地記載事實,乃是史官的美德,所以郭璞

説他不敢忘記直筆,惟義是規。

禁荻疏[①]

不宜禁荻。《地禮》云:名山大澤不封。蓋欲以民通財共利,不獨專之也[②]。

【校注】

① 《禁荻疏》,嚴可均《全晋文》題作《諫禁荻地疏》,都是輯録的佚句,全文已不可考。據《晋書·元帝紀》記載:"元帝建武元年(317)七月,弛山澤之禁。"又據《晋書·王嶠傳》稱:"(王)敦在石頭,欲禁私伐蔡洲荻,以問群下。時王師新敗,士庶震懼,莫敢異議。嶠獨曰:'中原有菽,庶人採之。百姓不足,君孰與足!若禁人樵伐,未知其可。'敦不悦。"案:此事當在永昌元年(322)六七月,因爲永昌元年正月,王敦起兵,四月攻入建康,自爲丞相,禁私伐蔡洲荻應是六七月荻可伐之時。據此,郭璞《禁荻疏》,必與上引史實的某一事有關,因全文散佚,難以確定,故存疑。

② 荻,草名,與蘆同爲禾本科而異種,葉較蘆稍闊而異種。《地禮》,指《禮記·王制》篇,原文曰:"名山大澤不以封。"

表[①]

辭尚書表[②]

今當以劣弱之質,充督責之官,以無用之才,管繁劇之任[③]。

【校注】

① 此表字原無,今據目録校補。表爲一種文體,是古代章奏的一種。

② 據《晋書·郭璞傳》稱,郭璞於元帝太興四年(321)正二月間上《省刑疏》,四月又上《日有黑氣疏》,"頃之,遷尚書郎。數言便宜,多所匡益"。這就是説,郭璞是

太興四年四五月間,以著作佐郎遷任尚書郎的。故此表文,當寫於這年四五月間。嚴可均輯《全晉文》題作《辭尚書郎表》,《北堂書鈔》六十引兩條,但都是佚句,全文已不可考。就從這幾句話,也可看出郭璞的真誠謙虛和才高位卑的不滿情緒。《書鈔》還有"且臺郎清顯,論望宜允者也"句。

③ 劣弱,衰弱。此兼指身體和才智。督責,督察責罰。《史記·索隱》"督者,察也。察其罪,責之以刑罰也"。繁劇,事務繁重。

序

山海經序①

世之覽《山海經》者,皆以其閎誕迂誇,多奇怪俶儻之言,莫不疑焉②。嘗試論之曰,莊生有云:"人之所知,莫若其所不知③。"吾於《山海經》見之矣。夫以宇宙之寥廓,群生之紛紜,陰陽之煦蒸,萬殊之區分,精氣渾淆,自相濆薄,遊魂靈怪,觸象而構,流形於山川,麗狀於木石者,惡可勝言乎④?然則總其所以乖,鼓之於一響;成其所以變,混之於一象⑤。世之所謂異,未知其所以異。世之所謂不異,未知其所以不異。何者?物不自異,待我而後異,異果在我,非物異也⑥。故胡人見布而疑黂,越人見罽而駭毲。夫翫所習見,而奇所希聞,此人情之常蔽也⑦。今略舉可以明之者:陽火出於冰水,陰鼠生於炎山⑧而俗之論者,莫之或怪,及談《山海經》所載,而咸怪之,是不怪所可怪,而怪所不可怪也。不怪所可怪,則幾於無怪矣;怪所不可怪,則未始有可怪也。夫能然所不可,不可所不可然,則理無不然矣。

案汲郡《竹書》及《穆天子傳》⑨:穆王西征,見西王母,執璧帛之好,獻錦組之屬。穆王享王母于瑤池之上,賦詩往來,辭義可觀。遂襲崑崙之邱,遊軒轅之宮,眺鍾山之嶺,玩帝者之寶,勒石王母之山,紀跡玄圃之上⑩。乃取其嘉木豔草,奇鳥怪獸,玉石珍瑰之器,金膏燭銀之寶,歸而殖養之於中國。穆王駕八駿之乘,右服盜驪,左驂騄耳,造父爲御,犇戎爲右,萬里長騖,以周歷四荒,名山大川,靡不登濟。東升大人之堂,西燕王母之廬,南轢黿鼉之梁,北躡積羽之衢。窮歡極娛,然後旋歸⑪。案《史記》說穆王得盜驪騄耳驊騮之驥,使造父御之,以西巡守,見西王母,樂而忘歸,亦與《竹書》同。《左傳》曰:"穆王欲肆其心,使天下皆有車轍馬跡焉。"《竹書》所載,則是其事也⑫。而譙周之徒,足爲通識瑰儒,而雅不平此,驗之史考,以著其妄。司馬遷叙《大宛傳》亦云:"自張騫使大夏之後,窮河源,惡覩所謂崑崙者乎? 至《禹本紀》《山海經》所有怪物,余不敢言也。"不亦悲乎⑬! 若《竹書》不潛出於千載,以作徵於今日者,則《山海》之言,其幾乎廢矣。

若乃東方生曉畢方之名,劉子政辨盜械之尸,王頎訪兩面之客,海民獲長臂之衣:精驗潛効,絕代懸符⑭。於戲! 羣惑者亦可以少寤乎? 是故聖皇原化以極變,象物以應怪,鑒無滯賾,曲盡幽情,神焉廋哉! 神焉廋哉⑮!

蓋此書跨世七代,歷載三千,雖暫顯於漢,而尋亦寝廢⑯。其山川名號,所在多有舛謬,與今不同,師訓莫傳,遂將湮泯。道之所存,俗之所喪,悲夫⑰! 余有懼焉,故爲之創傳,疏其壅閡,闢其茀蕪,領其玄致,標其洞涉。庶幾令逸文不墜于世,奇言不絕於今,夏后之迹,靡刊於將來;八荒之事,有聞於後裔,不亦可乎⑱。夫翳薈之翔,叵以論垂天之淩;蹄涔之遊,無以知絳虬之騰。鈞天之庭,豈伶人之所躡;無航之津,豈蒼兕之所涉。非天下之至通,難與言《山海》之義矣。嗚呼! 達觀博物之客,其鑒之哉⑲。

【校注】

①《山海經序》是郭璞爲自己的《山海經注》寫的一篇序言。郭璞注釋《山海經》,是在西晉末年"八王之亂"時期;而郭璞的《山海經注》一書,定稿和流傳,却是

東晉初年。因此,這篇書序,大約也寫於西晉末年。在這篇序言裏,郭璞圍遶着《山海經》這部奇書是否可怪的問題,多方援據,展開論述,闡明自己的玄學理論,表現了他樸素唯物主義的世界觀。

② 《山海經》是一部具有獨特風格的奇書,《漢書·藝文志》列入《數術略》"形法類",《隋書·經籍志》以下多將它列入地理書,清《四庫全書總目提要》謂是"小説之最古者爾",魯迅先生認爲是"古之巫書"。全書今存十八篇,約三萬一千多字。傳説爲夏禹、伯益所作,但不可信。大約成書於戰國,又經秦漢,有所增删。書中記述各地山川、道里、部族、物産、祭祀、醫巫、原始風俗,往往多雜怪異,保存遠古的神話傳説和史地文獻材料甚多,是研究上古社會的重要資料。閎誕迂誇,謂《山海經》所言,富於怪誕,迂於夸張。奇怪,稀奇古怪,不同尋常。俶儻(音剔倘),卓異不凡。

③ 莊生,即莊子,姓莊名周,戰國宋蒙人,曾爲漆園吏,著書十餘萬言,今存《莊子》三十三篇。這兩句引文,見《莊子·秋水》,言人所知各有限。

④ 寥廓,廣闊。羣生,衆生,猶言萬物。紛綸,《道藏》本"綸"字作"眂",多盛雜亂貌。煦蒸,温暖昇騰。萬殊,萬般不同,各式各樣。區分,各自不同。渾淆,混雜。瀆薄,冲激貌。遊魂,飄盪無定的鬼魂。靈怪,神鬼怪異之事。觸象而構,謂事物相互感應而動,形成體態。流形,《易·乾》:"雲行雨施,品物流形。"《疏》:"言乾能用天地之德使雲氣流行,雨澤施布,故品類之物,流佈成形。"因以指萬物形體。麗,附着;狀,形狀。麗狀於木石,言精怪附着形狀於樹木岩石。

⑤ "然則"以下四句,用《莊子·齊物》之意,乖,《道藏》本作"荓",乖離,言萬物各不相同。鼓,鼓動,言萬物雖然響聲不同,但不過都是一種響聲罷了。變,變化,言萬物雖千變萬化,各成一體,但不過都是一種物象罷了,所以説"混之於一象"。

⑥ 異,怪異。"世之所謂異"四句,言世所謂怪異事物或不怪異事物,都只知其然,而不知其所以然。因此,下面用"何者"提出問題,説明怪異事物,不是自己怪異,而是人們認爲它怪異,異與不異在認識的主體,而不在客體的事物。這是樸素唯物主義的認識論。

⑦ "胡人"句,胡人,古指西北方的少數民族。黂,亂麻。《吕氏春秋·知接》:"戎人見暴布者而問之曰:何以爲之莽莽也?指麻而示之。怒曰:孰之壞壞也,可以爲之莽莽也。""越人"句,越人,指古代百越族人。罽,當作罽,一種毛織品。毳(音萃),鳥獸的細毛,此指罽衣。桓譚《新論》:"余歸沛,道病,蒙絮被、絳罽襦,乘駑馬,宿下邑東亭。亭長疑是賊,發卒。余令勿問,乃間而去。此安静自存。"郭璞此句,或用其意。翫,玩的異體字。"夫翫所"三字,何焯校作"蓋信其"。蔽,蒙蔽。

⑧ "陽火"句,是指産可燃的天然氣之火井。劉良注左思《蜀都賦》曰:"蜀郡有火井,在臨邛縣西南,火井,鹽井也。欲出其火,先以家火投之,須臾許,隆隆如雷聲,焰出通天,光輝十里,以筒盛之,接其光而無炭也。"《博物志》亦云:"臨邛火井,諸葛

亮往視後,火轉盛。以盆貯水煮之,得鹽。後人以火投井,火即滅,至今不燃。""陰鼠"句,是指傳説中謂用其毛可織火浣布的老鼠,即火鼠。舊題漢東方朔《十洲記》曰:"炎洲在南海中……有火林山,山中有火光獸,大如鼠,毛長三四寸,或赤或白……取其獸毛以緝爲布,時人號爲火浣布。"郭璞《山海經注》曰:"今去扶南東萬里,有耆薄國,東復五千里許,有火山國,其山雖霖雨,火常然。火中有白鼠,時出山邊求食,人捕得之,以毛作布,今之火浣布是也。即此山之類。"故下文即講少見多怪之理。

⑨ 汲郡《竹書》,指晉時汲郡出土的竹簡書,《穆天子傳》即是其中之一種。《晉書・束皙傳》:"（武帝）太康二年,汲郡人不准盜發魏襄王墓,或言安釐王冢,得竹書數十車。"因記事於竹簡上,編綴成册,後世謂之竹書,也稱竹簡書。《穆天子傳》這部竹書,共有六卷,八千五百一十四字。今本前四卷記周穆王西巡狩之事,後二卷記在畿畋游及盛姬事。郭璞《注》本稱《周王遊行記》。

⑩ 穆王,即周穆王,周昭王之子,名滿。在位五十五年,西擊犬戎,東征徐戎。《穆天子傳》即演述其乘八駿西行見西王母之事。西王母,神話中的女神,《山海經》云:"西王母其狀如人,豹尾虎齒而善嘯,蓬髮戴勝,是司天之厲及五殘。"又云:"（崑崙之丘）有人,戴勝,虎齒,有豹尾,穴處,名曰西王母。"穆王見西王母事,見《穆天子傳》,郭璞在此只作了扼要叙述。賦詩往來,指西王母觴周穆王於瑶池時的唱和。西王母歌《白雲》,穆王答詩名《東歸》。軒轅之宫,即黄帝之宫,陸賈《新語》云:"黄帝巡遊四海,登崑崙山,起宫望於其上。"鍾山,神話中的山名,在垒山西四百二十里,其神名曰燭陰。"勒石"兩句,指周穆王"乃紀名迹於弇山之石,曰西王母之山"這件事。

⑪ 八駿,即周穆王西征的八匹良馬,《穆天子傳》作赤驥、盜驪、白義、踰輪、山子、渠黄、華騮、緑耳。造父,周穆王西征時的御者,傳説曾取駿馬以獻穆王,王賜造父以趙城,由此爲趙氏。犇戎,周穆王西征時的車右侍衛。大人之堂,郭璞《注》曰:"大人之堂,亦山名,形狀如堂室耳。大人時集會其上作市肆也。"王母之廬,即西王母宴周穆王之瑶池。黿（音元）鼉（音陀）之梁,即周穆王大起九師,東至於九江,叱黿鼉以爲橋梁,遂伐越。蹋,踩也。積羽,地名。《竹書紀年》:"穆王北征,行流沙千里,積羽千里。"衢,四通八達的道路。

⑫ 郭璞這裏所引《史記》之文,見《秦本紀》。所引《左傳》之文,見《左傳》昭十二年,這裏所謂《竹書》,指《竹書紀年》,《晉書・束皙傳》記太康二年,汲郡人不準盜發魏襄王墓,或言安釐王冢,得竹書數十車。中有《紀年》十三篇,記夏以來至周幽王爲犬戎所滅,以事接之,三家分,仍述魏事至安釐王之二十年,相傳爲戰國魏之史書。因其爲竹簡,後人名爲《竹書紀年》。此書宋時佚,今本二卷,係後人輯集,有題爲南朝梁沈約注。其中有記周穆王巡行事,郭璞已撮要引述如上。

⑬ 譙周,三國蜀巴西西充國人,字允南。幼孤,家貧,耽古篤學,精研六經,頗曉天文,尤善書札。諸葛亮領益州牧,命爲勸學從事,後官至光禄大夫。封陽城亭侯。入晉,累征不起,自陳無功,求還爵土,泰始中卒。著有《法訓》《五經論》《古史考》等百餘篇,皆佚。《古史考》有輯本,以爲司馬遷《史記》採百家雜説,記周秦以上事,往往與正經不合,糾正《史記》的謬誤,這自然是腐儒的見解。所以郭璞批評他"妄"。司馬遷不敢言《山海經》的話,見《史記·大宛傳》,郭璞認爲這是可悲的。

⑭ 東方生,即東方朔,漢平原厭次人,字曼倩,武帝時官至太中大夫,以奇計俳辭得親近,爲武帝弄臣。畢方,傳説中的怪鳥。《山海經·西山經》:"(章莪之山)有鳥焉,其狀如鶴,一足,赤文青質而白喙,名曰畢方,其鳴自叫也,見則其邑有譎火。"西漢劉秀《上山海經表》曰:"孝武皇帝時嘗有獻異鳥者,食之百物,所不肯食。東方朔見之,言其鳥名,又言其所當食,如朔言。問朔何以知之,即《山海經》所出也。"劉子政,即劉向,原名更生,字子政,成帝時更名向,任光禄大夫,校閲經傳諸子詩賦等書籍,寫成《别録》一書,爲我國最早的分類目録。盜械之尸,即貳負之尸,《山海經·海内西經》云:"貳負之臣曰危,危與貳負殺窫窳。帝乃梏之疏屬之山,桎其左足,反縛兩手與髪,繫之山上木。在開題西北。"郭璞《山海經注》云:"漢宣帝使人上郡發盤石,石室中得一人,跣踝被髪,反縛,械一足,(時人不識,乃載之於長安),以問群臣,莫能知。劉子政按此言對之,宣帝大驚,於是時人争學《山海經》矣。論者多以謂是其尸象,非真體也。意者以靈怪變化論,難以理測;物禀異氣,出于不然,不可以常運推,不可以近數揆矣。"西漢劉秀《上山海經表》亦云:"孝宣帝時,擊磻石於上郡,陷得石室,其中有反縛盜械人。時臣秀父向爲諫議大夫,言此貳負之臣也。詔問何以知之,亦以《山海經》對。其文曰:'貳負殺窫窳,帝乃梏之疏屬之山,桎其右足,反縛兩手。'上大驚。朝士由是多奇《山海經》者,文學大儒皆讀學,以爲奇,可以考禎祥變怪之物,見遠國異人之謡俗。""王頎"兩句,見《三國志·魏書·烏丸鮮卑東夷傳》,記魏黄初中,玄菟太守王頎討高句麗王宫,窮追之,過沃沮國,其東界臨大海,近日之所出,問其耆老,海東復有人不,"耆老言:國人嘗乘船捕魚,遭風,見吹數十日,東得一島,上有人,言語不相曉,其俗常以七月取童女沈海。又言有一國,亦在海中,純女無男。又説得一布衣,從海中浮出,其身如中國人衣,其兩袖長三丈。又得一破船隨波出在海岸邊,有一人項中復有面,生得之,與語不相通,不食而死。其域皆在沃沮東大海中。"長臂國,見《山海經·海外南經》,曰:"長臂國在其東,捕魚水中,兩手各操一魚。"項中復有面者,殆即《山海經》中"三首國""三面一臂人"之類,郭璞云兩面客,殆即《山海經·中山經》所説的驕蟲,"其狀如人而二首",或《山海經·海内經》所説的"左右有首"的延維。"精驗"兩句,謂《山海經》所言和史書記載,暗中相合,效驗精確,雖時代懸隔絶遠,却若合符契。

⑮ 羣惑者,指當時的通識瑰儒,即晉武帝爲首的禮法之士,因爲晉武帝出於政

治原因,提倡經學,扶持禮法之士,反對張華談怪。所以郭璞在這裏的話是有所指的。聖皇,猶言聖哲明王。原化以極變,猶原始要終,推原事物發展變化的源頭和歸宿。象物,謂麟鳳龜龍四靈。《周禮·春官·大司樂》:"六變而致象物及天神。"郭璞用其意,要求統治者修德致治以礼物怪。這是他天人感應思想的表現。頤(yí),下巴。滯頤,猶滯泥,言鑒察物情絕無滯泥不通現象。"曲盡"句,言能盡曉萬物隱曲幽深之情狀。神焉廋哉,是從《論語·爲政》"人焉廋哉"句化出,言神異物怪安所隱匿其情者。

⑯ 七代,因相傳《山海經》是夏禹、伯益所記,故從夏朝至晋朝,經歷了七個朝代。"暫顯"兩句,是說《山海經》這部書,在漢代,因東方朔、劉向用此書辨識物怪,而引起文學大儒的重視,爭相讀學,顯明於世,而不久也就止息了,無人問津了。

⑰ 舛謬,差錯謬誤。"師訓"句,言沒有哪個經師解釋傳授《山海經》。湮泯,湮没泯滅。"道之所存"兩句,道,道理,謂對自然和社會認識的道理,存於《山海經》之中,但因無師傳授,這部書在世俗中即將喪滅。

⑱ 創傳,首創傳訓。"疏其"句,謂疏通壅塞阻隔。"闢其"句,謂疏通蕪舛弗雜。玄致,幽深微妙的理致。全句意謂領悟《山海經》所言的玄理。"標其"句,謂標顯《山海經》所言洞深涉遠之處。逸文,不見於經傳的文字。奇言,奇異的言論。后,天子和諸侯君主的通稱。夏后,即指夏禹、伯益。八荒,八方荒遠的地方。後裔,後代子孫。

⑲ 蘙薈,即翳薈,草木茂盛之處。這兩句用《莊子·逍遥游》蜩與學鳩笑大鵬之意。謂在樹木雜草叢中飛翔的小鳥,不可以談論有垂天之雲那樣翅翼的大鵬凌空而飛九萬里的行爲。蹄涔,牛馬路上所留足迹中的積水。絳虬,絳紅色的無角龍。此兩句言游於小水中的魚鱣之類,無法理解虬龍之騰飛。鈞天,天之中央。此言演奏天上音樂的帝庭,也不是一般樂人所能躡到之處。"無航"二句,蒼兕,水獸名,善奔突,能覆舟。意謂沒有舟船的津渡,豈是蒼兕所能涉過的。"非天下"二句,言不是天下最通達之士,很難與他談論《山海經》的義理。"達觀"二句,謂見解通達而又博識多知的人,由此來鑒悟吧。

爾雅序[①]

夫《爾雅》者,所以通詁訓之指歸,叙詩人之興詠,總絕代之離詞,辨同實而殊號者也[②]。誠九流之津涉,六藝之鈐鍵,學覽者之潭奥,擒翰者之華苑也[③]。若乃可以博物不惑,多識於鳥獸草木之名者,莫近於《爾雅》[④]。《爾雅》者,蓋興於中古,隆於漢氏,豹鼠既辨,其業亦顯⑤。英儒瞻聞之士,洪筆麗藻之客,靡不欽玩耽味,爲之義訓⑥。璞不揆檮昧,少而習焉,沈研鑽極,二九載矣⑦。雖註者十餘,然猶未詳備;並多紛謬,有所漏略⑧。是以復綴集異聞,會稡舊説,考方國之語,采謠俗之志,錯綜樊孫,博關羣言,剟其瑕礫,搴其蕭稂,事有隱滯,援據徵之,其所易了,闕而不論⑨。别爲音圖,用袪未寤⑩。輒復擁篲清道,企望塵躅者,以將來君子,爲亦有涉乎此也⑪。

【校注】

① 《爾雅序》是郭璞爲自己的《爾雅注》一書寫的序言,除説明《爾雅》這部書的性質、内容、功用,成書和興盛時期等之外,着重説明自己研習注釋時間之長,用力之深,不僅資料豐富,而且頗有創見;特别是還有《爾雅音》和《爾雅圖讚》,很有益於將來涉乎此的君子。所以,序文雖然不長,但却説明了他的《爾雅注》是我國古代《爾雅》學的奠基作品。因此,後儒雖多所補正,終不能超出郭《注》的範圍。從郭璞在序文中所云"少而習焉,沈研鑽極,二九載矣"這幾句話來看,他的《爾雅注》雖然定稿和流傳是在東晉初年,但成書却是在西晉末年。因此,這篇序言,也當寫於西晉末年,大約是晉惠帝太安二年(303),郭璞二十八歲之時。

② 夫,發語詞。《爾雅》,書名,相傳爲周公所撰,或謂孔子門徒解釋六藝之作。其實乃秦漢間經師綴輯舊文,遞相增益而成。《漢書·藝文志》著録二十篇,今存十九篇,前三篇解釋語辭,後十六篇解釋名物術語。取名《爾雅》,"爾,近也;雅,正也。言可近而取正也。"詁訓,詁,以今言解釋古代語言文字或方言字義。訓,解釋。宋邢昺《疏》:"詁,古也,通古今之言使人知也。訓,道也,道物之貌以告人也。"指歸,意旨,意向。謂指意歸向。叙,次叙。詩人,詩歌的作者,此指《詩經》的詩人。興,詩歌的表現手法之一,即景生情,先言他物以引起所咏之詞。詠,永言,歌咏其義以長其言。《疏》云:"斯皆詩人所爲,此書能次叙之,故言叙詩人之興詠也。"總,聚。絶代,猶遠代。離詞,猶異詞。《疏》云:"以其六代絶遠,四方乖越,故今古語異,夷夏詞殊,此書能總聚而釋之,使人知也。"辨,辨别。殊號,謂名稱不同。

③ 誠,實也。九流,戰國時的九個學術流派,即儒、道、陰陽、法、名、墨、縱横、雜、農等家。後作各學術流派的泛稱。此謂"叙六藝爲九種。言於六經若水之下流也"。津涉,《疏》云:"濟渡之處名,言九流之多,非此書無以通,喻九河之廣,非津涉無以渡。"六藝,謂《易》《書》《詩》《禮》《樂》《春秋》等六經。鈐鍵,鎖鑰,猶言關鍵。《疏》云:"言此書爲六藝之鎖鑰,必開通之,然後得其微旨也。"潭,淵深。潭奥,本指幽深的内室,引申爲深奥之處。《疏》云:"此書釋二儀之形象,載八表之昏荒,雖博學廣覽之士,莫能究淵深隱奥,故云學覽者之潭奥也。"擒翰,"擒"字誤,當作"擒

翰",言執筆爲文。《十三經注疏》本即作"摛"。華苑,花園。《疏》云:"言此書森羅萬有,純粹六經,摛文染翰之士,足以綴其英華,若園苑然,故云華苑也。"

④ 若乃,因上起下語。博物,博識多知,言可博識庶物。不惑,能辨明而不疑惑。"多識"句,用《論語·陽貨》"多識於鳥獸草木之名"句意,因爲《詩經》中出現的動植各物之名,穀類有二十四種,蔬菜有三十八種,藥物有十七種,草有三十七種,花果有十五種,木有四十三種,鳥也有四十三種,獸有四十種,而馬的異名有二十七種,蟲有三十七種,魚有十六種(據顧棟高《毛詩類釋》的材料統計)。這都是古代勞動人民長期在生產鬥爭中積累下來的廣博的知識。《爾雅》都有解釋,故云可以"多識於鳥獸草木之名者"。莫近於《爾雅》,莫近,猶莫過之也,言《爾雅》最近之。

⑤ 興於中古,言《爾雅》相傳是周公作以教成王。而經典通以伏羲爲上古,文王爲中古,孔子爲下古。周公乃文王子,故可言中古。隆於漢氏,《疏》云:"以夫子沒後,書紀散亡,戰國陵遲,嬴秦燔滅,則此書亦從而墜矣。洎乎漢氏御宇,旁求典籍,除挾書之律,開獻書之路,此書亦從而隆矣。"豹鼠既辨,言漢武帝時得豹文鼮鼠,孝廉郎終軍以《爾雅》辨其名,賜絹百匹。終軍既辨知豹文之鼠,人服其博物,故爭相傳授,《爾雅》之業,於是遂顯。

⑥ 英儒贍聞之士,謂英俊通儒,多聞之士。洪筆麗藻之客,言大有詞筆,美於文章之客。靡,無。欽玩,言皆敬愛玩賞《爾雅》此書。耽味,深入體味。義,理;訓,解。義訓,謂作注解釋詞義。

⑦ 璞,郭璞自稱。揆,度量。檮(音桃)昧,愚昧無知貌。《疏》云:"檮,謂檮杌,無知之貌。昧,暗也。郭氏言己不度其無知暗昧,自少小而習此書焉。"少,少小,即年幼。《禮記·曲禮》上:"人生十年曰幼學。"《注》:"名曰幼,時始可學也。"《注》:"《内則》曰:十年出外就傅,居宿於外,學書計。"後因稱十歲爲"幼學之年"。據此,可以推斷郭璞當在十歲時即開始研習《爾雅》這部書。沈研鑽極,謂深沈研究,鑽求窮極。即深入研究。二九載,即爲十八年。以此推算,郭璞從十歲研習《爾雅》,經過十八年始注釋完此書。

⑧ 註者十餘,謂對《爾雅》作注者,在郭璞注前已有十餘家,《疏》云:"十餘家者,陸德明《叙錄》:犍爲文學注二卷,劉歆注三卷,樊光注六卷,李巡注三卷,孫炎注三卷,爲此五家而已。又《五經正義》援引有某氏、謝氏、顧氏。今郭氏言十餘者,典籍散亡,未知誰氏。或云:沈旋,施乾,謝嶠,顧野王者,非也,此四家存郭氏之後,故知非也。"詳備,詳悉周備。紛謬,紛紜錯謬。漏略,遺漏疏忽。

⑨ 是以,因前起後語。綴集,謂聯綴聚集。異聞,異於他人之所聞。《疏》云:"《注》所引六經子史之類是也。"會稡,即會粹。《疏》云:"《廣雅》云:會,收也;粹,聚也。舊説,謂十家所説也。"考,成也。方國,四方之國。《疏》云:"四方之國,言語不同,有所通釋者,則援引考成之。注引《方言》是也。"采,取也。謠,徒歌謂之謠。

俗,俗話。《疏》云:"案《漢書·地理志》云:好惡取捨,動静無常,隨君上之情慾,故謂之俗。但童謡嬉戲之言及俗間有所記志,可以通此書者,亦采用之。"錯綜樊孫,謂交錯綜聚樊光、孫炎二家之注,取其理長者用之。"博關"句,《疏》云:"關,通也;羣言,謂子史及小説也。言非但援引六經,亦博通此子史等以爲注説也。"剟,删削。瑕礫,疵瑕瓦礫。謂削去疵瑕瓦礫以取瑾瑜。搴,拔取。蕭,蒿。稂(音郎),害禾苗的雜草。一名童梁。謂拔去其蕭蒿稂莠,以存其嘉禾也。隱滯,隱奥滯泥。援,援引。徵,成也。言若事有隱奥滯泥,則援引經傳據以證成之。"其所"二句,《疏》云:"謂通見《詩》《書》,不難曉了者,則不須援引,故闕而不論也。"

⑩ 别爲音圖,謂注解之外,别爲《爾雅音》一卷,《爾雅圖讚》二卷。今此二書,均有輯本,也是郭璞《爾雅》學的重要著作。袪,除去。寤(wù),醒悟,理解。《疏》云:"謂注解之外,别爲音一卷,圖讚二卷,字形難識者,則審音以知之,物狀難辨者,則披圖以别之,用此音圖,以袪除未曉寤者。"

⑪ 擁,手持。篲,掃帚。清道,清潔道途。企望,埽葉山房藏版作"企成","成"字誤。謂企踵而瞻望。塵躅,塵路躅迹。《疏》云:"言己注此書,若人持帚以清道,企踵而望其芳塵美迹,所以然者何?謂是自問也。"下二句自答也。"言己注此書非他,以爲將來有德君子之爲必欲研覈百氏,探討九流,非《爾雅》不可,必涉歷此途,若其注釋未備,則恐迷誤後人,作注之由,良爲此也。"

方言序①

蓋聞《方言》之作②,出乎輶軒之使③,所以巡遊萬國,采覽異言,車軌之所交,人迹之所蹈,靡不畢載,以爲奏籍。周秦之季,其業隳廢,莫有存者④。暨乎揚生,沈淡其志,歷載構綴,乃就斯文。是以三五之篇著,而獨鑒之功顯⑤。故可不出户庭,而坐照四表,不勞疇咨,而物來能名。考九服之逸言,標六代之絶語,類摘詞之指韵,明乖途而同致,辨章風謡而區分,曲通萬殊而不雜,真洽見之奇書,不刊之碩記也⑥。余少玩《雅》訓,旁味《方言》,復爲之解,觸事廣之,演其未及,摘其謬漏,庶以燕石之瑜,補琬琰之瑕,俾後之瞻涉者,可以廣寤多聞爾⑦。

【校注】

① 《方言序》是郭璞爲自己的《方言注》一書寫的序言,概略地説明《方言》這部

書形成的歷史及其功用,末云:"余少玩《雅》訓,旁味《方言》,復爲之解。"說明他注釋《方言》,是和注釋《爾雅》同時開始的,都是少年時進行,完稿於西晉末年。當然,《方言注》的定稿和流傳,也當在東晉初年,但這篇序文,也當是西晉末年的作品。

② 《方言》是一部語言和訓詁書,全稱《輶軒使者絶代語釋別國方言》。作者是漢代揚雄,原爲十五篇,今本作十三卷,體例仿《爾雅》,類集古今各地同義的詞語,大部分注明通行範圍,可以從中看出漢代語言分佈情況,是研究古代詞彙的重要資料。現有郭璞《方言注》和戴震《方言疏證》行世。

③ 輶(音由)軒,輕車。古代帝王的使臣,多乘輶軒,後因稱史臣爲輶軒史。《風俗通序》:"周秦常以歲八月,遣輶軒之使,求異代方言。"所以郭璞稱其爲輶軒之使。

④ 巡,往來視察。采覽,覽通攬,采取。異言,不同地區或別國的方言。交,交接。蹈,踩踏。載,記載。奏籍,進上的典籍。隳(huī)廢,毀壞。

⑤ 暨,及,到。揚生,即揚雄,西漢蜀郡成都人,字子雲,少好學,長於辭賦,成帝時以大司馬王音薦,獻《甘泉》《河東》《羽獵》《長楊》四賦,拜爲郎。王莽時爲大夫,校書天禄閣。沈淡,淡通澹,謂性情沉寂澹泊。構綴,連綴,猶言編輯撰寫。三五,十五,指揚雄撰《方言》十五篇。獨鑒,獨特鑒察。獨鑒之功顯,謂《方言》是揚雄創造性功績的顯著標志。鑒,光緒紅蝠山房本作"覽"。

⑥ 照,知曉。四表,四方極遠之處。疇咨,亦作"疇諮",訪問之意。九服,京畿以外的九等地區,即侯服、甸服、男服、采服、衛服、蠻服、夷服、鎮服、藩服。逸言,不見於經傳的語言詞彙,即方言。六代,六個朝代,指夏殷以至秦漢各朝代。此句謂六代絶遠,今古語異,夷夏詞殊,故云"六代之絶語"。類摘詞之指韻,謂分類鋪陳方言詞語的意旨音韻。摘,光緒紅蝠山房本作"離"。"明乖途"句,謂說明各地方言雖不同,而所説物事却相同,即異名而實同。辨章,分辨明白。風謠,反映風土民情的歌謠。曲通,曲折相通。此句謂各地方物名稱不同而彼此相通,並不混雜。洽見,知識豐富,見聞廣博。不刊,不可磨滅。碩記,難能可貴的記述。

⑦ 雅即《爾雅》。訓,解釋。此句謂從少年起就研習《爾雅》並爲其作注釋。旁味《方言》,旁通傍,近也。此句言同時注《方言》,經過審察,辨別所指。復爲之解,謂對《方言》作解釋。觸事廣之,謂觸逢事類而廣增解釋。演其未及,演繹《方言》沒有見到之處。謬漏,錯謬疏漏。燕石,燕山所産石。《山海經·北山經》:"北百二十里曰燕山,多嬰石。"郭璞《注》:"言石似玉,有符彩嬰帶,所謂燕石者。"此是對自己注釋的謙虛說法。瑜(yú),美玉。琬琰,美玉。瑕,玉的斑點。此指《方言》存在的缺點。"俾後"句,謂使後來的讀者"廣寤多聞",即可以增廣理解和多所聞見。

設　難

客　傲^①

客傲郭生曰^②："玉以兼城爲寶，士以知名爲賢。明月不妄映，蘭葩豈虛鮮^③。今足下既以拔文秀於叢薈，蔭弱根於慶雲，陵扶搖而竦翮，揮清瀾以濯鱗，而響不徹於九皋，價不登乎千金^④。傲岸榮悴之際，頡頏龍魚之間，進不爲諧隱，退不爲放言，無沈冥之韻，而希風乎嚴光，徒費思於鑽咏，摹《洞林》乎《連山》，尚何名乎^⑤！夫攀驪龍之髯，撫翠禽之毛者，而不得絶霞肆、跨天津者，未之前聞也^⑥。"

郭生粲然而笑曰："鷦鷯不可與論雲翼，井蛙難與量海鼇。雖然，將袪子之惑，訊以未悟，其可乎^⑦？

乃者地維中絶，乾光墜采，皇運暫回，廓祚淮海^⑧。龍德時乘，羣才雲駭，藹若鄧林之會逸翰，爛若溟海之納奔濤^⑨。不煩咨嗟之訪，不假蒲帛之招，羈九有之奇駿，咸總之於一朝，豈惟豐沛之英，南陽之豪^⑩！昆吾挺鋒，驊騮軒髦，杞梓競敷，蘭蕙爭翹，嚶聲冠於《伐木》，援類繁乎拔茅^⑪。是以水無浪士，巖無幽人，刈蘭不暇，爨桂不給，安事錯薪乎^⑫！

且夫窟泉之潛，不思雲翬，熙冰之采，不羨旭晞，混光曜於埃藹者，亦曷願滄浪之深，秋陽之映乎^⑬！登降紛於九五，淪湧懸乎龍津。蚓蛾以不才陸稿，蟒虺以騰鶩暴鱗^⑭。連城之寶，藏於褐裏，三秀雖豔，糜于麗采。香惡乎芬？賈惡乎在^⑮？是以不塵不冥，不驪不騂，支離其神，蕭悴其形。形廢則神王，迹龍而名生。體全者爲犧，至獨者不孤，傲俗者不得以自得，默覺者不足以涉無^⑯。故不恢心而形遺，不外累而智喪。無巖穴而冥寂，無江湖而放浪。玄悟不以應機，洞鑒不以昭曠[17]。不物物我我,不是是非非。忘意非我意,得意非我懷。寄羣籟乎無象,域萬殊於一歸[18]。不壽殤子,不夭彭涓,不壯秋毫,不小太山。蚊蚩與天地齊流,蜉蝣與大椿齒年[19]。然一闔一開,兩儀之迹,一冲一溢,懸象之節,渙汔期於寒暑,凋蔚要乎春秋[20]。青陽之翠秀,龍豹之委穎,駿狼之長暉,玄陸之短景。故皋壤爲悲欣之府,蝴蝶爲物化之器矣[21]。

夫欣黎黄之音者,不顰蟋蛄之吟,豁雲臺之觀者,必閟帶索之歡[22]。縱蹈而詠採薺,擁璧而嘆抱關。戰機心以外物,不能得意於一弦[23]。悟往復於嗟歟,安可與言樂天者乎[24]！若乃莊周偃蹇於漆園,老萊婆娑於林窟,嚴平澄漠於塵肆,梅貞隱淪乎市卒,梁生吟嘯而矯迹,焦先混沌而槁杌,阮公昏酣而賣傲,翟叟邈形以倏忽[25]。吾不能幾韻於數賢,故寂然玩此員策與智骨[26]。

【校注】

① 設難,本意是設置疑難,此爲文體名,是設問駁詰的意思。《昭明文選》有"設論"一體,未錄郭璞《客傲》,而劉勰《文心雕龍》則列《客傲》於"對問"體中。其實,《客傲》乃是用對問的形式,設問駁詰,而寫成的一篇辭賦。《晉書·郭璞傳》在講了郭璞和晉明帝司馬紹的關係之後説:"璞既好卜筮,縉紳多笑之。又自以才高位卑,乃著《客傲》。"就是説,《客傲》是一篇發牢騷的作品,它假設有客人譏笑郭生才學高而名位低,郭生却答以各人志趣不同,他願在生不逢時的情況下,"玩此員策與智骨"。表現了他的玄學家的人生態度。據此可知,《客傲》大約是寫於永昌元年初。當時,郭璞雖遷任尚書郎,但却因丁憂,平居家中,仕途上很不得意。

② 傲,輕慢多言的意思,《荀子·勸學》:"故不問而告謂之傲。"楊《注》:"傲,喧噪也。"客傲,即假設有客譏笑郭生。

③ 兼城,即連城,意謂玉以價值連城爲寶,如和氏璧,秦昭王聞趙得之,就使人遺趙王書,願以十五城易璧。所以後世就有連城璧之稱,比喻極珍貴的東西。此處是藉以比喻士以知名爲賢的。映,光亮。葩,花。鮮,艷麗。此二句言明月的光亮,蘭花的鮮艷都不是虛妄的。

④ 足下,敬詞,是客人對郭生的敬稱。拔,特出。文秀,即文才優異。叢薈,草木茂盛。此言在衆多的才士之中,郭生的文才也是優異特出的。蔭,庇護。弱根,謂根底不深,喻郭生出身寒微。慶雲,一種彩雲,亦作卿雲,古人迷信,以爲祥瑞之氣。

此言出身寒微的郭生,受到晉元帝的庇護。陵,登,上昇。扶搖,急劇盤旋而上的暴風。《爾雅·釋天》:"扶搖謂之猋。"郭璞《注》:"暴風從下上也。"翮,本是羽軸下段不生瓣而中空的部分,其基端位於皮膚內,此借指鳥翼。竦翮,謂振翅高飛。此句意謂郭生當如大鵬鳥,搏扶搖直上九萬里,仕途上該青雲直上。清瀾,清澈大波。濯鱗,濯洗鱗甲。此句謂郭生在仕宦中,應像魚龍在清澈的大波濤裏濯洗鱗甲那樣,揮灑自如,躊躇滿志。九皋,《晉書·郭璞傳》作"一皋",深澤。《詩·小雅·鶴鳴》:"鶴鳴於九皋,聲聞於天。"鄭《箋》:"澤中水溢出所爲坎,自外數至九,喻深遠也。"陸德明《釋文》:"九皋,九折之澤。"此連下句,言郭生名聲雖像鶴鳴九皋,響徹於天,可是仕途身價,没有上昇到千金之值,地位不高。

⑤ 傲岸,高傲。榮悴,興盛和衰敗。頡頏,倔强,倨傲。龍魚,謂處於魚龍變化之間。《藝文類聚》六九引《辛氏三秦記》:"河津一名龍門,大魚集龍門下數千,不得上。上者爲龍,不上者魚,故云暴腮龍門。"進,指隱居。諧隱,即隱居之人。退,指仕宦。放言,暢所欲言,不受拘束,指大膽議論世事。沈冥,深沉冥默。揚雄《法言·問明》:"蜀莊沈冥。"李軌《注》:"沈冥,猶玄寂,泯然無迹之貌。""晦迹不仕,故曰沈冥。"此謂沈冥之人,指隱士。希風,仰慕迎合一時流行的風尚,此指企望隱士的風韻。嚴光,當作"嚴平",中華書局標點本《晉書·郭璞傳》作"嚴先"。嚴平,即嚴君平,西漢隱士,名遵,蜀人,成帝時卜筮於成都市,日得百錢即閉門讀《老子》,著書十餘萬言,有《道德真經指歸》十三卷,今存七卷。一生不願做官,爲當時文學家揚雄所敬重。鑽咏,即研究欣賞,《晉書》作"鑽味"。此謂郭生白費心思研究欣賞卜筮之術。《洞林》,書名,也稱《周易洞林》《易洞林》,是郭璞記載自己卜筮占驗六十餘事而成,原有三卷,已佚,今有輯本。《連山》,古《易》名,鄭玄《易贊》及《易論》皆稱:夏曰《連山》,殷曰《歸藏》,周曰《周易》。

⑥ 驪龍之髯,傳説黃帝鑄鼎於荆山下,鼎成,有龍下迎帝昇天,從帝登龍身者七十餘人,餘人持龍髯,髯斷落地,並墜黃帝之弓。翠禽之毛,即翡翠鳥的羽毛。翡翠,也叫翠鳥,羽有藍、緑、赤、棕等色,可爲飾品,雄赤曰翡,雌青曰翠。洪興祖《楚辭補注》引《異物志》云:"翠鳥形如燕。赤而雄曰翡,青而雌曰翠,翡大於翠。其羽可以飾幃帳。"此二句意謂攀龍附鳳之人。霞肆,與塵肆相對,即天上的集市。天津,即銀河的別名。《晉書·天文志》:"天津九星,横河中,一曰天漢,一曰天江,主四瀆津梁,所以度神通四方也。"此二句承上而言,郭生受到朝廷庇護,與晉元帝、明帝皆有親密關係,當然可以飛黃騰達,所以不能超絶天街,跨越天河者,則是前所未聞也。

⑦ 粲然,露齒而笑的樣子。鷦鷯,即巧婦鳥,俗稱黃脰鳥,全身灰色,有斑,常取茅葦毛毳爲巢,大如雞卵,繫以麻髮,甚精巧。雲翼,即《莊子·逍遥游》中"翼若垂天之雲"的大鵬鳥。井蛙,即《莊子·秋水》中的井底之蛙。海鼇(áo),即傳説之海中大龜。古代神話謂渤海之東,不知幾億萬里,有無底深谷,中有五山,互不相連,隨

波上下往還。天帝命禺疆使巨鼇十五,更迭舉首而載之,五山始峙。祛,除去。惑,疑惑。訊,陳訴。

⑧ 乃者,猶言曩者,往日。地維,地的四角。古人以爲天圓地方,天有九柱支撐,地有四維繫綴。因共工怒觸不周山,故折天柱,絕地維,天傾西北,地陷東南。此借指西晋王朝的滅亡。所以下云"乾光墜采"。乾,天也。光,即指日月星辰。言日月星辰的光彩從天上墜落了。皇運,運,氣數,言封建王朝的興盛衰亡之運歷。暫回,指東晋王朝的建立。廓,開拓。祚,皇位,國統。淮海,指江淮一帶,即中國的東南部。言東晋王朝在東南部建立起來。

⑨ 龍德,《易·乾》:"時乘六龍以御天。"言龍能變化,以喻東晋王朝的建立。雲駮,猶雲集,雲會,喻各種人才迅速集會。藹若,猶藹如,和氣可親貌。鄧林,神話中的地名,《山海經·海外北經》:"夸父與日逐走,入日,渴欲得飲。飲於河渭,河渭不足;北飲大澤,未至,道渴而死。棄其杖,化爲鄧林。"鄧林,即桃林。借喻東晋王朝。逸翰,善飛者,喻逸才,即有過人之才。爛若,光明貌。溟海,神話中的海,此泛指大海。奔濤,奔騰的波浪。此二句皆喻人才聚集於東晋王朝。

⑩ 咨嗟,讚嘆。訪,訪求。蒲帛,古代徵聘賢士用蒲草裹輪,束帛加璧,以示禮敬。羈,維繫。九有,九州,指中國。奇駿,指才能出衆的人士。"咸總"句,謂各地人才都聚集於東晋王朝。豐沛,漢高祖劉邦是沛之豐邑人,所以把隨劉邦起義反秦的英雄,稱爲豐沛之英。南陽,漢光武帝劉秀是南陽人,所以把隨劉秀參加過昆陽大戰的豪杰,稱爲南陽之豪。

⑪ 昆吾,指切玉如割泥的錕鋙劍。《列子·湯問》曰:"周穆王大征西戎,西戎獻錕鋙之劍,火浣之布。其劍長尺有咫,練鋼赤刃,用之切玉如切泥焉。"挺鋒,刀刃鋒利無比。騏驥,駿馬。軒髦,謂馬鬣飛動。杞梓,指杞和梓兩種優質木材。競敷,競爭開花。蘭荑,蘭草和始生的白茅嫩芽。爭翹,競爭茂盛。此四句以刀劍、駿馬和草木喻優異人才之繁茂,所以下兩句即落到人才選拔上。嚶聲,鳥鳴聲。《伐木》,是《詩經·小雅》篇名,詩中有"嚶其鳴矣,求其友聲"的話,後即以嚶鳴比喻求友。援類,援引同類。拔茅,《易·泰》:"拔茅茹以其彙。"王弼注云:"茅之爲物,拔其根而相牽引者也。茹,相牽引貌。"後以拔茅連茹比喻互相引薦,擢用一人就連帶引進許多人。此二句皆謂同氣相求,人才大量聚集於東晋王朝。

⑫ 浪士,寄居水邊的隱士。幽人,山林岩穴的隱士。刈(音義),割。刈蘭,喻延攬英俊。不暇,沒有空暇。爨(音竄),炊,燒火做飯。爨桂,燃桂爲炊。喻高潔人士多得當柴燒飯了。不給,不足,喻竈不夠,所以桂都燒不完。錯薪,錯,雜,謂雜集木與草爲薪。比喻一般人才。

⑬ 潛,隱藏。翬,鼓翼高飛。此二句言潛藏在水泉的龍不想高飛。"熙冰"二句大意謂喜歡冰雪光彩者,並不羨慕初昇太陽的光照。埃藹,灰塵霧氣。滄浪,水名,

《水經注·沔水》:"武當縣西北漢水中有滄浪洲。"秋陽,炎熱的太陽,周曆秋季,即夏曆五六月,盛陽也,故稱秋陽。此三句大意謂和光同塵的人,也不願深隱滄浪水濱,也不願權勢顯赫,如秋陽那樣炙手可熱。

⑭ 登降,謂仕宦的尊卑上下。九五,《易·乾》:"九五,飛龍在天,利見大人。"乾卦九五,術數家説是人君的象徵,後因稱帝位爲九五之尊。此泛指朝廷,謂仕宦者或昇遷而尊,或降謫而卑,紛擾無常。龍津,猶龍門,《辛氏三秦記》曰:"河津一名龍門,大魚集龍門下數千,不得上。上者爲龍,不上者爲魚,故云暴鰓龍門。"此句謂淪没和騰涌懸繫於能否躍上龍門。蚓蛾,蚓,蚯蚓,蠕形動物,俗稱曲蟮。蛾,同蟻,蟲名,即虼蜉,大螞蟻。陸稿,稿同槁,陸稿猶槁壤。《孟子·滕文公下》:"夫蚓,上食槁壤,下飲黄泉。"《注》云:"土枯無澤,故孟子謂之槁壤。"虵,蛇的異體字。蟒虵,蟒蛇,大蛇。此指傳説中能興雲霧游其中的騰蛇。騰騖,謂飛騰。暴鱗,猶曝鰓,古傳説大魚集於龍門之下,得上者成龍,不得上者,僅得曝鰓龍門。因以此比喻挫折、困頓。《韓非子·難勢》:"飛龍乘雲,騰蛇游霧,雲罷霧霽,則龍蛇與螾螘同矣,則失其所乘也。"郭璞用其意,謂蚯蚓螞蟻無才而食枯土,騰蛇能够飛騰,失其所乘,則與蚯蚓螞蟻相同。

⑮ 連城之寶,即價值連城的和氏璧之類的珠玉。褐,粗毛或粗麻織的短衣,泛指貧苦人的衣服。三秀,靈芝草的別名。靈芝一年開花三次,故又稱三秀。糜,糜爛。賈,同價,價值。以上六句,皆謂才士不爲世所知。

⑯ 不塵不冥,謂不受塵累,也不冥寂。驪,黑色的龍,即潜藏於九重之淵的驪龍。騂(音幸),赤色的牛,即重要盟會所用的犧牲。支離,分散。蕭悴,猶憔悴,萎靡。形廢,形體殘廢。神王,王通旺,即精神旺盛。麁同粗。犧即犧牲,供祭祀用的純色全體牲畜。獨,孤獨。傲俗,高傲自負,輕視世俗。自得,謂自得其天性,不失其身。默覺,猶默識,謂多識不忘。無,指虛無之道。

⑰ 恢心,即灰心,意志消沉。形遺,形體遺棄。不外累,不爲外物所累連。智喪,智慧喪失。巖穴,指隱逸所居之處。冥寂,静默,指隱逸之士。江湖,江河湖海,指隱逸出没之所。放浪,放蕩不羈,指隱逸之行爲。玄悟,深切理解。應機,適應時機。洞鑒,猶明察,透徹理解。昭曠,寬宏,豁達。這都是郭璞朝隱式人生觀表現。

⑱ "不物物"二句,謂混同物我之間的界限。"不是是"二句,謂不肯定是,也不否定非。忘意,猶失意。此二句謂失意與得意,都不存於心。羣籟,即萬籟,指自然界的一切響聲。無象,無形象。謂自然界的各種聲響雖然不同,但都是空穴來風,是看不見,摸不着,没有形象的聲音。萬殊,萬般不同,多式多樣。一歸,同一的歸宿。謂宇宙間的一切東西,雖然千姿百態,萬般不同,但却同歸於一,以自然之道爲歸宿。

⑲ 殤,未成年而死者。彭涓,彭祖和涓子。彭祖是古之長壽者,傳説爲顓頊帝玄孫陸終氏第三子,姓錢名鏗,堯封之於彭城,因其道可祖,故爲之彭祖,在商爲守藏

史,在周爲柱下史,壽八百歲。涓子是傳說中的仙人,以養生長壽著名。此二句謂未成年而死者,不是不長壽,長生久壽的彭祖和涓子,也不是不夭亡。既然都免不了死,殤和壽也就相等。秋毫,鳥獸之毛,至秋更生,細而末銳,謂之秋毫。太山,即泰山,古稱東嶽,天下名山,五嶽之一,在山東省中部。此二句謂不因秋毫之細爲不壯大,不因太山之大爲不小,因爲粗細大小都是相對的,判斷的標準不同,粗細大小也就不同了。蚊虻,蚊子和牛虻,皆是細小的昆蟲,生命期很短。齊流,謂壽命,長短相等。意謂蚊子和牛虻與天荒地老相比,雖差別很大,但却是同類,都是自然之道的產物,所以壽命長短也就相等,都不是無限的。蜉蝣,朝生夕死的小蟲。大椿,木名。《莊子·逍遥游》:"上古有大椿者,以八千歲爲春,八千歲爲秋。"齒年,指年齡。牛馬幼小者,歲生一齒,因以齒計其歲數。意謂蜉蝣與大椿,生命期雖然相差很大,但也都受自然之道的支配,有生有死,所以年齒相等。以上皆《莊子》齊物之意,表現了郭璞的玄學思想。

⑳ 闔,關閉。一闔一開,猶一闔一辟。《易·繫辭》上:"一闔一辟謂之變。"兩儀,指天地。《易·繫辭》上:"是故易有太極,是生兩儀。"《疏》:"不言天地而言兩儀者,指其物體,下與四象相對,故曰兩儀,謂兩體容儀也。"一冲一溢,猶一盈一虛,氣運消長之意。懸象,天象。《易·繫辭》上:"懸象著明,莫大乎日月。"涣冱,水的流動和結冰。凋蔚,草木的枯敗和茂盛。此六句意謂天地的開闔,陰陽的變化,日月的更迭,月亮的圓缺,寒往暑來,氣運消長,草木的凋謝和繁盛,流水的盛大和結冰,都是不以人們意志爲轉移的自然規律。

㉑ 青陽,春天。《爾雅·釋天》:"春爲青陽。"郭璞注云:"氣清而温陽。"翠秀,謂春天來了,山色青翠,草木開花。穎,帶芒的谷穗。《詩·大雅·生民》:"實穎實栗。"《傳》:"穎,垂穎也。"《疏》:"言其穗重而穎垂也。"郭璞用"委穎"説明穗重穎垂,此是秋季景色。全句意謂秋季到來,龍潛豹隱,禾穗委垂。《易·乾》:"潛龍勿用,陽氣潛藏。"《抱朴子·吴失》:"殷雷輷磕於潛龍之月,凝霜肅殺乎朱明之運。"皆謂陽氣潛藏,龍蛇蟄伏。駿狼,當作峻狼,《淮南子·天文訓》:"日冬至峻狼之山。"《注》:"南極之山。"玄枵,即北陸,星名,即玄虛,也稱玄枵,又叫顓頊之墟,位在北方,二十八宿之一。《爾雅·釋天》:"玄枵,虛也;顓頊之墟,虛也;北陸,虛也。"《左傳》昭四年:"古者日在北陸而藏冰。"《疏》:"日在北陸,爲夏之十二月,十二月,日在玄枵之次。"也有認爲日至北陸是夏季的。《淮南子·天文訓》:"(日)夏至牛首之山。"《注》:"牛首,北極之山。"總之,這都是講日至之情景,所説長暉、短景,即日影的長短。《漢書·天文志》云:"冬至日南極,晷長。……夏至日北極,晷短。"因爲古人認爲,日行赤道南北,於冬至運行到極南之處,於夏至運行到極北之處。冬至日暑長,日極短,稱短至,夏至日暑短,日極長,稱長至。這兩句話,正是説的冬季和夏季的情景。皋壤,沿澤邊的陸地。《莊子·知北游》:"山林與?皋壤與?

使我欣欣然而樂與?"《注》:"山林皋壤未善於我,而我便樂之,此爲無故而樂也。"蝴蝶,《莊子·齊物論》:"昔者莊周夢爲胡蝶,栩栩然胡蝶也,自喻適志與,不知周也。俄然覺,則蘧蘧然周也,不知周之夢爲胡蝶與?胡蝶之夢爲周與?周與胡蝶,則必有分矣,此之謂物化。"郭璞用《莊子》之意,説明人的悲哀和歡欣,都是自我的感情波動,與自然界無關,人和蝴蝶没有分別,都是自然之一物。這也是郭璞玄學思想的表現,就是要人們不分物我,混同是非,去掉榮辱之心,一切都順乎自然,樂就在其中了。

㉒ 黎黄,鶯之別名,即黄鶯。《爾雅·釋鳥》:"黎黄,楚雀。"又云:"倉庚,黎黄也。"初春始鳴,又稱告春鳥。顰,皺眉。蟪蛄,昆蟲,蟬的一種,夏末作吱吱吱的鳴聲。雲臺,高聳入雲的臺閣,此指漢宫中的高臺。《後漢書·陰興傳》:"後以興領侍中,受顧命於雲臺廣室。"注云:洛陽南宫有雲臺廣德殿,明帝圖畫中興功臣三十二人於雲臺。郭璞用此意,謂追求功名富貴。閟,關閉,止息。帶索,帶是束衣服的帶子,帶索言用草繩作束衣帶。《列子·天瑞》:"孔子游於太山,見榮啓期行乎郕之野,鹿裘帶索,鼓琴而歌。"郭璞用此意,謂退隱山林的歡樂。以上四句,謂聽黄鶯鳴高興的人,聽蟬鳴也不會顰眉發愁,登雲臺游觀而胸懷開朗的人,必須止息追求退隱山林的歡心。

㉓ 縱誕,謂縱恣投身世外隱逸。採薺,古樂章名,《周禮·春官·樂師》:"教樂儀,行以肆夏,趨以採薺。"此指朝廷。擁璧,即懷璧,謂有才能而遭忌。抱關,抱關擊柝,守門打更的小吏。機心,智巧變詐的心計。外物,身外的事物。一弦,即一弦琴,古琴的一種。《晋書·孫登傳》:"好讀《易》,撫一弦琴。"孫登是有名的真隱逸。三國魏人,隱居汲郡山中,嵇康曾與孫登游,問其所圖,終不答。此四句意謂有的人身在江海而心存魏闕,有的人懷才不遇而嘆地位低,於是都爲爭勝對方而費盡心機,追求身外之物,不能夠隱居山林,彈一弦而得意於心,成爲真正的隱逸。

㉔ 往復,出入,往返,指徘徊在仕和隱之間。樂天,謂樂天知命而不憂。此二句謂醒悟仕和隱之理而感嘆徘徊的人,怎能與他們談安於天命而快樂呢。

㉕ 莊周,即莊子,曾爲漆園吏,相傳楚威王聞其名,厚幣以迎,許以爲相,辭不就。所以說偃蹇(傲慢)於漆園。老萊,即老萊子,春秋時楚隱士,避世亂,耕於蒙山下,楚王聞其賢,欲用之,老萊子與其妻至江南,隱居不出。所以説婆娑(盤旋,停留)於林窟。嚴平,即嚴君平,西漢隱士,名遵,蜀人,成帝時卜筮於成都市,日得百錢即閉門讀《老子》,著書十餘萬言。一生不願做官,爲文學家揚雄所敬重,所以説清澄寂寞於塵市中。梅貞,即梅福,字子真,漢九江壽春人,少學於長安,補南昌尉,後去官歸里,數上書言宜封孔子後世以奉湯祀,並刺譏王鳳。及王莽專政,福乃棄妻子去九江。後有人遇福於會稽,已變姓名爲吴市門卒。後世傳説梅福成仙的事,均屬附會。所以説隱居沉没於吴市門卒。梁生,謂梁鴻,字伯鸞,東漢扶風平陵人,家貧

好學,不求仕進,妻孟光字德曜,夫婦同入霸陵山中,以耕織爲業。鴻因事過京師,作《五噫歌》。後避難去吳,爲人舂米,既歸來,孟光爲之備食,舉案齊眉。所以説吟咏嘯傲而高舉行迹不仕。焦先,字孝然,河東人,三國魏人。漢末隱居荒遠河湄,結草爲廬,冬夏不着衣,卧不設席,滿身垢污,行同禽獸,見人不語,數日始一食,傳説延年歷百,是有名的高士。所以説混沌的像根無枝枯木。阮公謂阮籍,字嗣宗,三國魏尉氏人。曾爲步兵校尉,能長嘯,善彈琴,博覽群書,尤好老莊,或閉户讀書,累月不出,或登臨山水,經日忘歸。生活於魏晉易代之際,不滿現實,因此縱酒談玄,不評論時事,不臧否人物,以求自全。每至窮途,輒慟哭。是當時有名的竹林七賢之一。所以説昏醉於酒而賣傲。翟叟,即翟公,西漢下邽人,爲廷尉,賓客盈門,及廢,門外可設雀羅。後復職,賓客欲往,翟公乃大署其門曰:一死一生,乃知交情。一貧一富,乃知交態。一貴一賤,交情乃見。所以説迅疾地遯遷形迹。

㉖幾,通冀,期望。郭璞謂自己不期望風神韻度與上述諸賢人相同。策,占卜用的蓍草。骨,占卜用的龜甲和牛骨。二句意謂:自己没希望有諸賢士的風韵,所以只能寂寞地玩好這些占卜所用的蓍草和龜甲、牛骨,推究它們預示吉凶的靈智。這是對譏笑他的縉紳的回答,表現了他對朝政世事的不滿與憤慨。

哀策文

晉元帝哀策文①

永惟殿宇之廓寂,悲彝奠之莫歆②。感鸞輅之晏駕,哀袞裘之委衿③。痛聖躬之遐往,長淪景於太陰④。乃作策曰:王之不極,百六作艱。鴞集瓊林,鯨躍神淵。懷愍失據,海覆岳顛。蠢蠢六合,罔不倒懸⑤。靈慶有底,見龍在田,誰其極哉?我后先天⑥。大人承運,重明繼作。撫征淮海,駿命再廓。仁風旁靡,神化潛鑠⑦。處冲思挹,居簡行約。聖敬日邁,玄心逾漠⑧。用物與能,總攬羣略。林無滯才,山無遺錯⑨。恩靡不懷,化靡不被。茫茫海域,欻塞慕義。萬里同塵,罔匪王隸。熙熙遺黎,莫知其寄。括終宇宙,混同天地。曰功永年,曰德慶隆⑩。奈何氛厲,奄集聖躬。大業未恢,皇齡未中⑪。天憫其景,崔頹其崇。煢煢小子,藐藐孤冲。靡天何戴,靡地何憑。恍惚極慕,若存若終。蔑焉無聞,廓焉長寂。聆音靡睎,瞻顏失覿⑫。窮號曷訴,叩心誰告。何悲之哀,何痛之酷。嗚呼我皇!逢天之戚。嗚呼哀哉!眇然升遐,即安玄室⑬。煌煌火龍,赫赫朱韍,終焉永潛,曷其有出⑭。明訓長絶,小子何述。望阜增欷,臨崩慟慄。哀兼陟方,痛過遏密⑮。靈爽安之,反真復質。永合元漠,終始得一⑯。

【校注】

① 晋元帝司馬睿,是永昌元年(322)閏十一月乙丑日去世的。太寧元年(323)二月,葬於建平陵。古代帝王死後,將遣葬日舉行遣奠時所讀的最後一篇祭文刻於册上,埋入陵中,稱爲哀册。當時,郭璞雖離朝廷而爲王敦記室參軍,但却平居家中,預知王敦必將謀逆,自己也必因此而死。因此,晋元帝死後,他便借酒澆愁,爲自己的同齡人司馬睿寫了這篇哀策文,表達了自己憂國憂民的沉痛感情。

② 永惟,長久的想思。廓寂,空曠寂寞。彝,盛酒尊。奠,設酒食以祭。歆,歆享,指鬼神享受祭品。

③ 鸞輅,天子之車,此代指晋元帝。晏駕,古人諱言帝王死亡,稱曰晏駕。袞裘,古代帝王及公侯的禮服,叫袞服。天子大裘冕,十二章,日、月、星辰、山、龍、華蟲繪於衣,黼、黻綉於裳。此代指晋元帝。衿,衣下兩旁掩裳際處。委衿,猶委裘,先帝的遺衣。

④ 聖躬,指晋元帝。遐往,遠逝,指死去。景,日光。淪景,太陽淪没了,指晋元帝去世。太陰,月亮。

⑤ 王,指晋元帝。不極,極指君位,不極,指晋元帝未登君位以前。百六,厄運。古謂百六陽九爲厄運,四千六百一十七歲爲一元,一百零六歲曰陽九之厄。此句謂西晋王朝遭到厄運。鴞,猛禽,俗稱猫頭鷹。鯨,鯨魚。此二句謂西晋末年的"八王之亂",劉淵、石勒的反晋武裝力量,攻入西晋王朝首都洛陽,佔據了宫廷。懷愍,即晋懷帝司馬熾、晋愍帝司馬鄴。此句謂這兩個皇帝都被俘虜,失去了對國家的控制。海覆岳顛,謂天下大亂。蠢蠢,動盪不安。六合,指全中國。

⑥ 靈慶,靈芝和慶雲,古以爲祥瑞之物。有底,有根底,謂表示東晋王朝興起的各種祥瑞之兆,並非虚妄,而是有根有底。見龍在田,《易·乾》:"九二,見龍在田,利見大人。"郭璞借此指晋元帝即位前之處境。誰其極哉,設問誰可以登上最高君位。我后,指晋元帝。先天,謂先有天命。

⑦ 大人,指晋元帝。承運,秉承天命。重明,日月的光明,喻東晋王朝是繼西晋王朝而興起的。撫征淮海,謂東晋王朝佔有了中國南部淮海地區。駿命,大命,天

命。此句言天命東晉王朝再次廓清天下。即重新統一中國,中興晉朝。仁風,謂晉元帝的恩澤如風之遍佈。旁靡,向四方布散。神化,謂晉元帝的教化如神。潛鑠,暗中熔化人們,即今所說的潛移默化。

⑧ 處沖思挹,沖,空虛,挹,抑制。此句謂晉元帝謙虛自抑。居簡行約,謂晉元帝行處簡易節約。聖敬日邁,謂晉元帝睿聖恭敬之道,日新邁進。玄心,道心,深入事物精微的思維。逾漠,更加廣漠。

⑨ "用物"二句,謂晉元帝舉用了眾多賢能人物,聚集延攬了許多有謀略之士。"林無"二句,謂山林裏没有滯留的人才和遺落的賢士。

⑩ "思靡"二句,謂東晉王朝的恩澤教化遍施天下,所以没有人不懷其恩,不被其化的。海域,猶海内,指中國而言。欵塞,謂叩塞門來服從,指各族人民的歸化。隸,隸的異字體,僕隸也。熙熙,和樂歡喜貌。遺黎,亡國之民,指中原亂離的南渡遺民。永年,指國祚長久。慶隆,謂東晉王朝的慶賞之德隆厚。

⑪ 氛厲,灾疫兇氣。聖躬,指晉元帝。大業,指統一中國,中興晉室的偉大事業。未中,謂不到五十歲。晉元帝去世時年四十七。

⑫ "天憯"二句,言天爲之憯痛而暗淡無光、崑崙山也爲之頹毁而不崇高。煢煢,孤零貌。藐藐,弱小貌。孤冲,孤獨的幼童。恍惚,神志不清。蔑焉,細微之處。廓焉,空闊之處。"聆音"句,猶云言猶在耳。覿,相見。

⑬ 窮號,無盡的號哭。嗚呼,嘆詞。戚,憂患,悲哀。嗚呼哀哉,表示哀嘆。升遐,即升天,稱帝王的死。玄室,謂墓室。

⑭ 煌煌,光輝貌。赫赫,顯赫盛大貌。朱韠,紅色的蔽膝,古代官服上的裝飾物。永潛,長久潛藏地下。

⑮ 明訓,對晉元帝教誨的敬稱。阜,土山、丘陵,此指墳墓。歔,歔欷,哀嘆抽泣聲。崩,帝王死稱崩。慟,極度悲痛。慄,危懼。陟方,本謂帝王巡守,此謂死去。遏密,本謂禁絶,此指皇帝之死。

⑯ 靈爽,指神明,精氣。反真復質,指人死去歸於自然。元漠,即玄漠,淵静無爲之意。得一,一爲數之始,又爲物之極。得一,純正之意。

郭弘農集卷二

讚①

南山經圖讚

【校注】

① 讚爲一種文體，以讚美爲主。劉勰《文心雕龍·頌讚》："及景純注雅，動植必讚，義兼美惡，亦猶頌之變耳。"説明讚也是一種頌體詩。

桂①

桂生南裔②，拔萃岑嶺③。廣莫熙葩④，凌霜津穎。氣王百藥，森然雲挺⑤。

【校注】

① 《山海經》："招摇之山，臨於西海之上，多桂。"
② 桂，木名，葉似枇杷，長二尺餘，廣數寸，味辛，白華，叢生山峰，間無雜木。裔，邊遠的地方。因招摇山在桂陽，故云南裔。
③ 拔萃，突出。郝懿行《山海經箋疏》作"枝華"。岑嶺，小而高的山嶺。
④ 廣莫，同廣漠，廣大空曠之地。熙葩，言桂花興盛燦爛。
⑤ 王，最突出，因桂枝入藥，故云氣王百藥。"森然"句，謂桂樹成林，挺拔入雲。

迷 穀[1]

爰有奇樹,産自招摇[2]。厥華流光[3],上映垂霄。佩之不惑,潛有靈標[4]。

【校注】

[1] 迷穀,傳説中的植物名。《山海經》:"(招摇之山)有木焉,其狀如穀而黑理,其花四照,其名曰迷穀,佩之不迷。"
[2] 招摇,山名,在桂陽。
[3] 華,光華,言迷穀有光焰,故曰"厥華流光"。
[4] "佩之"二句,言迷穀有突出的神異,所以人們佩帶它則不迷惑。

狌 狌[1]

狌狌似猴,毚立行伏[2]。權木挺力[3],少辛明目。蜚廉迅足[4],豈食斯肉。

【校注】

[1] 狌(音生)狌,獸名,即猩猩。《山海經》:"有獸焉,其狀如禺而白耳,伏行人走,其名曰狌狌,食之善走。"郭璞注云:"狀如黄狗而人面。"
[2] 毚,即走字。《太平御覽》九百八卷引作"猩猩似狐,走立行伏"。疑狐當為禺,聲之譌也。禺似獼猴而大,赤目長尾,《説文》云:"猴屬,獸之愚者也。"
[3] 權木,郝懿行《山海經箋疏》作"櫰木"。埽葉山房藏版的《郭弘農集》作"灌木",非是。權木挺力,言狌狌力量特别大。
[4] 蜚廉,人名,殷末時人。《史記·秦本紀》:"蜚廉生惡來,惡來有力,蜚廉善走,父子俱以材力事殷紂。"

水　玉[①]

　　水玉沐浴，潛映洞淵。赤松是服，靈蛻乘煙[②]。吐納六氣，昇降九天[③]。

【校注】

　　① 《山海經》："（堂庭之山）多水玉。"郭璞注曰："堂，一作常。""水玉，今水精也。"《廣雅》："水精，謂之石英。"即今之水晶的古稱。
　　② 赤松，傳說中的仙人。《列仙傳》："赤松子，神農時雨師，服水玉以教神農，能入火自燒。炎帝少女追之，亦得仙俱去。""靈蛻"句，謂靈魂脫離形體，正言赤松子服食水玉，變化成仙。
　　③ 吐納，古代的一種養生方法，即把肺中的濁氣從口中呼出，再從鼻孔緩慢地吸進清新的空氣，使之充滿肺部。後被道教承襲，聲稱通過吐納，可以吸取"生氣"，吐出"死氣"，達到"長生"。《淮南子·齊俗訓》："今夫王喬、赤松子，吹嘔呼吸，吐故内新，遺形去智，抱素反真，以游玄眇，上通雲天。"郭璞正用其意。六氣，指自然變化的六種現象。《莊子·逍遥游》："若夫乘天地之正，而御六氣之辯。"陸德明《釋文》引李頤曰："平旦爲朝霞，日中爲正陽，日入爲飛泉，夜半爲沆瀣，天玄、地黄爲六氣。"此言赤松子吸呼六氣，自由地昇降九天之上。

白　猿[①]

　　白猿肆巧，鯀基撫弓[②]。應昕而號，神有先中[③]。數如循環，其妙無窮[④]。

【校注】

　　① 《山海經》："（堂庭之山）多白猿。"郭璞注曰："今猿似獼猴而大，臂（脚）長，便捷，色有黑有黄，其鳴聲哀。"
　　② 鯀，通由。郝懿行《山海經箋疏》正作"由"。鯀基，即善射者養由基，又作養游基。他是春秋時楚國大夫，善射，能百步穿楊。楚共王十六年（前575）鄢陵（今河南鄢陵西北）之戰，戰前他和潘黨試射，一發穿七層甲葉。戰時晋將魏錡射中楚王的

眼睛,王叫他回射,他一箭射死魏錡。後來他連射連中,才阻止了晋軍追擊。郭璞因猿臂長而聯想到養由基的猿臂善射,便在此讚美他的神妙射技。

③ 眄,斜視。此二句言養由基只要面對白猿瞄準射擊,白猿就會號泣,因養由基射技神妙,恐有先中。

④ 數,指氣數,命運而言。此二句言人或如猿,猿或變人,都有一定氣數,其循環往復之理,是神妙無窮的,所以養由基因有猿臂,其射擊技巧就神妙無窮了。

鹿蜀①

鹿蜀之獸,馬質虎文。攘此吟鳴,矯足騰群②。佩其皮毛,子孫如雲③。

【校注】

① 鹿蜀,傳説中的獸名。《山海經》:"(杻陽之山)有獸焉,其狀如馬而白首,其文如虎而赤尾,其音如謡,其名曰鹿蜀,佩之宜子孫。"

② 攘此,郝懿行《山海經箋疏》作"驤首",《太平御覽》九百十三卷引作"攘首"。案,當作驤首,言其狀如馬的鹿蜀,昂首吟鳴。矯足,《太平御覽》引作"矯矯"。此句言鹿蜀成群,舉足騰跳。

③ 此二句言人們只要珮飾鹿蜀的皮毛,就會子孫繁衍,興盛如雲。這是迷信的説法。

鮭①

魚號曰鮭,處不在水②。厥狀如牛③,鳥翼蛇尾。隨時隱見,倚乎生死④。

【校注】

① 鮭,古代傳説中的一種魚。《山海經》云:"(柢山)有魚焉,其狀如牛,陵居,蛇尾有翼,其羽在鮭(音去)下,其音如留牛,其名曰鮭,冬死而夏生,食之無腫疾。"

② 處不在水,言其陸居。

③ 如牛,謂其狀如留牛。留牛,郭璞注云:"《莊子》曰:執犁之狗,謂此牛也。"

《穆天子傳》曰:天子之狗,執虎豹。"郝懿行曰:"案,經作留牛,郭引《莊子》執犁之狗,謂此牛也。是留牛當爲犁牛。《東山經》首説:鯔鯔之魚,其狀如犁牛。郭云:牛似虎文者。然則,留牛當爲犁牛,審矣。"

④ "隨時"二句,見同現。郭璞注曰:"此亦蟄類也,謂之死者,言其蟄無所知如死耳。"所以郭璞寫了這兩句話,謂鮭冬死夏生也。

類[①]

類之爲獸,一體兼二。近取諸身,用不假器。窈窕是佩,不知妒忌[②]。

【校注】

① 類,傳説中的獸名。《山海經》:"(亶爰之山)有獸焉,其狀如貍而有髦,其名曰類,自爲牝牡,食者不妒。"

② "一體"句,謂其體兼陰陽。"近取"二句,謂其自爲牝牡,即自孕而生。窈窕,謂美女。妒,同妬。

猼訑[①]

猼訑似羊,眼反在背。視之則奇,推之無怪。若欲不恐,厥皮可佩[②]。

【校注】

① 猼訑(音博施),傳説中的獸名。《山海經》:"(基山)有獸焉,其狀如羊,九尾四耳,其目在背,其名曰猼訑,佩之不畏。"

② 《太平御覽》九百十三引此圖讚,"眼反"作"眼乃","若欲不恐"作"欲不恐懼"。郝懿行曰:"此亦羊屬,唯目在背上爲異耳。《説文》羖字注云:城郭市里,高懸羊皮以驚牛馬,曰羖。《本草經》云:羖羊角,主辟惡鬼虎狼,止驚悸。並與此經合。"

祝荼草旋龜鵸䳜魚

祝荼嘉草,食之不饑①。鳥首虺尾,其名旋龜②。鵸䳜六足,三翅並翬③。

【校注】

① 祝荼,《山海經》作祝餘,傳説中的草名。《南山經》曰:"(招摇之山)有草焉,其狀如韭而青華,其名曰祝餘,食之不饑。"

② 旋龜,《山海經》曰:"(憲翼之水)其中多玄龜,其狀如龜而鳥首虺尾,其名曰旋龜,其音如判木,佩之不聾,可以爲底。"虺(音元),郝懿行曰:"當爲虺,即虺字。虺尾,據郭璞注,謂其尾尖鋭如虺尾。"音如判木,謂其聲音如破木聲。底,同胝,足繭也。爲底,謂治足繭使愈也。

③ 鵸䳜,郝懿行曰:當作鵸䳜(音别負)。《山海經》曰:"(基山)有鳥焉,其狀如雞而三首六目,六足三翼,其名曰鵸䳜,食之無卧。"無卧,謂使人少眠。三翅並翬(音灰),言其鼓動三翅翬翬然疾飛。

灌灌鳥赤鱬①

厥聲如何②,厥形如鳩。佩之辨惑,出自青邱。赤鱬之物,魚身人頭③。

【校注】

① 灌灌,《山海經》:"(青丘之山)有鳥焉,其狀如鳩,其音如呵,名曰灌灌,佩之不惑。"陶潛《讀山海經》詩:"青丘有奇鳥,自言獨見爾,本爲迷者生,不以喻君子。"

② 如何,當作如呵。因經文謂"其音如呵",郭璞注云:"如人相呵呼聲。"郝懿行《山海經箋疏》正作"如訶",訶乃呵的異體字。

③ 赤鱬(音懦),人魚之類的怪魚。《山海經》:"(即翼之澤)其中多赤鱬,其狀如魚而人面,其音如鴛鴦,食之不疥。""赤鱬之物"的"物"字,當爲"狀"字之譌。郝懿行《山海經箋疏》正作"赤鱬之狀"。謂赤鱬的形狀是魚身人面。

鴸 鳥[1]

彗星横天,鯨魚死浪。鴸鳴於邑,賢士見放[2]。厥理至微,言之無況[3]。

【校注】

① 鴸(音株)鳥,《山海經》:"(柜山)有鳥焉,其狀如鴟而人手,其音如痺,其名曰鴸,其鳴自號也,見則其縣多放士。"

② 彗星,繞太陽運行的一種天體。古人視彗星爲妖星,認爲彗星出現,是灾禍的預兆。所以《淮南子·天文訓》:"麒麟鬥而日月食,鯨魚死而彗星出。"皆謂"物類相動,本標相應"。因此,郭璞以"彗星横天,鯨魚死浪"兩句起興,引出鴸鳥也如鴟一樣是不祥之鳥。故云"鴸鳴於邑,賢士見放"。言被放逐。陶潛《讀山海經》詩云:"鵃鶘見城邑,其國有放士。"鵃鶘即鵬鴸,或鴟鴸。說明這也是古代流行的迷信說法。

③ "厥理"兩句,是郭璞對"鴸鳥出,賢士放"的說法有懷疑,弄不清這兩者之間的必然聯繫,故云這個道理最微妙,是語言不能描狀的。

猾褢[1]

猾褢之獸,見則興役。膺政而出,匪亂不適。天下有道,幽形匿跡[2]。

【校注】

① 猾褢,目録及郝懿行《山海經箋疏》作"猾裹"。《山海經》曰:"(堯光之山)有獸焉,其狀如人而彘鬣,穴居而冬蟄,其名曰猾褢,其音如斲木,見則縣有大繇。"郭璞注云:"滑懷兩音。"所以當作"猾褢"。

② 興役,郭璞曰:"謂作役也,或曰:其縣是亂。"膺,當"選"講。膺政而出,謂選擇政治條件而出現。所以下面説猾褢亂政而適,有道則藏。

長右彘①

長右四耳，厥狀如猴。實爲水祥②，見則橫流。彘虎其身，厥尾如牛。

【校注】

① 長右彘，獸名，《山海經》："（長右之山）有獸焉，其狀如禺而四耳，其名長右，其音如吟，見則郡縣大水。"又："（浮玉之山）有獸焉，其狀如虎而牛尾，其音如吠犬，其名曰彘，是食人。"

② 祥，吉凶的預兆。水祥，即水災的兇兆。長右出現，則郡縣有大水橫流。這是迷信的說法。

會稽山①

禹徂會稽，爰朝羣臣。不虔是討，乃戮長人②。玉匱表夏，玄石勒秦③。

【校注】

① 會稽山，郭璞《山海經注》："今在會稽郡山陰縣南，上有禹冢及井。"在今浙江省中部，主峰在嵊縣西北。

② "禹徂"四句，《國語·魯語下》："昔禹致羣神於會稽之山，防風氏後至，禹殺而戮之，其骨節專車。"長人，即防風氏，仲尼曰："汪芒氏之君也，守封嵎之山者也，爲漆姓。在虞夏、商爲汪芒氏，於周爲長狄，今爲大人。"防風，即汪芒氏君之名也。

③ 玉匱，猶金匱，謂藏書的匣子。見《史記》："於是帝錫禹玄圭以告成功於天下。"帝，堯皇帝，玄，水色；以禹理水功成，故賜玄圭以表顯之。玄圭，黑色的玉，古代帝王舉行典禮所用的一種玉器。玄石勒秦，謂秦始皇刻石紀功於會稽山。《史記》："（秦始皇三十七年十一月）上會稽，祭大禹，望於南海而立石刻頌秦德，其文曰：皇帝休烈，平一宇内，德惠修長。"

患①

有獸無口,其名曰患。害氣不入,厥體無間②。至理之盡,出乎自然③。

【校注】

① 患,《廣韵》:"羯,獸名,似羊,黑色,無口,不可殺也,羯又作羉。"郭璞曰:"羯,音還,或音患。"則"患"字,當作"羯"字。《山海經》曰:"(洵山)有獸焉,其狀如羊而無口,不可殺也,其名曰羯。"

② 無間,謂其無口不食,所以不可殺也,即害氣不能從口入,故不死也。

③ 出乎自然,謂禀氣自然,所以說至理之盡,這是郭璞玄學思想的表現。

犀①

犀頭如猪,形兼牛質。角則併三,分身互出。鼓鼻生風,壯氣隘溢②。

【校注】

①《山海經》:"(禱過之山)其下多犀、兕,多象。"郭璞注曰:"犀似水牛,猪頭,庳脚,脚似象,有三蹏,大腹,黑色。三角:一在頂上,一在領下,一在鼻上;在鼻上者小而不墮(橙),食角也。好瞰棘,口中常灑血沫。"

② 隘溢,猶言一呼一吸。此二句形容犀的呼吸之狀,粗壯有力,故能鼓鼻生風。

兕①

兕推壯獸,似牛青黑。力無不傾,自焚以革。皮充武備,角助文德②。

【校注】

① 兕,是犀牛一類的兇猛動物。郭璞《山海經注》曰:"兕亦似水牛,青色,一角,重三千斤。"

② 自焚,謂兕因皮革厚,可以制甲,而被人捕殺。武備,謂兕皮制成的甲,是進行戰爭的必備物資。角助文德,是説古代的兕觥,腹橢圓或方形,圜足或四足,有蓋,成帶角獸頭形,爲祭祀宴飲的酒器,所以説角助文德。

象①

象實魁梧,體巨貌詭。肉兼十牛,目不踰豕。望頭如尾,動若邱徙②。

【校注】

① 象,即今之大象。郭璞《山海經注》曰:"象,獸之最大者,長鼻,大者牙長一丈,性妒,不畜淫子。"

② 郭璞的讚文,如實描狀大象:形體巨大,相貌詭異,眼睛與猪的眼睛大小形狀都相同,鼻子像尾巴一樣長,行動有如小山丘遷徙。寫得生動有趣。

纂雕瞿如鳥虎蛟

纂雕有角,聲若兒號①。瞿如三手,厥狀似鵁②。魚身蛇尾,是謂虎蛟③。

【校注】

① 纂雕,《山海經》:"(鹿吴之山)澤更之水出焉,而南流注於滂水。水有獸焉,名曰蠱雕,其狀如雕而有角,其音如嬰兒之音,是食人。"郭璞注曰:"蠱或作纂,雕似鷹而大尾長翅。"

② 瞿如,《山海經》:"(禱過之山)有鳥焉,其狀如鵁而白首,三足人面,其名曰瞿如,其鳴自號也。"

③ 虎蛟,《山海經》曰:"(禱過之山)浪水出焉,而南流注於海,其中有虎蛟,其狀魚身而蛇尾,其音如鴛鴦,食者不腫,可以已痔。"郭璞注曰:"蛟似蛇,四足,龍屬。"

鳳①

鳳皇靈鳥,實冠羽羣。八象其體②,五德其文③。羽翼來儀④,應我聖君⑤。

【校注】

① 鳳,即鳳皇,是傳說中的靈鳥。《山海經》:"(丹穴之山)有鳥焉,其狀如雞,五采而文,名曰鳳皇,首文曰德,翼文曰義,背文曰禮,膺文曰仁,腹文曰信。是鳥也,飲食自然,自歌自舞,見則天下安寧。"

② "八象"句,謂鳳皇的形象有八種特點。但因鳳皇是"有羽之蟲三百六十而鳳凰爲之長"(《大戴禮記·易本命》),所以歷代傳說不一,越來越神。《說文》曰:"天老曰鳳之象也,鴻前,麐後,蛇頸,魚尾,鸛顙,鴛思,龍文,虎背,燕頷,雞喙,五色備舉。出於東方君子之國,翱翔四海之外,過崑崙,飲砥柱,濯羽弱水,莫宿鳳穴,見則天下大安寧。"

③ "五德"句,謂鳳皇的文彩,說法也有不同,除上注①所引《山海經》的說法外,《周書·王會篇》曰:"西申以鳳鳥,鳳鳥者戴仁、抱義、掖信、歸有德,見則天下大安寧。"

④ 羽翼,指鳳皇。儀,容儀,指鳳皇的容儀。《尚書·益稷》:"簫韶九成,鳳凰來儀。"《傳》:"備樂九奏而致鳳凰,則餘鳥獸不待九而率舞。"後即以鳳凰來儀爲瑞應。

⑤ 應我聖君,郭璞《山海經注》:"漢時鳳鳥數出,高五六尺,五彩。莊周說鳳文字與此有異,《廣雅》云:鳳,雞頭、燕頷、蛇頸、龜背、魚尾,雌曰皇,雄曰鳳。"

育隧谷①

育隧之谷,爰含凱風。青陽既謝,氣應祝融。炎雰是扇,以散鬱隆②。

【校注】

① 育隧谷，傳説中的山谷，即育遺。《山海經》："至於厎山之尾，其南有谷，曰育遺，多怪鳥，凱風自是出。"

② 凱風，南風。青陽，春天。祝融，火神，亦夏季之神。炎雰，炎熱的霧氣。鬱隆，謂夏季炎雰鬱蒸隆厚。

鱄魚顒鳥

顒鳥栖林①，鱄魚處淵②。俱爲旱徵，災延普天。測之無象，厥數推玄③。

【校注】

① 顒鳥，傳説中的鳥名。《山海經》："（令丘之山）有鳥焉，其狀如梟，人面四目而有耳，其名曰顒，其鳴自號也，見則天下大旱。"顒，音娛，《玉篇》《廣韵》並作"䳇"。

② 鱄（音團）魚，傳説中的魚名。《山海經》："（雞山）黑水出焉，而南流注於海。其中有鱄魚，其狀如鮒而彘毛，其音如豚，見則天下大旱。"處淵，《太平御覽》九百三十九卷引作"處川"。

③ 無象，謂顒鳥、鱄魚出現，天下就大旱，没有迹象可以推測。數，指自然的道理。玄，微妙，言魚鳥和旱災的關係是很玄妙的。

白　䓘①

白䓘睪蘇，其汁如飴。食之辟穀，味有餘滋②。逍遥忘勞，□生盡期③。

【校注】

① 白䓘，草名。《山海經》："（俞者之山）有木焉，其狀如穀而赤理，其汗（汁）如漆，其味如飴，食者不飢，可以釋勞，其名曰白䓘，可以血玉。"郭璞注曰："或作睪蘇，

辜蘇一名白苕,見《廣雅》,音羔。"

②"白苕"句,言白苕又名辜蘇。飴,糖膏。辟穀亦稱斷穀、絶穀,即不吃五穀的意思。據稱爲中國古代的一種修養方法,辟穀時仍食藥物,並須兼做導引等工夫。後爲道教承襲,當作修仙方法之一。這裏因白苕吃了不饑,故云食之辟穀。

③ □生盡期,郝懿行《山海經箋疏》作"窮生盡期",言食白苕者可以忘憂勞,逍遥自在地遨游,窮盡生命之期。

西山經圖讚

羬　羊[1]

月氏之羊,其類在野。厥高六尺,尾亦如馬。何以審之,事見《爾雅》[2]。

【校注】

[1] 羬羊,當作"羬(音咸)羊",因《山海經》正作"羬羊"。曰:"(錢來之山)有獸焉,其狀如羊而馬尾,名曰羬羊,其脂可以已腊。"郭璞注云:"今大月氏國有大羊如驢而馬尾。《爾雅》云:羊六尺爲羬,謂此羊也。"

[2] 月氏,《四庫》《山海經廣注》作"月氐",古西域國名,其族先居今甘肅敦煌縣與青海祁連縣之間。漢文帝時被匈奴攻破,西遷至今伊犁河上游,擊大夏,占塞種故地,稱大月氏;其餘不能去者入祁連山區,稱小月氏。其族類風俗,與安息匈奴同。在野,郝懿行《山海經箋疏》作"甚野",下注云:"《御覽》作在野。"《初學記》引此圖讚作"在野"。尾亦,郝懿行《山海經箋疏》作"尾亦",下注云:"《御覽》作亦。"《初學記》引此圖讚作"尾亦"。

太華山[1]

華嶽靈峻,削成四方。爰有神女,是把玉漿。其誰遡之,龍駕雲裳。[2]

【校注】

[1] 太華山,即西岳華山。《山海經》:"又西六十里,曰太華之山,削成而四方,其高五千仞,其廣十里,鳥獸莫居。"其山在今陝西省華陰縣西南。

[2] 靈峻,最高。削,峻也。削成四方,言華山形勢上大下小,遠望若華狀,非常

峻峭。神女,謂華山上有明星玉女,持玉漿,得上,服之即成仙。挹,酌。玉漿,即玉液。古代傳說,飲此瓊玉之漿,能使人昇仙。逌,即"游"字。《藝文類聚》七卷引作"游",郝懿行《山海經箋疏》作"由"。此謂龍駕雲裳的天神在此游樂。

肥遺蛇①

肥遺爲物,與災合契。鼓翼陽山,以表亢厲。桑林既禱,倏忽潛逝②。

【校注】

① 肥遺蛇,《山海經》:"(太華之山)有蛇焉,名曰肥𧔥,六足四翼,見則天下大旱。"郭璞注云:"湯時此蛇見於陽山下。復有肥遺蛇(見《北山經》渾夕之山),疑是同名。"

② 與災合契,謂肥遺蛇出現,則天下大旱。"鼓翼"二句,是郭璞根據湯時此蛇見於陽山下而說的,謂湯時肥遺蛇見於陽山下,成爲當時旱災嚴重的標志。亢厲,極其猛烈。"桑林"二句,言商湯禱旱的事。《藝文類聚》八十二卷引《尸子》:"湯之救旱也,乘素車白馬,著布衣,身嬰白茅,以身爲牲,禱於桑林之野。"由於湯的禱告,天降甘雨,大旱即解除,所以郭璞説:"桑林既禱,倏忽潛逝。"

鵁渠赤鷩鳥文莖木鴟鳥

鵁渠已殃①,赤鷩辟火②。文莖愈聾③,是則嘉果。鴟亦衛災,厥形惟麽④。

【校注】

① 鵁渠,鳥名。《山海經》:"(松果之山)有鳥焉,其名曰鵁渠,其狀如山雞,黑身赤足,可以已䘌。"已殃,謂鵁渠可以治療皮皺起之病。

② 赤鷩(音鷩),有文彩的赤雉,即鵔䴊。《山海經》:"(小華之山)鳥多赤鷩,可以禦火。"郭璞注云:"赤鷩,山雞之屬,胸腹洞赤,冠金,皆黃(當爲背黃),頭綠,尾中有赤,毛彩鮮明,音作蔽,或作鷩。"辟火,謂赤鷩可以禦火。

③ 文莖,木名。《山海經》:"(符禺之山),其上有木焉,名曰文莖,其實如棗,可

以已聾。"愈聾,謂文莖可以治耳聾病,所以郭璞説"是則嘉果"。

④ 鴖,《山海經》:"(符禺之山)其鳥多鴖,其狀如翠而赤喙,可以禦火。"鴖,郭璞注"音旻"。郝懿行云:"鴖當爲鸙,《御覽》引此經正作鸙,《説文》云:鸙,鳥也。《廣韵》云:鸙鳥似翠而赤喙。"衛災,謂畜鴖鳥可辟火灾。麽,細小,言鴖鳥形狀細小。

流 赭①

沙則潛流,亦有運赭。于以求鐵,趂在其下。蠲牛之癘,作采于社②。

【校注】

① 流赭,赭赤土。《山海經》:"(石脆之山)灌水出焉,而北流注於禹水。其中有流赭,以塗牛馬無病。"

② 沙則潛流,謂暗中流動的沙,即流沙。運赭,謂流動的赭赤土。求鐵,《管子·地數》:"上有赭者,下有鐵。"因在地上有赤色的土,地下即有鐵。故云"于以求鐵,趂在其下"。趂,同趨。蠲,通捐,除去,減免。癘,灾疫。此句謂以赭土塗牛馬以辟惡,牛馬無病。這是當時的迷信習俗,所以郭璞云:"今人亦以朱塗牛角,云以辟惡。"作采于社,謂赭赤土也是作爲社廟的一種有色土。《尚書》孔安國《傳》曰:"王者封五色土爲社,建諸侯,則各割其方色土與之,使立社。"所以郭璞説"作采于社"。

豪 彘①

剛鬣之族,號曰豪彘②。毛如攢錐,中有激矢。厥體兼資,自爲牝牡③。

【校注】

① 豪彘,即豪猪,《山海經》:"(竹山)有獸焉,其狀如豚而白毛,大如笄而黑端,名曰豪彘。"郭璞注曰:"狟猪也,夾髀有麤豪長數尺,能以脊上豪射物,亦自爲牝牡。狟或作貆,吴楚呼爲鸞猪,亦此類也。"郝懿行云:"《初學記》引此經有云猫猪,大者肉至千斤,疑本郭注,今脱去之。"今豪猪也稱箭猪,體肥,全身生棘毛,尖如針,長者

至尺許,其端白。平時毛向後,遇敵則竪毛以爲防禦。穴居,夜出,食樹皮,傷禾稼。

② 剛鬣,謂豪豬。《禮記·曲禮》下:"豕曰剛鬣。"《疏》:"豕肥則毛鬣剛大也。"號曰豪㹭,《藝文類聚》九十四卷引作"號曰豪豨"。

③ 攢,通鑽,穿孔的工具。攢錐,言豪豬棘毛如鑽錐一樣尖銳。中,射中。激矢,猛烈的箭。此句謂豪豬棘毛刺中人有如猛烈的箭。體兼,謂豪豬體兼陰陽,能自爲牝牡。

黄雚草肥遺鳥䍺獸

浴疾之草,厥子赭赤①。肥遺似鶉,其肉已疫②。䍺獸長臂,爲物好擲③。

【校注】

① "浴疾"二句,言黄雚草可醫疥胕病。《山海經》:"(竹山)有草焉,其名曰黄雚,其狀如樗,其葉如麻,白華而赤實,其狀如赭,浴之已疥,又可以已胕。"

② "肥遺"二句,言肥遺鳥可以醫疫癘。《山海經》:"(英山)有鳥焉,其狀如鶉,黄身而赤喙,其名曰肥遺,食之已癘,可以殺蟲。"

③ "䍺獸"二句,言䍺獸善於擲物。《山海經》:"(獂次之山)有獸焉,其狀如禺而長臂,善投,其名曰䍺。"䍺,與夔聲相近,當即夔之訛變。《說文》云:"母猴,似人。"郭璞注云:"亦在畏獸畫中,似獼猴;投,擲也。"

槖䨇①

有似人面,一脚孤立。性與時反,冬出夏蟄。帶其羽毛,迅雷不入②。

【校注】

① 槖,同橐。槖䨇,鳥名,《山海經》:"(獂次之山)有鳥焉,其狀如梟,人面而一足,(名)曰槖䨇,冬見夏蟄,服之不畏雷。"

② 性與時反,謂槖䨇冬出夏蟄,與時節氣候相反,與一般蟲鳥冬蟄夏見的習性不同。"帶其"二句,言佩帶槖䨇的羽毛,令人不畏天雷。

桃　枝[①]

　　嶓冢美竹[②]，厥號桃枝。叢薄幽藹，從容鬱猗。簟以安寢，杖以扶危[③]。

【校注】

① 桃枝，竹名。《山海經》："（嶓冢之山），其上多桃枝鉤端。"
② 嶓冢，山名，一在陝西寧強縣北，東漢水發源於此。一在甘肅天水縣西南，西漢水發源於此。這裏謂後者。因郭璞注云："今在武都氐道縣南。"郝懿行《疏》云："山在今甘肅秦州西六十里。"
③ 簟，供坐卧用的席。此二句言桃枝竹可以作策杖，織寢席。

杜　衡[①]

　　狌狌犇人，杜衡走馬[②]。理固須因，體亦有假。足駿在感，安事御者[③]。

【校注】

① 杜衡，香草名。《山海經》："（天帝之山）有草焉，其狀如葵，其臭如蘼蕪，名曰杜衡，可以走馬，食之已瘦。"
② 狌狌，即猩猩。犇，同奔。犇人，謂人食狌狌肉善奔跑。此二句是當時的成説，郭璞注曰："（杜衡）帶之令人便馬。或曰：馬得之而健走。"
③ "理固"四句，是説狌狌何以能使人善於奔跑，杜衡何以能使人便於騎馬或使馬善於奔跑這其間的自然之理，應該是有原因的。所以人體假借狌狌和杜衡之力，就能迅足健跑，全在交相感應的玄理，哪裏還要御者才能使馬飛跑呢。

菁容草邊豀獸櫟鳥

有華無實,菁容之樹①。邊豀類狗,皮厭妖蠱②。黑文赤翁,鳥愈隱痔③。

【校注】

① 菁容,即菁蓉草,《山海經》:"(嶓冢之山)有草焉,其葉如蕙,其本如桔梗,黑華而不實,名曰菁蓉,食之使人無子。"
② 邊豀,獸名,《山海經》作"豀邊",曰:"(天帝之山)有獸焉,其狀如狗,名曰豀邊,席其皮者不蠱。"蠱,相傳爲一種人工培養的毒蟲。"皮厭"句,謂席其皮者可以禦蠱灾。
③ "黑文"二句,謂櫟鳥。《山海經》:"(天帝之山)有鳥焉,其狀如鶉,黑文而赤翁,名曰櫟,食之已痔。""鳥愈隱痔"句下,郝懿行《山海經箋疏》尚有"鸚鵡慧鳥,青羽赤喙"兩句,臧庸曰:"鳥愈隱痔,當作隱痔可愈方有韵。末二句當係下文鸚鵡讚,誤衍於此。"

礜　石①

稟氣方殊,舛錯理微②。礜石殺鼠,蠶食而肥。物性雖反,齊之一歸③。

【校注】

① 礜(yù),《説文》:"礜,毒石也,出漢中。"《山海經》:"(皋塗之山)有白石焉,其名曰礜,可以毒鼠。"郭璞注曰:"今礜石殺鼠,音豫,蠶食之而肥。"《淮南子·説林訓》:"人食礜石而死,蠶食之而不饑。"是郭注所本。
② "稟氣"二句,言不同的方物禀受的精氣即不同,舛互交錯自然之理是很微妙的。
③ "物性"二句,"物"字郝懿行《山海經箋疏》作"□",説明《道藏》本的原字已闕。此二句言萬物的本性雖然相反,但都齊歸於一,即歸之於自然之道。

獂如①

獂如之獸,鹿狀四角。馬足人手,其尾則白。貌兼三彰②,攀木緣石。

【校注】

① 獂如,傳說中的獸名。《山海經》:"(皋塗之山)有獸焉,其狀如鹿而白尾,馬脚人手而四角,名曰獂如。"郝懿行云"獂"當爲"貜"。畢沅謂當作"貜如",正字爲"蠼如"。

② 彰,當作"形",郝懿行《山海經箋疏》作"形"。三形,言獂如既像鹿,又像馬,而且有人的手(因獂如的前兩脚似人手)。

鸚鵡①

鸚鵡慧鳥,青羽赤喙。四指中分,行則以觜。自貽伊籠,見幽坐伎②。

【校注】

① 鸚鵡,即鸚鵡,又作鸚母。《山海經》:"(黃山)有鳥焉,其狀如鴞,青羽赤喙,人舌能言,名曰鸚鵡。"郭璞注曰:"鸚鵡舌似小兒舌,脚指(趾)前後各兩,扶南徼外出五色者,亦有純青、白者,大如雁也。"

② 《初學記》三十卷引此圖讚云:"鸚鵡慧鳥,栖林啄蕊。四指中分,行則以觜。"《藝文類聚》九十一卷引此圖讚,末句爲"見幽坐伎"。郝懿行云:"趾字誤,《類聚》引作伎。"觜,鳥嘴。坐伎,謂鸚鵡關在籠子裏,會坐下玩各種技藝。

斁斯鳥犛獸䴉鳥

斁斯人脚,厥狀似鴟①。犛獸大眼②,有鳥名䴉。兩頭四足,翔若合飛。

【校注】

① 數斯,鳥名。《山海經》:"(臯塗之山)有鳥焉,其狀如鴟而人足,名曰數斯,食之已瘻。"

② 犖獸,獸名。《山海經》:"(黄山)有獸焉,其狀如牛而蒼黑,大目,其名曰犖(音敏)。"郝懿行云:"《周書·王會篇》云:數楚每牛,每牛者,牛之小者也。《廣韻》:犖,音切同美,是也。"

③ 鸓(音壘),傳説中的鳥名。《山海經》:"(翠山)其鳥多鸓,其狀如鵲,赤黑而兩首四足,可以禦火。"郝懿行云:"《玉篇》:鸓,大頰也,所説形狀正與此同,是經鸓當爲鶹。"鶹,音疊。

鸞鳥①

鸞翔女牀,鳳出丹穴②。拊翼相和,以應聖哲。擊石靡詠,韶音其絶③。

【校注】

① 鸞,鳳凰之類的神鳥。《説文》:"鸞,亦神靈之精也。赤色,五彩,雞形。鳴中五音。頌聲作則至,周成王時氐羌獻鸞鳥。"一説鳳有五,多青色者爲鸞。或謂其大於鳳。

② "鸞鳥"句,《山海經》:"(女牀之山)有鳥焉,其狀如翟而五采文,名曰鸞鳥,見則天下安寧。"女牀之山,薛綜《東京賦》注云:"女牀山在華陰西六百里。""鳳出"句,謂鳳凰出丹穴山。詳見《鳳皇》注①。

③ "擊石"句,謂舜的歌舞。《尚書·堯典》帝命夔典樂教胄子:"夔曰:於!予擊石拊石,百獸率舞。"韶音,亦舜的歌舞。《論語·八佾》:"子謂韶盡美矣,又盡善也。"郭璞認爲鸞是瑞鳥,拊翼翱翔,五音和鳴,是應聖哲明王才出現的。可是,郭璞生活的時代,天下大亂,没有聖哲明王,所以鸞鳥不出,也没有歌頌舜那樣的歌舞了。

鳧徯鳥朱厭獸①

鳧徯朱厭,見則有兵。類異感同,理不虛行。推之自然,厥數難明②。

【校注】

① 鳧徯,神話中的鳥名。《山海經》:"(鹿臺之山)有鳥焉,其狀如雄雞而人面,名曰鳧徯,其名自叫也,見則有兵。"朱厭,獸名,《山海經》:"(小次之山)有獸焉,其狀如猿而白首赤足,名曰朱厭,見則大兵。"

② 類異,謂鳧徯是鳥,朱厭是獸。感同,謂二者出現,都有兵災。理不虛行,謂自然感應之理是確實不虛的。"推之"二句,謂推究這種自然感應之理,其規律是難以說明的。

蠻蠻①

比翼之鳥,似鳧青赤。雖云一形,氣同體隔。延頸離烏,翻飛合翮②。

【校注】

① 蠻蠻,鳥名,即比翼鳥。《山海經》:"(崇吾之山)有鳥焉,其狀如鳧,而一翼一目,相得乃飛,名曰蠻蠻,見則天下大水。"郭璞注曰:"蠻蠻,比翼鳥也,色青赤,不比不能飛。《爾雅》作鶼鶼鳥也。"

② 鳧,野鴨。青赤,謂蠻蠻一青色,一赤色。一形,謂形狀相同。氣同,謂氣質相同。體隔,謂是兩只鳥。"延頸"句,謂伸長脖頸則離而爲二只鳥。"翻飛"句,謂飛起來却是一只鳥。

丹木玉膏①

丹木煒燁,沸沸玉膏②。黃軒是服,遂攀龍豪③。眇然升遐,□下鳥號④。

【校注】

①《山海經》:"又西北四百二十里,曰峚山,其上多丹木,員葉而赤莖,黃花而赤實,其味如飴,食之不饑。丹水出焉,西流注于稷澤,其中多白玉,是有玉膏,其原沸沸湯湯,黃帝是食是饗。是生玄玉,玉膏所出,以灌丹木。"

② 煒燁,鮮明燦爛。郝懿行《山海經箋疏》作"煒煒",光彩炫耀。沸沸,玉膏涌出之貌。

③ 黃帝號軒轅氏,故云黃軒。黃軒是服,謂黃帝服食玉膏。"遂攀"句,《史記·封禪書》:"黃帝採首山銅,鑄鼎於荊山下,鼎既成,有龍垂鬍髯下迎黃帝。黃帝上騎,群臣後宮從上者七十餘人,龍乃上去。"

④ 升遐,謂黃帝仙化而遠去。□下鳥號,□,原字闕佚。埽葉山房藏版《郭弘農集》二,作"一下鳥號"。郝懿行《山海經箋疏》作"群下鳥號"。《史記·封禪書》:黃帝仙化後,"百姓仰望黃帝既上天,乃抱其弓與鬍髯號。故後世因名……其弓曰鳥號。"據此,末尾"□下鳥號"句,當作"群下鳥號"。

瑾瑜玉①

鍾山之寶,爰有玉華。光彩流映,氣如虹霞。君子是佩,象德閑邪②。

【校注】

① 瑾瑜玉,一種美玉,《山海經》:"黃帝乃取峚山之玉榮,而投之鍾山之陽,瑾瑜之玉爲良,堅粟(栗)精密,濁澤而有光,五色發作,以和柔剛,天地鬼神,是食是饗,君子服之,以禦不祥。"

② "鍾山"句,謂瑾瑜玉是鍾山之寶。玉華,玉之精華,指瑾瑜美玉。光彩,郝懿行《山海經箋疏》作"符彩",指玉的文彩。"君子"句,《玉藻》:"世子佩瑜玉。"謂道德修養很高的人佩帶瑾瑜美玉。"象德"句,謂象徵其道德品質優美高雅。閑邪,即閑雅,雍容高雅。

鍾山之子鼓欽鵄[1]

欽鵄及鼓,是殺祖江[2]。帝乃戮之,崑崙之東,二子皆化,矯翼亦同[3]。

【校注】

①《山海經》:"又西北四百二十里,曰鍾山,其子曰鼓,其狀(如)人面而龍身,是與欽鵄殺葆江于昆侖之陽,帝乃戮之鍾山之東曰崤崖,欽鵄化爲大鶚,其狀如雕而黑文白首,赤喙而虎爪,其音如晨鵠,見則有大兵;鼓亦化爲鵔鳥,其狀如鴟,赤足而直喙,黃文而白首,其音如鵠,見則其邑大旱。"

② 欽鵄(音邳)傳說中的神名。《莊子·大宗師》作"堪壞",云堪壞得之以襲崑崙。《釋文》云:崔作邳,司馬云:堪壞,神名,人面獸形。鼓,傳說中的神名。《山海經·海外經》云:"鍾山之神名曰燭陰。"鼓是鍾山之神的兒子,父子俱人面蛇身,或人面龍身,形狀相同。祖江,神話人名,亦作"葆江",張衡《思玄賦》:"瞰瑤谿之赤岸兮,吊江之見劉。"陶潛《讀山海經詩》:"窫窳強能變,祖江遂獨死。"

③ 帝,指黃帝。矯翼,舉翅高飛,因黃帝殺及欽鵄,二人皆化爲鷙鳥。黃帝殺鼓及欽鵄,是因爲二人違帝命而殺了祖江。陶潛《讀山海經詩》:"巨猾肆威暴,欽鵄違帝旨。"所以說"二子皆化,矯翼亦同"。

鰩 魚[1]

見則邑穰,厥名曰鰩[2]。經營二海,矯翼間霄[3]。唯味之奇,見歎伊庖[4]。

【校注】

① 鰩(yáo)魚,即文鰩魚。《山海經》:"(泰器之山)觀水出焉,西流注于流沙。是多文鰩魚,狀如鯉魚,魚身而鳥翼,蒼文而白首,赤喙,常行西海,游于東海,以夜飛。其音如鸞雞,其味酸甘,食之已狂,見則天下大穰。"

② 穰(ráng),豐收。言鰩魚出現則大豐收。鰩,即鰩魚,陳藏器《本草拾遺》云:"此魚生南海,大者長尺許,有翅與尾齊,群飛海上,海人侯之,當有大風。"

③ 經營,猶言周旋往來。二海,即所言"常行西海,游于東海"。但此東海,非東方之大海,而是西海的支流。《水經注·河水》引釋氏《西域記》云:"恒水東流入東海,蓋二水所注,西海所納,自爲東西。"即此所謂東海、西海。矯翼,舉翅高飛。間霄,郝懿行《山海經箋疏》作"閑霄",即雲霄之間。

④ "唯昧"句,言鰩魚味極美。《吕氏春秋·本味篇》云:"味之美者,蓷水之魚,名曰鰩。"歎,讚嘆。伊,指伊尹,名鷙,傳說奴隸出身,原爲有辛氏女的陪嫁之臣,湯用爲小臣,以至味說湯,任以國政,幫助湯攻滅夏桀。庖,厨師,言鰩魚味美,連有名的厨師伊尹都讚美不已。

神英招[1]

槐江之山,英招是主。[2]巡遊四海,撫翼雲傞。[3]實惟帝囿,有謂玄圃。[4]

【校注】

① 神英招(音韶),《山海經》:"實惟帝之平圃,神英招司之。其狀馬身而人面,虎文而鳥翼,徇於四海,其音如榴。"

② 槐江之山,《山海經》:"又西三百二十里,曰槐江之山。丘時之水出焉,而北流注於泑水。其中多蠃母,其上多青雄黄,多藏琅玕、黄金、玉,其陽多丹粟,其陰多采黄金銀。"郝懿行云:"《吕氏春秋·本味篇》云:'水之美者,沮江之丘,名曰摇水。'疑沮江即槐江。"主,司也。

③ 巡,周行也。撫翼,猶拊翼,言擊拍翅膀,即將奮飛。雲傞,傞同舞,言在雲霄間飛舞翱翔。

④ 帝囿(yòu),指天帝畜養禽獸之園林。玄圃,即縣(懸)圃,玄、縣聲同,古字通用。玄圃,傳說在崑崙山頂,泛指仙境。有謂玄圃,郝懿行注云:"'有'疑'是'字之譌。"

搖 木[1]

搖惟靈樹,爰生若木。重根增駕,流光旁燭。食之靈化,榮名仙録[2]。

【校注】

① 櫾木，《山海經》："（槐江之山）其陰多櫾木之有若。"郭璞注曰："櫾木，大木也，言其上復生若木。大木之奇靈者爲若。見《尸子》。《國語》曰：櫾木不生花也。"郝懿行云："花當爲危字，形之譌也。郭引《國語》者，《晉語》文。櫾，當爲櫑，《說文》云：櫑，崑崙河隅之長木也，即謂此。省作繇，《穆天子傳》云：天子乃釣於河，以觀姑繇之木。郭注云：姑繇，大木也。又省作櫾，故韋昭《晉語》注云：櫾木，大木也。《大荒西經》云：有櫾山。郭注云：此山多櫾木，因名云。《玉篇》亦云：櫑，木名，又通作櫾。"

② 靈樹，奇樹。若木，謂櫾木上復生若木，故云靈樹。重根增駕，猶言樹上生樹。"流光"句，言櫾木光焰四射。"食之"二句，言食櫾木即可靈化成仙。此指后稷而言。《山海經》："（槐江之山）西望大澤，后稷所潛也。"郭璞注云："后稷生而靈知，及其終，化形遯此澤而爲之神，亦猶傳說騎箕尾也。"郝懿行云："后稷所潛，即謂所葬也。葬之言藏也。"畢沅云："即稷澤，稷所葬也。"此言后稷生前曾食櫾木，死後，雖已埋葬，複化形爲異物，所以説"食之靈化，榮名仙録"。后稷乃周之祖先，西方民族所奉祀之農神。

崑崙丘①

崑崙月精②，水之靈府③。惟帝下都④，西老之宇⑤。嶸然中峙，號曰天柱⑥。

【校注】

① 崑崙丘，也作崑崙之虛，即今崑崙山，在新疆、西藏之間，西接帕米爾高原，東延入青海省境内。《山海經》："西南四百里，曰崑崙之丘，是實惟帝之下都。"《海内西經》亦云："海内崑崙之虛，在西北，帝之下都。"

② 月精，指姮娥。《淮南子·覽冥訓》："羿請不死之藥於西王母，姮娥竊以奔月，悵然有喪，無以續之。"高誘注云："姮娥，羿妻。羿請不死之藥於西王母，未及服之，姮娥盜食之，得仙，奔入月中爲月精也。"因西王母之宇在崑崙山，姮娥所食之仙藥是西王母給羿的，所以説"崑崙月精"。

③ 水，指黃河。靈府，謂河伯冰夷之都府。《山海經》云："崑崙虛南所，有氾林方三百里。從極之淵深三百仞，維冰夷恒都焉。"所以説"水之靈府"。

④ 惟帝下都,郭璞《山海經注》云:"天帝都邑之在下者。"天帝即黄帝。《穆天子傳》云:"吉日辛酉,天子昇於崑崙之丘,以觀黄帝之宫,而封豐隆之葬,以詔後世。"

⑤ 西老,當作西姥,即西王母。因《山海經》云西王母亦居於崑崙之丘。詳見下《西王母》注①。

⑥ 嶸然中峙,謂崑崙山突出聳立於天地之中,所以説"號曰天柱"。言崑崙山高似撐天柱一樣。天柱,郝懿行《山海經箋疏》作"天桂",臧庸曰:"桂乃柱之譌,以韵讀之可見。"

神陸吾①

肩吾得一②,以處崑崙。開明是對,司帝之門③。吐納靈氣,熊熊魂魂④。

【校注】

① 神陸吾,山神名。《山海經》:"西南四百里,曰崑崙之丘,(是)實惟帝之下都,神陸吾司之。其神狀虎身而九尾,人面而虎爪;是神也,司天之九部及帝之囿時。"

② 肩吾,即神陸吾,郭璞《山海經注》曰:神陸吾,"即肩吾也。莊周曰:肩吾得之,以處大山也"。郝懿行云:"神人,即陸吾也,其狀虎身九尾,人面虎爪,司崑崙者。"一,即道。得一,即得道。

③ 開明,即開明獸也。《山海經》:"(崑崙之虚)面有九門,門有開明獸守之,百神之所在。"又云:"開明獸身大類虎而九首,皆人面,東向立崑崙上。"因神陸吾與開明獸皆狀似虎,神陸吾司崑崙,開明獸守崑崙之門,所以説"是對"。

④ 吐納靈氣,因崑崙是帝之下都,衆神從此上下,出入崑崙之門,故云吐納靈氣。熊熊魂魂,《西山經》云:"南望崑崙,其光熊熊,其氣魂魂。"郭璞注云:"皆光氣炎盛相焜耀之貌。"因爲崑崙下有弱水之淵環之,外有炎火之山,投物輒燃。所以光氣閃耀,火焰熾盛。

土螻獸欽原鳥

土螻食人,四角似羊①。欽原類蜂,大如鴛鴦②。觸物則斃,其鋭難當③。

【校注】

① 土螻,獸名。《山海經》:"(崑崙之丘)有獸焉,其狀如羊而四角,名曰土螻,是食人。"
② 欽原,鳥名。《山海經》:"(崑崙之丘)有鳥焉,其狀如(蜂),大如鴛鴦,名曰欽原,蠚(音弱)鳥獸則死,蠚木則枯。"
③ "觸物"句,謂欽原鳥螫鳥獸樹木皆斃;土螻獸,"觸物則斃,食人"(見《廣韻》),故云"其鋭難當"。

沙 棠①

安得沙棠,制爲龍舟。汎彼滄海,眇然遐游。聊以逍遥,任彼去留②。

【校注】

① 沙棠,木名,幹與葉類棠梨,果紅如李,木材可造舟。《山海經》:"(崑崙之丘)有木焉,其狀如棠,黄華赤實,其味如李而無核,名曰沙棠,可以禦水,食之使人不溺。"
② 遐游,遠游。逍遥,自由自在。整篇讚詞,全是因沙棠可以禦水,食之使人不溺而生發出來的,表現了郭璞玄學家的人生觀。所以,他在《山海經注》中曰:"言體浮輕也,沙棠爲木,不可得沉。《吕氏春秋》曰:果之美者,沙棠之實。銘曰:安得沙棠,刻以爲舟,汎彼滄海,以遨以游。"銘即圖讚,但與圖讚詞句小異。

鶉鳥沙棠實薲草

司帝百服,其鳥名鶉①。沙棠之實,惟果是珍②。爰有奇菜,厥號曰薲③。

【校注】

① 司,主也。帝,天帝,指黄帝。百服,郭璞注曰:"服,器服也,一曰服事也,或作藏。"百藏,言百物之所聚也。鶉,鳥名,《山海經》:"(崑崙之丘)有鳥焉,其名曰鶉鳥,是司帝之百服。"郝懿行云:"鶉鳥,鳳也。"《海内西經》云崑崙開明西北皆有鳳皇,此是也。《埤雅》引師曠《禽經》云"赤鳳謂之鶉",然則,南方朱鳥七宿曰鶉首、鶉火、鶉尾,亦是也。

② 沙棠,已見上《沙棠》注。此二句謂沙棠果實似李而無核(李本有無核者),是古人爲味之美者,所以説珍貴。

③ 奇菜,珍奇之菜,《吕氏春秋·本味篇》:"菜之美者,崑崙之蘋。"高誘注云:"蘋,大蘋,水藻也。"《山海經》蘋作薲,曰:"(崑崙之丘)有草焉,名曰薲草,其狀如葵,其味如葱,食之已勞。"薲,即蘋,郝懿行《山海經箋疏》正作"薲"。

神長乘①

九德之氣,是生長乘②。人狀豹尾,其神則凝③。妙物自潛,世無得稱。

【校注】

① 神長乘,《山海經》:"西水行四百里,曰流沙,二百里至於蠃母之山,神長乘司之,是天之九德也。其神狀如人而豹尾。其上多玉,其下多青石而無水。"

② "九德"二句,謂神長乘是天之九德之氣所生。所謂九德,即九種品德。《逸周書·常訓》:"九德:忠、信、敬、剛、柔、和、固、貞、順。"其他古書中記述的九德,内容均隨文而異。

③ 豹尾,經作"豹尾"。郭璞注云:"豹,之藥反。"其神則凝,謂其精神意志專一。

西王母①

天帝之女，蓬髮虎顔。穆王執贄，賦詩交歡②。韻外之事，難以具言。

【校注】

① 西王母，神話人物。《山海經》："又西三百五十里，曰玉山，是西王母所居也。西王母其狀如人，豹尾虎齒而善嘯，蓬髮戴勝，是司天之厲及五殘。"

② 穆王，周穆王。贄，聘享之禮物。此二句謂周穆王與西王母相見之事。《穆天子傳》曰："吉日甲子，天子賓於西王母，乃執白圭玄璧，以見西王母，好獻錦組百純，組三百純，西王母再拜受之。乙丑，天子觴西王母於瑶池之上，西王母爲天子謡曰：白雲在天，山陵自出，道里悠遠，山川間之，將子無死，尚能復來。天子答之曰：予歸東土，和治諸夏，萬民平均，吾顧見汝，比及三年，將復而野。天子遂驅，昇於弇山，乃紀迹於弇山之石，而樹之槐，眉曰：西王母之山。"

積　石①

積石之中，實生重河。夏后是導②，石門湧波。珍物斯備，比奇崑阿。

【校注】

① 積石，山名，此謂大雪山，在今青海省南部。《山海經》："又西三百里，曰積石之山，其下有石門，河水冒以西流。是山也，萬物無不有焉。"

② 夏后，即大禹。導，謂禹疏導河道始於此。郝懿行云："……然則，此經積石，蓋《括地志》所謂大積石山，非禹所導之積石也。《禹貢》積石，在今甘肅西寧縣東南一百七十里，爲中國河之始。《水經》云：河水流入於渤海，又出海外，南至積石山下，有石門，即此經之積石也。其下云：又南入葱嶺山，又從葱嶺出而東北流，其一源出于闐國南山，北流與葱嶺所出河合，又東往蒲昌海，又東入塞過敦煌、酒泉、張掖郡南，又東過隴西河關縣北，此則《禹貢》之積石也。據《水經》所說，積石有二，明矣。"

白帝少昊①

少昊之帝,號曰金天。魂氏之宮,亦在此山。是司日入,其景則圓②。

【校注】

① 白帝少昊,傳說古部落首領名,也作少皞,名摯,字青陽,黃帝子,姬姓。以別於太昊,故稱少昊;以金德王,故也稱金天氏。邑窮桑,都曲阜,號窮桑帝。《山海經》:"又西二百里,曰長留(流)之山,其神白帝少昊居之。其獸皆文尾,其鳥皆文首。是多文玉石。實惟員神魂氏之宮。是神也,主司反景。"

② 魂(音隗),魂氏,即經文所謂"員神魂氏",郝懿行云:"員神,蓋即少昊也。"但郭璞此讚所說"魂氏之宮,亦在此山"。顯非少昊,疑指蓐收而言,因蓐收或以爲是少昊子,或以爲是少昊叔,都是西方金德之神,主司日之反景。故郭璞此讚末二句,即總言"是司日入,其景則圓"。並在《山海經注》中云:"日西入則景反東照,主司察之。"又云:"日形員,故其象亦然也。"詳見下《西方蓐收》注①。圓,郝懿行《山海經箋疏》作"員"。

狰①

章莪之山,奇怪所宅②。有獸似豹,厥色惟赤。五尾一角,鳴如擊石。

【校注】

① 狰,獸名,《山海經》:"(章莪之山)有獸焉,其狀如赤豹,五尾一角,其音如擊石,其名如(曰)狰。"郭璞注云:"《京氏易義》曰:音如石相擊,音靜也。"郝懿行云:"《廣韵》云:狰,獸名,音爭,又音淨,所說形狀與此經同。又猙字注云:獸,如赤豹,玉尾。然則,猙亦狰類,或一物二名也。"

② 章莪之山,在長留(流)之山西,《山海經》:"又西二百八十里,曰章莪之山,無草木,多瑤碧,所爲甚怪。"章莪之"莪",當作"莪",《山海經》和郝懿行《山海經箋疏》均作"莪"。

畢　方[1]

畢方赤文,離精是炳。旱則高翔,鼓翼陽景。集乃流災,火不炎正[2]。

【校注】

[1] 畢方,傳説中的怪鳥。《山海經》:"(章莪之山)有鳥焉,其狀如鶴,一足,赤文青質而白喙,名曰畢方,其鳴自叫也,見則其邑有譌火。"又《海外南經》曰:"畢方鳥在其東,青水西,其爲鳥(人面)一脚,一曰在二八神東。"《淮南子·氾論訓》:"木生畢方。"高誘注曰:"畢方,木之精也,狀如鳥,青色,赤脚,一足,不食五穀。"《文選·東京賦》薛綜注云:"畢方,老父神,如鳥,兩足一翼,常銜火在人家作怪災也。"《韓非子·十過篇》:"昔者黄帝合鬼神於西泰山之上,駕象車而六蛟龍,畢方並鎋,蚩尤居前,風伯進掃,雨師灑道,虎狼在前,鬼神在後,騰蛇伏地,鳳凰覆上,大合鬼神,作爲《清角》。"則畢方又是黄帝隨車之神鳥。而袁珂認爲"畢方"當是"燁煋"一詞之音轉,神話化遂爲神鳥畢方,又轉而爲致火之妖物矣。

[2] 離精,猶言火光。因爲離是八卦之一,卦體爲☲,象徵火。《易·説卦》:"離爲火,爲日,爲電。"炳,明亮。此句謂畢方鳥的赤文,明亮得如火光一樣。陽景,陽光,因畢方鳥是旱災、火災的妖物,所以説"鼓翼陽景"。火不炎正,《匡謬正俗》引作"火不炎上"。

文　貝[1]

先民有作,龜貝爲貨。貴以文彩,賈以大小。簡則易資,犯而不過。[2]

【校注】

[1] 文貝,有花紋的貝殼。《山海經》:"又西三百里曰陰山,濁浴之水出焉,而南流注於蕃澤,其中多文貝。"

[2] 先民,猶言古人。作,興也。龜貝,古代的貨幣。貨,即貨幣。謂古人興起以龜貝爲貨幣。賈,同價,猶言價值。謂龜貝的價值大小,以文彩爲貴。貴,郝懿行《山

海經箋疏》作"貝"。言龜貝貨幣,是以文彩不同,分爲餘貾、餘泉兩種。所以郭璞《山海經注》云:"文貝,餘泉、蚳之類也,見《爾雅》。"郝懿行云:"《爾雅》説貝云:餘貾,黄白文;餘泉,白黄文。"資,郝懿行《山海經箋疏》作"從"。《易·繫辭》上有"易則易知,簡則易從"。犯而不過,言文貝貨幣太簡易了,有意偷拿也不犯罪。

天　狗①

乾麻不長,天狗不大。厥質雖小,禳災除者。氣之相王,在乎食帶②。

【校注】

① 天狗,獸名。《山海經》:"(陰山)有獸焉,其狀如狸而白首,名曰天狗,其音如榴榴,可以禦兇。"又《大荒西經》亦有獸,名曰天犬,與此性態各異。

② 禳,攘也,謂攘除災惡。者,郝懿行《山海經箋疏》作"害"。此謂去除災害也。王,通旺,因天狗能禳除災害,所以説天狗的精氣比邪惡旺盛。帶,指蛇而言,因帶是小蛇,《山海經圖讚》的天狗圖畫正是嘴裏啣着蛇,所以説天狗精氣旺盛,是因爲吃蛇的緣故。

三青鳥①

山名三危,青鳥所憩②。往來崑崙,王母是隸。穆王西征,旋軫斯地③。

【校注】

①《山海經》:"又西二百二十里,曰三危之山,三青鳥居之。"郭璞注曰:"三青鳥主爲西王母取食者,别自栖息於此山也。"又《大荒西經》云:"(有西王母之山),有三青鳥,赤首黑目,一名大鵹,一名少鵹。"郭璞注云:"音黎,皆西王母所使也。"又《海内北經》云:"西王母梯几而戴勝(杖),其南有三足鳥爲西王母取食。在崑崙北。"袁珂云:"從其居地及其形貌可以想見,此三青鳥,非宛轉依人之小鳥,乃多力善飛之猛禽也。"

② 三危,山名,郭璞《山海經注》曰:"今在敦煌郡,《尚書》云竄三苗於三危,

是也。"按,三危山俗稱昇雨山,在今甘肅敦煌縣東南,屬祁連山脈,三峰聳峙,其勢欲墜,故名。憩,休息,郝懿行《山海經箋疏》作"解",而《藝文類聚》九一卷仍作"憩"。

③ 隸,即奴隸或差役的稱謂。穆王,即周穆王。西征,謂周穆王巡遊天下時,曾到此與西王母交往。軫,指車。旋軫,謂掉轉馬車。地,臧庸曰:"按顧寧人,段若膺皆以地讀如沱,古音在歌類,余謂地字古音與今同,本在支類,此讚以地韵解,皆支類也。隸從隶聲,在脂類。支、脂相通,與歌類則遠,亦其一證也。"

江疑獂狙獸䳜鳥

江疑所居,風雲是潛①。獸有獂狙,毛如披簑②。䳜鳥一頭,厥身則兼③。

【校注】

① 江疑,山神名。《山海經》:"(符惕之山),神江疑居之。是山也,多怪雨,風雲之所出也。"郝懿行云:"《祭法》云:山林川谷丘陵,能出雲爲風雨,見怪物者皆曰神。即斯類也。"

② 獂狙,獸名,《山海經》:"(三危之山),其上有獸焉,其狀如牛,白身(首)四角,其豪如披蓑,其名曰獂狙,是食人。"獂狙,郭璞注云:"傲噎二音。"郝懿行云:"據郭音傲,知經文蓋本作獓;狙字亦錯,當從《玉篇》作獒狙,《廣韻》狙字注引此經同。"簑,經作"蓑",郭璞注云:"辟雨之衣也,音梭。"郝懿行云:"簑當爲衰,《說文》云:衰,艸雨衣,秦爲之萆。"此句言獂狙之毛如蓑衣之棕毛。

③ 䳜鳥,《山海經》:"(三危之山)有鳥焉,一首而三身,其狀如鶚,其名曰鴟。"郝懿行云:題作䳜,疑當爲鴟,下同。又云:"《玉篇》云:䳜鳥如雕,黑文赤首,本郭注爲說也。今東齊人謂鴟爲老雕,蓋本爲䳜,雕聲近,轉爲老雕耳。"郭璞《山海經注》曰:"䳜似雕,黑文赤頸,音洛。"厥身則兼,謂鴟鳥是一首三身。

神耆童①

顓頊之子,嗣作火正②。鏗鏘其鳴,聲如鍾磬。處于騩山,唯靈是盛③。

【校注】

① 神耆童,即傳說中帝顓頊之子老童。《山海經》:"(騩山)神耆童居之,其音常如鍾磬,其下多積蛇。"又《大荒西經》云:"有桂山,有榣山,其上有人,號曰太子長琴。顓頊生老童,老童生祝融,祝融生太子長琴,是處榣山,始作樂風。"郭璞《山海經注》云:"耆童,老童,顓頊之子。"又云:"顓頊娶於滕璜氏,謂之女禄,産老童也。"

② 顓頊之子,即指神老童。嗣,後嗣。火正,古掌火官,五行官之一。《漢書·五行志》:"古之火正,謂火官也,掌祭火星,行火政。"謂老童的後嗣是掌火官。郭璞《山海經注》曰:祝融,"即重黎也,高辛氏火正,號曰祝融也"。郝懿行云:"《大戴禮記·帝繫》云:老童娶於竭水之子,謂之高緺氏,産重黎及吴回。《史記·楚世家》云:重黎爲帝嚳高辛居火正,甚有功,能光融天下,帝嚳命曰祝融。"據此,則此句火正指祝融而言。

③ 鏗鏘,樂聲,此指神耆童聲如鍾磬之音。騩山,山名,在青海省東部。《山海經》:"騩山是錞于西海,無草木,多玉,淒水出焉,西流注於海。"謂神耆童子孫興盛,顯耀於世。因老童之子重及黎皆爲高辛氏火正。

帝 江①

質則混沌,神則旁通。自然靈照,聽不以聰。强爲之名,曰惟帝江②。

【校注】

① 帝江,神名,即黄帝。《山海經》:"(天山)有神焉,其狀如黄囊,赤如丹火,六足四翼,渾敦無面目,是識歌舞,實爲帝江也。"郭璞注云:"夫形無全者,則神自然靈照;精無見者,則闇與理會,其帝江之謂乎?莊生所云:中央之帝渾沌,爲儵忽所鑿七竅而死者,蓋假此以寓言也。"郝懿行云:"《莊子·應帝王》釋文引崔譔云:渾沌無孔竅也。簡文云:儵忽取神速爲名,混沌以合和爲貌。"畢沅云:"江讀如鴻。《春秋傳》云:帝鴻氏有不才子,天下謂之渾沌。此云帝江,猶言帝江氏子也。"袁珂云:"經文實爲帝江,宋本、毛扆本作實惟帝江,於義爲長。畢説江讀如鴻,是也;謂帝江猶言帝江氏子,則曲説也。古神話必以帝鴻即此渾沌無面目之怪獸也。帝鴻者何?《左傳》文公十八年杜預注:帝鴻,黄帝。《莊子·應帝王》:中央之帝爲渾沌。正與黄帝在五方帝中爲中央天帝符,以知此經帝江即帝鴻亦即黄帝也。至於《大荒東經》又謂帝

俊生帝鴻者,神話傳說之紛歧,每每如是,無足異也。"

② 質,形質,謂帝江之體質。混沌,即渾沌、渾敦,謂帝江形體無孔竅,無面目。漢東方朔《神異經·西荒經》:"崑崙西有獸焉,其狀如犬,長毛四足,兩目而不見,兩耳而不聞,有腹而無臟,有腸直而不旋,食物經過。人有德行而往抵觸之,人有兇德而往依憑之,天使其然,名爲渾沌。"旁通,謂帝江雖形體渾沌,而其精神廣通博識。靈照,謂帝江無面目,却能聰敏照察,闇與理會。曰惟,郝懿行《山海經箋疏》作"曰在",注曰:"在,疑當作惟。"

獂獸鵸鵌鳥[1]

鵸鵌三頭,獂獸三尾。俱禦不祥,消凶辟眯,君子服之,不逢不若[2]。

【校注】

① 《山海經》:"(翼望之山)有獸焉,其狀如狸,一目而三尾,名曰讙,其音如棄百聲,是可以禦凶,服之已癉。有鳥焉,其狀如烏,三首六尾而善笑,名曰鵸鵌,服之使人不厭,又可以禦凶。"郭璞注曰:"讙音歡,或作原。"故題作"獂獸",當作"原獸"。因《北山經》:"(乾山)有獸焉,其狀如牛而三足,其名曰獂,其鳴自詨。"與此原獸狀異。鵸鵌,傳說鳥名,郭璞注曰:"猗餘兩音。"《北山經》曰:"(帶山)有鳥焉,其狀如烏,五彩而赤文,名曰鵸鵌。是自爲牝牡,食之不疽。"

② 不祥,不吉利。全句謂原獸、鵸鵌鳥,俱可以使人消灾避凶。郭璞《山海經注》曰:"不厭,不厭夢也。《周書》曰,服者不眯,音莫禮反,或曰眯,眯目也。"故經曰"服之使人不厭"。不若,猶不若。若,順也,不順,猶言不祥,不吉利。

當扈[1]

鳥飛以翼,當扈則鬚。廢多任少,沛然有餘[2]。輪運於轂,至用在無。

【校注】

① 當扈,鳥名。《山海經》:"(上申之山)其鳥多當扈,其狀如雉,以其髯飛。食

之不眴目。"郭璞曰:"扈,或作户。"郝懿行云:"《玉篇》云:北鳸,鳥名,疑即此。鳸、扈古字通。"

② "廢多"句,謂鳥用翅飛,廢的力多而負荷少。沛然,充盛貌,謂當扈用鬚髯飛,則力量充盛而有餘。輪,車輪,轂,車輪中間車軸貫入處的圓木,安裝在車輪兩側軸上,使輪保持直立不至内外傾斜。《老子》:"三十輻共一轂,當其無,有車之用。"郭璞用此二句,表現尚虛無的玄學思想,所以説"至用在無"。

白　狼①

矯矯白狼②,有道則遊。應符變質,乃銜靈鉤。惟德是適,出殷見周。

【校注】

①《山海經》:"(盂山)其獸多白狼白虎。"郭璞注曰:"《外傳》曰:周穆王伐犬戎,得四白狼白虎,虎名魖魈。"郝懿行云:"案,白狼銜鉤見緯書,《穆天子傳》云:爰有赤豹白虎。此注白虎下虎字衍,魈字衍。"據《爾雅》云,魖,白虎;魈,黑虎。此注或云:白虎名魖,黑虎名魈。今本又脱黑虎名三字也。

② 矯矯,武勇貌,言白狼武勇突出。"有道"句,謂白狼,古以爲祥瑞,有道仁君在位則出。《瑞應圖》:"白狼,王者仁德明哲則見。"應符,即符應,瑞應。"乃銜"句,《帝王世紀》曰:"有神牽白狼銜鉤入殷。"王褒《四子講德論》:"宣王得白狼,而夷狄賓。"《國語·周語》:周穆王征犬戎,"得四白狼、四白鹿以歸,自是荒服者不至"。所以説"出殷見周"。

白　虎①

魖魈之虎②,仁而有猛。其質載皓,其文載炳。應德而擾,止我交境③。

【校注】

①《山海經》:"(盂山)其獸多白狼白虎。"又云:"又西二百二十里,曰鳥鼠同穴之山,其上多白虎、白玉。"

②虦,白虎。虦,《爾雅》作"甝",甝,黑虎。"仁而"以下三句,謂白虎是祥瑞的仁獸,而又兇猛;它的皮毛雖是質樸的白色,但它的文彩仍然是明亮顯著的。(《易·革》:"大人虎變,其文炳也。")

③"應德"二句,謂白虎是應有德之君而出的,又爲何在當前天下擾亂之時,來到我晋朝的交州境界?郭璞《爾雅注》曰:"建平姊歸縣檻得之(甝),狀如小虎而黑,毛深者爲班(斑)。"

駁①

駁惟馬類,實畜之英。騰髦驤首,噓天雷鳴。氣無不凌,吞虎辟兵②。

【校注】

① 駁,猛獸名。《山海經》:"(中曲之山)有獸焉,其狀如馬而白身黑毛,一角,虎牙爪,音如鼓音,其名曰駁,是食虎豹,可以禦兵。"郭璞注云:"《爾雅》説:駁,不道有角及虎爪。駁亦在畏獸畫中。"郝懿行云:"《爾雅》云:駁如馬,倨牙,食虎豹。郭注引此經云:有獸名駁,如白馬,黑尾倨牙,音如鼓,食虎豹,今此經無倨牙。《海外北經》有之,郭蓋並引二經之文也。劉逵注《吳都賦》引此經云:駁如馬,白身黑尾,一角,倨牙虎爪,音如鼓,能食虎,亦並引二文也。《管子·小問篇》云:桓公乘馬,虎望見之而伏。桓公問管仲。對曰:意者君乘駿馬而(盤)桓,迎日而馳乎?公曰:然。管仲對曰:此駐象也,駁食虎豹,故虎疑焉。《説苑》又云:豹食駁,駁食虎,駁之狀有似駁馬。二書所説,並與此經合。"

② 畜,牲畜。英,杰出。髦,鬣毛。驤首,昂首。噓,呼氣。噓天,仰天而噓。不凌,郝懿行《山海經箋疏》作"馮凌"。謂駁氣勢充盛没有侵凌者。吞虎,謂駁食虎豹。辟兵,謂養駁可以避兵刃。

神魅蠻蠻聳遺魚

其音如吟,一脚人面①。鼠身鼈頭,厥號曰蠻②。目如馬耳,食厭妖變③。

【校注】

① "其音"二句,謂神媿,郝懿行《山海經箋疏》題作"神媿",《山海經》作"神魄",曰:"(剛山)是多神媿,其狀人面獸身,一足一手,其音如欽。"郭璞注云:"媿亦魑魅之類也;音耻回反,或作傀。"郝懿行云:"媿疑當爲魑字之或體。《説文》云:魑,神獸也,從鬼,佳聲。與郭音義俱合。又云或作傀者,傀當爲魗。《説文》云:魗,厲鬼也。《玉篇》云:魗,醜利切。"

② "鼠身"二句,謂蠻蠻獸。《山海經》:"(洛水)其中多蠻蠻,其狀鼠身而鼈首,其音如犬吠。"郝懿行云:"蠻蠻之獸,與比翼鳥同名,疑即獱也。獱、蠻聲相近。《説文》云:猵或作獱,獺屬。《文選·羽獵賦》注引郭氏《三蒼解詁》曰:獱似狐,青色,居水中,食魚。"

③ "目如"二句,謂冄遺魚。《山海經》:"(涿水)是多冄遺之魚,魚身蛇首,六足,其目如馬耳,食之使人不眯,可以禦凶。"涿或作浣,音冤枉之冤。冄遺,《太平御覽》作"無遺",郝懿行云:"疑即蒲夷之魚也。"厭,通壓,謂食冄遺魚可以壓服妖怪變化。亦即經文所謂食之使人不眯。眯,即魘夢之義。

櫰 木①

櫰之爲木,厥形似槐。若能長服,拔樹排山。力則有之,壽則宜然。②

【校注】

① 櫰木,槐類。《爾雅·釋木》:"櫰,槐大葉而黑。"郭璞注曰:"槐樹葉大色黑者名爲櫰。"《山海經》:"(中曲之山)有木焉,其狀如棠,而員葉赤實,實大如木瓜,名曰櫰木,食之多力。"郝懿行云:"櫰,槐大葉而黑,非此也。櫰,通作槐,又通作褢,《廣韵》云:褢,續斷也。《本草别録》云:續斷一名接骨,一名槐。陶注云:有接骨樹。顔師古注《急就篇》云:續斷,即今所呼續骨木。據諸書所説,接骨木即此經櫰木與?"

② 槐,木名。郝懿行云:"經文作棠,槐字見郭注《江賦》云協槐。"若能"以下四句,謂長服此木,不僅能多力,也應能長壽。郭璞云:"《尸子》曰:木食之人,多爲仁者,名爲若木,此之類。"郝懿行云:"《大戴禮記·易本命》云:食木者多力而拂。"

鳥鼠同穴山①

鵌鼵二蟲,殊類同歸。聚不以方,或走或飛。不然之然,難以理推②。

【校注】

① 《山海經》:"又西二百二十里,曰鳥鼠同穴之山。"山在今甘肅渭源縣西。郝懿行云:"今名青雀山。"郭璞《山海經注》云:"今在隴西首陽縣西南,山有鳥鼠同穴,鳥名曰鵌,鼠名曰鼵。鼵如人家鼠而短尾,鵌似燕而黃色。穿地入數尺,鼠在内,鳥在外而共處。孔氏《尚書傳》曰:共爲雌雄,張氏《地理記》云:不爲牝牡也。"

② 鵌,鳥名。鼵,郝懿行《山海經箋疏》作"鼵",郭璞《山海經注》正作"鼵"。《爾雅·釋鳥》:"鳥鼠同穴,其鳥爲鵌,其鼠爲鼵。"郭璞注云:"鼵如人家鼠而短尾;鵌似鵽而小,黃黑色。穴入地三四尺,鼠在内,鳥在外。今在隴西首陽縣鳥鼠同穴山中。"殊類,謂鼵、鵌不是同類,一是鳥,一是獸。同歸,謂同處一穴,共爲雌雄。方,一類。聚不一方,謂物本以類聚,而此鵌、鼵不是同類,却同穴而處。不然之然,謂鵌、鼵共爲雌雄不合常規,却出於自然。難以理推,謂此鳥獸同穴是難以常理去推論的。

䰻魷魚①

形如覆銚,包玉含珠②。有而不積,泄以尾閭。闇與道會,可謂奇魚③。

【校注】

① 《山海經》:"(濫水)多䰻魷之魚,其狀如覆銚,鳥首而魚翼魚尾,音如磬石之聲,是生珠玉。"䰻魷,當作"文魷",郝懿行云:"郭氏《江賦》云:文魷磬鳴以孕璆。李善注引此經亦作文魷,又引郭注作音魷,無䰻字之音,是䰻魷古本作文魷可證。"郝懿行《山海經箋疏》題作"䰻魷"。

② 銚,吊子,一種有柄有蓋的小烹器。覆銚,倒置的吊子。包玉含珠,《太平御覽》九百三十九卷引作苞玉含珠。郭璞注云:"亦珠母,蚌類,而能生出之。"郝懿行

云:《初學記》八卷引《南越志》云:海中有文鰞魚,鳥頭,尾鳴似磬而生玉。《説文》云:宋宏云玭珠之有聲。《夏書》玭作螷,蓋玭即魮也,古字通。有聲,即音如磬是矣。"此句謂文魮能生珠。

③ 尾閭,古代傳説中海水歸宿之處。尾,指百川之下;閭,指水聚之處。也稱沃焦。《莊子·秋水》:"天下之水莫大於海,萬川歸之,不知何時止而不盈;尾閭泄之,不知何時已而不虚。"郭璞用此比喻文魮産珠,有了不積存,像海一樣,一面納百川,一面又由尾閭泄之。闇與道會,謂文魮這種不斷生産珍珠的過程是合乎自然之道的。有而不積,是一種養生之道,故稱奇魚。

丹 木[1]

爰有丹木,生彼洧盤[2]。厥實如瓜,其味甘酸。蠲痾辟火,用奇桂蘭[3]。

【校注】

[1] 丹木,《山海經》:"(崦嵫之山)其上多丹木,其葉如穀,其實大如瓜,赤符而黑理,食之已癉,可以禦火。"

[2] 洧盤,郝懿行《山海經箋疏》作"洧盤"。《離騷》:"夕歸次於窮石兮,朝濯髮乎洧盤。"王逸注曰:"洧盤,水名,《禹大傳》曰:洧盤之水,出崦嵫山。"盤,一作槃。

[3] 蠲,免除。痾,疴的異體字,經文作"癉"。癉、疴,皆謂因勞累而得的病。此句謂用丹木可以免除勞病和避免火災,作用比桂和蘭還奇。

窮奇獸蠃魚孰湖獸

窮奇如牛,蝟毛自表。濛水之蠃,匪魚伊鳥[1]。孰湖之獸,見人則抱[2]。

【校注】

[1] 窮奇,獸名。蠃魚,魚名。《山海經》:"又西二百六十里,曰邽山,其上有獸焉,其狀如牛,蝟毛,名曰窮奇,音如獆狗,是食人。濛水出焉,南流注於洋水,其中多

黄貝。贏魚,魚身而鳥翼,音如鴛鴦,見則其邑大水。"關於窮奇獸,郭璞注云:"或云似虎,蝟毛,有翼。銘曰:窮奇之獸,厥形甚醜,馳逐妖邪,莫不奔走,是以一名,號曰神狗。"袁珂云:"《左傳》文公十八年云:少皞氏有不才子。天下之民謂之窮奇。古神話實當謂少皞生窮奇也。《神異經·西北荒經》云:西北有獸焉,狀似虎,有翼能飛,便勦食人。知人言語。聞人鬥,輒食直者;聞人忠信,輒食其鼻;聞人惡逆不善,輒殺獸往饋之。名曰窮奇。亦食諸禽獸也。似即本此經爲説。……《後漢書·禮儀志》所記大儺逐疫追惡兇之十二神中,有窮奇、騰根共食蠱,則窮奇者,亦或於人有益,不盡爲惡也。……高誘注《淮南子·墜形篇》窮奇,廣莫風之所生也。則逕以窮奇爲天神,當是古有成説也。"

② 孰湖獸,《山海經》:"(崦嵫山)有獸焉,其狀馬身而鳥翼,人面蛇尾,是好舉人,名曰孰湖。"

<h2 style="text-align:center">鰩　魚①</h2>

物以感應,亦不數動②。壯士挺劍,氣激白虹。鰩魚潛淵,出則邑悚③。

【校注】

① 鰩魚,《山海經》:"(渭水)其中多鰩魚,其狀如鱣魚,動則其邑有大兵。"郭璞注云:"音騷。鱣魚,大魚也,口在頷下,體有連甲也,或作鮎鯉。"

② "物以"二句,言天人感應,没有一定的規律。《太平御覽》九百三十九卷引此讚同,而郝懿行《山海經箋疏》作"亦有數動"。

③ "壯士"二句,是説壯士挺劍(聶政刺韓傀、荆軻刺秦始皇)都能激起天象變化,出現白虹貫日的景象。《太平御覽》九百三十九卷引此讚作"氣激江涌"。出則邑悚,謂鰩魚出動,其邑則有大兵,使人悚懼。

北山經圖讚

水 馬[①]

馬寔龍精,爰出水類。渥窪之駿,是靈是瑞。昔在夏后,亦有何駟[②]。

【校注】

① 水馬,水獸名。《山海經》:"求如之山……滑水出焉……其中多水馬,其狀如馬,文臂牛尾,其音如呼。"郭璞注云:"臂,前脚也。《周禮》曰:馬黑脊而斑臂螻。漢武元狩四年,敦煌渥窪水出馬,以爲靈瑞者,即此類也。"

② "馬寔"二句,謂馬是龍成精而變化的,所以馬本來就是水族之類的動物。渥窪,水名,在今甘肅安西縣,黨河的支流。《史記·樂書》:"又嘗得神馬渥窪水中,復次以爲太一之歌。"郭璞用此意,説龍馬出現是祥瑞徵兆。夏后,指夏禹。駟,古代一車套四馬,因此稱四馬之車或車之四馬。《廣博物志》十四引《尸子》有禹受河圖事,鄭玄以爲帝王聖者受命之瑞。郭璞對此有懷疑,因夏禹時尚無馬車,故云"亦有何駟"。寔,郝懿行《山海經箋疏》作"實"。

䱤 魚[①]

涸和損平,莫慘於憂。詩詠萱草,帶山則䱤[②]。塹焉遺岱,聊以盤遊[③]。

【校注】

① 䱤魚,《山海經》:"(彭水)其中多䱤魚,其狀如雞而赤毛,三尾、六足、四首,其音如鵲,食之可以已憂。"郝懿行云:"䱤與儵同,《玉篇》作儵。云徒堯切,又直流切。是也。"又云:"首當爲目字之譌也,今圖正作四目,《玉篇》本此經亦作四目可

證。今粵東人説海中有魚名鯈,形如雞而有頓轂,多尾足,尾如八帶,魚宜鹽藏,炙食之甚美,可以響遠,疑即此也。"

② "涸和"四句,《太平御覽》九百三十七卷引作:"汩和損平,莫慘於憂,《詩》咏萱草,《山經》則鯈。"詞句小異。涸,乾涸。損,虧損。此句言乾涸和虧損相等。"莫慘"句,謂最慘痛的莫過於憂傷悲痛。"詩詠"句,指《詩經·衛風·伯兮》:"焉得諼草,言樹之背。"諼同萱,古人認爲萱草可以使人忘憂,食鯈魚也可以使人忘憂,所以郭璞説"《詩》咏萱草,《山經》則鯈。"

③ 壑,山谷。遺,遺忘。岱,泰山的別名。郭璞因内心有慘痛的憂思,想用萱草、鯈魚已憂而不能,故想起久已遺忘了的泰山谷壑,認爲隱居山林即可盤桓游樂。

臚疏獸䳐䳐鳥何羅魚

厭火之獸,厥名臚疏①。有鳥自化,號曰䳐䳐②。一頭十身,何羅之魚③。

【校注】

① 臚疏,《山海經》:"(帶山)有獸焉,其狀如馬,一角有錯,其名曰臚疏,可以辟火。"厭,厭壓。因臚疏獸可以辟火,故稱爲厭火之獸。

② 䳐䳐,鳥名,《山海經》:"(帶山)有鳥焉,其狀如鳥,五采而赤文,名曰䳐䳐,是自爲牝牡,食之不疽。"郝懿行云:"䳐䳐已見《西次三經》翼望之山。《莊子·天運篇·釋文》引此經云:"其狀如鳳,五彩文,其名曰奇類,與今本異。"又云:"《廣韵》云:鵁䴋,怪鳥屬也。《玉篇》云:鵁䴋鳥自爲牝牡,《廣韵》亦同。是鵁䴋即䳐䳐之異名。"自化,謂其自爲牝牡。

③ 何羅魚,《山海經》:"(譙水)其中多何羅之魚,一首而十身,其音如吠犬,食之已癰。"袁珂云:"吳任臣《山海經廣注》引《異魚圖贊》云:何羅之魚,十身一首,化而爲鳥,其名休舊;竊糈于春(春?),傷隕在曰;夜飛曳音,聞春(雷?)疾走。則是關於此魚之異聞也。意十首一身之姑獲鳥(鬼車),其此魚之所化乎?王崇慶云:何羅之魚,鬼車之鳥,可以並觀。是也。"

孟　槐[①]

孟槐似貆,其豪則赤。列象畏獸,凶邪是辟。氣之相勝,莫見其迹[②]。

【校注】

① 孟槐,獸名。《山海經》:"(譙明之山)有獸焉,其狀如貆而赤豪,其音如榴榴,名曰孟槐,可以禦凶。"
② 貆,即豪猪。"列象"二句,郭璞《山海經注》曰:"辟凶邪氣也。亦在畏獸畫中也。""氣之"二句,言孟槐能够厭勝凶邪之氣,是没有迹象可以顯見的。

鰼鰼魚[①]

鼓翩一揮,十翼翩翩。厥鳴如鵲,鱗在羽端。是謂怪魚,食之辟燔[②]。

【校注】

① 鰼鰼魚,古代傳説中的怪魚。《山海經》:"(涿光之山)嚻水出焉,而西流注于河。其中多鰼鰼之魚,其狀如鵲而十翼,鱗皆在羽端,其音如鵲,可以禦火,食之不癉。"
② 鼓翩,鼓翼,張翅飛翔。一揮,《太平御覽》九百三十卷引此讚作"鼓翩一運,十翼翩翻"。翩翩,郝懿行《山海經箋疏》作"翩飛"。翩翩,飛翔貌。辟燔,謂食之禦火。

橐　駝[①]

駝惟奇畜,肉鞍是被。迅騖流沙,顯功絶地。潛識泉源,微乎其智[②]。

【校注】

① 橐駝,也作"橐它",獸名,即駱駝。《山海經》:"(虢山)其獸多橐駝。"郭璞注云:"有肉鞍,善行流沙中,日行三百里,其負千斤,知水泉所在也。"郝懿行云:"《爾雅》犦牛,郭注云:領上肉犦胅起,高二尺許,狀如橐駝。肉鞍一邊,健行者日三百餘里。釋文云:橐字又作馲,音託,又音洛。引《字林》云:馲駝似鹿而大,肉鞍,出繞山也。"

② "潛識"二句,《初學記》二十九卷引作"潛識泉淵,徵乎其智"。郝懿行云:"《博物志》云:敦煌西渡流沙,往外國,濟沙千餘里,中無水,時有伏流處,人不能知,駱駝知水脈,過其處輒停不行,以足踏地,人於所踏處掘之。輒得水也。"所以郭璞讚其智慧微妙。

耳 鼠[①]

躡實以足,排虛以羽。翹尾翻飛,奇哉耳鼠。厥皮惟良,百毒是禦[②]。

【校注】

① 耳鼠,《山海經》:"(丹熏之山)有獸焉,其狀如鼠,而菟首麋身,其音如獆犬,以其尾飛,名曰耳鼠,食之不睬,又可以禦百毒。"郝懿行云:"疑即《爾雅》鼯鼠夷由也,耳、鼯、夷並聲之通轉,其形肉翅連尾足,故曰尾飛。"

② 躡實,猶言立在地上。排虛,猶排空,凌空飛翔。翻飛,飛翔。此句謂耳鼠是舉尾高飛。"厥皮"二句,謂耳鼠皮可禦百毒。郝懿行云:"《本草經》云:鸓鼠主墮胎,令產易。陶注云:鸓即鼯鼠,飛生鳥也。人取其皮毛以與產婦持之,令兒易生。義與此近。"《藝文類聚》九十五卷引郭氏讚曰:"或以尾翔,或以髯凌,飛鼠鼓翰,倏然皆騰,用無常所,唯神所憑。"文字與此讚異。

幽 頞[①]

幽頞似猴,俾愚作智。觸物則笑,見人佯睡。好用小慧,終是嬰繫[②]。

【校注】

① 幽頞,獸名。《山海經》:"邊春(春)之山……有獸焉,其狀如禺而文身,善笑,見人則卧,名曰幽頞,其鳴自呼。"

② 嬰繫,《太平御覽》九百十三卷引作"嬰累"。言其喜好佯睡,故被人繫頸捕獲。

寓鳥孟極足訾獸

鼠而傅翼,厥聲如羊①。孟極似豹,或倚無良②。見人則呼,號曰足訾③。

【校注】

① "鼠而"二句,謂禺鳥。《山海經》:"(虢山)其鳥多寓,狀如鼠而鳥翼,其音如羊,可以禦兵。"郝懿行云:"《方言》云:寓,寄也。《爾雅》有寓屬,又有寓鼠曰嗛。此經寓鳥,蓋蝙蝠之類,唯蝙蝠肉翅爲異。《廣韻》云:鸋鼠,鳥名,謂是也。《玉篇》云:鸋,語俱切,似禿鶖,見則兵起,非此。"

② 孟極,獸名。《山海經》:"(石者之山)有獸焉,其狀如豹,而文題白身,名曰孟極,是善伏,其鳴自呼。"王崇慶云:"善伏,言善藏也,或伏卧之伏。"倚,靠。無良,不善。郝懿行云:"此語難曉。"疑謂孟極善伏,可能會倚靠不善之人。

③ 足訾,獸名。《山海經》:"(蔓聯之山)有獸焉,其狀如禺而有鬣,牛尾,文臂,馬蹄,見人則呼,名曰足訾,其鳴自呼。"臧庸曰:"末二句無韵,疑有誤。"

鵁鳥①

毛如雌雉,朋翔羣下。飛則籠日,集則蔽野。肉驗鍼石,不勞補寫②。

【校注】

① 鵁鳥,《山海經》:"(蔓聯之山)有鳥焉,羣居而朋飛,其毛如雌雉,名曰鵁,其

鳴自呼,食之已風。"郝懿行云:"《爾雅》鴗䳄,郭注云:黄色,鳴自呼;此鳥毛如雌䳄,其鳴自呼,與《爾雅》合,又鴗或作渴,是無正字,疑即鴗䳄也。"

② 毛如雌䳄,郝懿行云:"《玉篇》鴗云:白鴗鳥羣飛,尾如雌雞。疑經文毛當爲尾字之譌。"朋,羣也,言其結羣飛翔。鍼石,用以治病之石與針。此句謂鴗鳥之肉可以治療風疾。

諸犍獸白鵺竦斯鳥

諸犍善吒,行則銜尾①。白鵺竦斯②,厥狀如䳄。見人則跳,頭文如繡。

【校注】

① 諸犍,獸名。《山海經》:"(單張之山)有獸焉,其狀如豹而長尾,人首而牛耳,一目,名曰諸犍,善吒,行則銜其尾,居則蟠其尾。"

② 白鵺(音夜),鳥名。《山海經》:"(單張之山)有鳥焉,其狀如䳄,而文首、白翼、黄足,名曰白鵺,食之已嗌痛,可以已癡。"郝懿行云:"白鵺即白䳜,郭璞注《爾雅》謂之白鵺。"竦斯,鳥名。《山海經》:"(灌題之山)有鳥焉,其狀如雌䳄而人面,見人則躍,名曰竦斯,其鳴自呼也。"

磁 石①

磁石吸鐵,琿玴取芥。氣有潛感,數亦冥會。物之相投,出乎意外。②

【校注】

① 磁石,石名,也作礠石、慈石,俗稱吸鐵石,今稱磁鐵,有吸引鐵、鎳、鈷等金屬的屬性。《山海經》:"(灌題之山)匠韓之水出焉,而西流注于泑澤,其中多磁石。"

② "琿玴"以下五句,《藝文類聚》六卷引此讚云:"琥珀取芥,氣有潛通,數亦冥會,物之相感,出乎意外。"文字略異。琿玴,形狀像龜的爬行動物,産於熱帶海中,甲殼可作裝飾品。此當作琥珀,琥珀取芥,謂琥珀摩擦後生電,能吸引輕微之物。喻相互感應。《易·乾》:"同聲相應,同氣相求。……則各從其類也。"唐孔穎達《疏》:

"亦有異類相感者,若磁石引針,琥珀拾芥。"漢王充《論衡·亂龍》:"頓牟拾芥,磁石引針。"頓牟,即琥珀的別名。琥珀,松柏樹脂的化石,色黄褐或紅褐,燃燒時有香氣。紅者曰琥珀,黄而透明者曰臘珀,入藥,也可制飾物。冥會,言事物之間的暗中感應,是不知不覺的,雖出於人的意外,却是自然合理的。

旄 牛[1]

牛充兵機,兼資者旄。冠于旌鼓,爲軍之標。匪肉致災,亦毛之招[2]。

【校注】

[1] 旄牛,牦牛。《山海經》:"(潘侯之山)有獸焉,其狀如牛,而四節生毛,名曰旄牛。"郭璞注云:"今旄牛背膝及胡尾皆有長毛。"郝懿行云:"《爾雅》犛牛,郭注云:旄牛也。髀郤尾皆有長毛,與此注同。或云旄牛即犛牛也。《説文》云:犛,西南夷長髦牛也,從牛犛聲。是知犛古音斄也,貍、來古同聲。"

[2] "牛充"二句,謂旄牛可作軍事物資。旌,謂竿頂用旄牛尾爲飾的旗。鼓,謂用旄牛皮蒙的鼓。而旌和鼓都是軍事行動的標識,旄牛也因此而被人宰殺。所以説旄牛以毛皮招災也。

長 蛇[1]

長蛇百尋,厥鬣如彘。飛羣走類,靡不吞噬。極物之惡,盡毒之厲[2]。

【校注】

[1] 長蛇,蛇名。《山海經》:"(大咸之山)有蛇名曰長蛇,其毛如彘豪,其音如鼓柝。"郭璞注云:"説者云長百尋,今蝮蛇色似艾綬文,文間有毛如豬鬐,此其類也。常山亦有長蛇,與此形不同。"郝懿行云:"常山蛇名率然,見《孫子·九地篇》。蝮蛇即蝮蟲。"《南山經》:猨翼之山"多蝮蟲"。郭璞注云:"蝮蟲色如綬文,鼻上有鍼,大者百餘斤,一名反鼻蟲。蟲,古虺字。"

[2] 尋,古代八尺爲一尋。如彘,謂其鬣毛如猪豪。"飛羣"句,謂飛禽走獸。

"極物"句,言長蛇是最惡最毒的蛇。

山 獋[①]

　　山獋之獸,見人歡謔。厥性善投,行如矢激。是惟氣精,出則風作[②]。

【校注】

　　① 山獋,獸名。《山海經》:"(獄法之山)有獸焉,其狀如犬而人面,善投,見人則笑,其名山獋,其行如風,見則天下大風。"郝懿行云:"《説文》云:獋,獸名。《吳都賦》云:獋子長嘯。劉逵注云:獋子,猿類,猿身人面,見人則嘯,嘯蓋與笑通。李善注引此經,正作見人則笑,名獋。獋,胡奔切。無山字,與今本異。"

　　② 見人歡謔,張溥注曰:"謔,一作唬。"《太平御覽》九百十二卷引作"見乃歡唬"。此句意謂山獋見人則笑。矢激,形容其行走迅疾。"是惟"二句,謂山獋是某種氣體變成的精怪,所以山獋出現,則天下大風。

窫窳諸懷獸鯥魚肥遺蛇

　　窫窳諸懷[①],是則害人。鯥之爲狀,羊鱗黑文[②]。肥遺之蛇[③],一頭兩身。

【校注】

　　① 窫窳,獸名。《山海經》:"(少咸之山)有獸焉,其狀如牛而赤身,人面馬足,名曰窫窳,其音如嬰兒,是食人。"郭璞注云:"《爾雅》云:窫窳似貙,虎爪,與此錯,軋愈二音。"郝懿行云:"《海内南經》云:窫窳龍首,居弱水中。《海内西經》云:窫窳蛇身人面,又與此及《爾雅》不同。窫窳,《爾雅》作猰貐。"郭璞《山海經注》云:"窫窳本蛇身人面,爲貳負臣所殺,復化而成此物也。"袁珂云:《海内西經》云:貳負之臣曰危,危與貳負殺窫窳,帝乃桎之疏屬之山,桎其右足,反縛兩手(原作反縛兩手與髮,與髮二字衍,從王念孫、郝懿行校删),繫之山上木。在開題西北。又云:開明東有巫彭、巫抵、巫陽、巫履、巫凡、巫相,夾窫窳之尸,皆操不死之藥以距之。窫窳者,蛇身人面,貳負臣所殺也。郭云復化而成此物者,原本蛇身人面之天神(古天神多蛇身人

面),竅窳被殺而治活後,復化而成此怪物也。"諸懷,獸名。《山海經》云:"(北岳之山)有獸焉,其狀如牛而四角,人目彘耳,其名曰諸懷,其音如鳴鴈,是食人。"郝懿行云:"《玉篇》作懷,云獸,似牛,四角人目。"

② 鰩,郭璞注云:"音藻。"魚名。《山海經》:"(獄法之山)瀤澤之水出焉,而東北流注于泰澤,其中多鰩魚,其狀如鯉而雞足,食之已疣。"羊鱗,郝懿行云:"羊字疑誤。"《太平御覽》九百三十九卷引作"半鳥半鱗",謂其狀如鯉而雞足。

③ 肥遺,蛇名。《山海經》:"(渾夕之山)有蛇,一首兩身,名曰肥遺,見則其國大旱。"郭璞注云:"《管子·水地篇》曰:涸水之精,名曰蝟,一頭而兩身,其狀如蛇,長八尺,以其名呼之,可使取魚鼈,亦此類。"

鮆 魚①

陽鑒動日,土蛇致宵。微哉鮆魚,食則不驕。物在所感,其用無標②。

【校注】

① 鮆魚,又名鱭魚、鱴魚,即魛魚。《山海經》:"(縣雍之山)晋水出焉,而東南流注于汾水,其中多鮆魚。其狀如儵而鱗,其音如叱,食之不驕。"又《南山經》云:"(浮玉之山)苕水出於其陰,北流注於具區,其中多鮆魚。"郭璞注云:"鮆魚狹薄而長,頭大者尺餘,太湖中今饒之,一名刀魚。"

② 鑒,通鑑。陽鑒動日,謂以日光取火的凹面銅鏡取火於日。《淮南子·覽冥訓》:"夫陽燧取火於日。"土蛇,即土制的龍,古代龍蛇可以互稱,故稱土龍爲土蛇。土蛇致宵,謂以土龍求雨。土龍即應龍,郭璞《山海經注》云:"今之土龍本此。氣應自然冥感,非人所能爲也。"王充《論衡·亂龍篇》:"設土龍以招雨,其意以雨龍相致。《易》曰:雲從龍,風從虎。以類求之,故設土龍。"不驕,郭璞注云:"或作騷。騷,臭也。"郝懿行云:"騷臭,蓋即蘊羝之疾,俗名狐騷也。"無標,《太平御覽》九百三十九卷引作"無標"。言物與物之間的互相感應,其作用没有顯著的標識。

狍 鴞①

狍鴞貪惏,其目在腋。食人未盡,還自齦割。圖形妙鼎,是謂不若②。

【校注】

① 狍鸮,傳説中的獸名。《山海經》:"(鉤吾之山)有獸焉,其狀如羊身人面,其目在腋下,虎齒人爪,其音如嬰兒,名曰狍鸮,是食人。"郭璞注云:"爲物貪惏……是也。狍音咆。"郝懿行云:"《吕氏春秋·先識覽》云:周鼎著饕餮,食人未盡,還害其身,像在夏鼎,《左傳》所謂饕餮,有首無身,食人未咽,害及其身,以言報更。是郭所本也。注蓋圖讚之文,與今世所傳復不同。《文選注》陳琳《爲袁紹檄》引此注,貪惏作貪婪,夏鼎作禹鼎。"饕餮,惡獸名,或謂蚩尤。

② 貪惏,即貪婪。齦割,即啃割。不若,猶言不祥、不吉利。郝懿行云:"讚與郭注銘詞異。滅庸曰:割字非韵。"

狪闒騂馬獨狢

有獸如豹,厥文惟縟①。闒善躍嶮②,騂馬一角③。虎狀馬尾,號曰獨狢④。

【校注】

① "有獸"二句,謂狪。《山海經》:"(隄山)有獸焉。其狀如豹而文首,名曰狪。"惟縟,言狪頭上文彩繁密。

② 闒,傳説中的獸名。《山海經》:"(縣雍之山)其獸多閭麋。"郭璞注云:"閭即羭也,似驢而岐蹏,角如麢羊,一名山驢,《周書》曰:北唐以閭。亦見《鄉射禮》。"郝懿行云:"《周書·王會篇》云:北唐戎以閭,閭似隃冠。疑隃即羭字之譌也。孔晁注云:射禮以閭象爲射器。孔氏及郭注,俱本《鄉射禮》,禮曰:國中射則皮樹中,於郊則閭中。《初學記》引《廣志》云:驢羊似驢,即此也。《集韵》云:閭,一角岐蹏。"躍嶮,謂閭善跳而能越險。

③ 騂馬,獸名。《山海經》:"(敦頭之山)其中多騂馬,牛尾而白身,一角,其音如呼。"郝懿行云:"《初學記》八卷引《南越志》云:平定縣東鉅海有騂馬,似馬,牛尾,一角。又二十九卷引張駿《山海經圖畫讚》曰:敦山有獸,其名爲教,麟形一角,即此也。麟形,蓋釋牛尾,教即騂也,字音同。"

④ 獨狢,獸名。《山海經》:"(北嚻之山)有獸焉,其狀如虎,而白身犬首,馬尾彘鬣,名曰獨狢。"郝懿行云:"《説文》云:北嚻山有獨狢獸,如虎,白身豕鬣,尾如馬,本此。"

鴽鶥①

禦暍之鳥,厥名鴽鶥。昏明是互,晝隱夜覿。物貴應用,安事鸎鵠②。

【校注】

① 鴽鶥,鶥字誤,郝懿行《山海經箋疏》作"鴽䴅"。《山海經》:"(北囂之山)有鳥焉,其狀如烏,人面,名曰鴽䴅,宵飛而晝伏,食之已暍。"郭璞注云:"般冒兩音,或作夏也。"郝懿行曰:"鴽䴅見《玉篇》,郭云或作夏者,夏形聲近賈,《大荒南經》有鷹賈,郭注云賈亦鷹屬。《水經注》引《莊子》有雅賈,蓋是烏類,經言此鳥狀如烏,疑似也。又言宵飛晝伏則是,今訓狐,訓狐即鴟鵂之屬,其狀如鷹,鷹賈之名或以此。"

② 禦暍,謂鴽鶥鳥能治暍病。暍,郭璞注云:"中熱也,音謁。"暍,中暑之病。"物貴"二句,言鴽鶥能治暍病,即比鸎鵠之類有用,表現了郭璞尚實用的思想。

居暨獸䎃鳥三桑

居暨豚鳴,如蝟赤毛①。四翼一目,其名曰䎃②。三桑無枝,厥樹唯高③。

【校注】

① 居暨,獸名。《山海經》:"(梁渠之山)其獸多居暨,其狀如蝟而赤毛,其音如豚。"郭璞注云:"蝟似鼠,赤毛,如刺蝟也。蝟音渭。"郝懿行云:"《爾雅》云:蝟,毛刺。郭注云:今猬,狀如鼠,與此注同。猬蒼白色,此注赤字、猬字,並衍。又蝟,《玉篇》《廣韻》並作猬,赤毛,《廣韻》作赤尾也。"

② 䎃,鳥名。《山海經》:"(梁渠之山)有鳥焉,其狀如夸父,四翼一目,犬尾,名曰䎃,其音如鵲,食之已腹痛,可以止衕。"郭璞注曰:"夸父,或作舉父。"郝懿行云:"《西次三經》云:崇吾之山,有獸曰舉父。或作夸父,此經鳥如夸父,或作舉父,舉、夸聲相近,故古字通也。"

③ 三桑,木名。《山海經》:"(洹山)三桑生之,其樹皆無枝,其高百仞,百果樹生之,其下多怪蛇。"郝懿行云:"《海外北經》云:"三桑無枝,在歐絲東,其木長百仞,

即此。"

騨獸①

騨獸四角,馬尾有距。涉歷歸山,騰嶮躍岨。厥貌惟奇,如是旋舞②。

【校注】

① 騨獸,《山海經》:"(太行之山,其首曰歸山)有獸焉,其狀如麢羊而四角,馬尾而有距,其名曰騨,善還,其名自訆。"騨,音暉。

② 距,雄雞、雉等蹠後面突出的像腳趾的部分,顏師古云:"雞附足骨,鬥時所用刺之。"嶮,高險。岨,同阻,險要。"如是"句,謂騨善旋舞。

天 馬①

龍馮雲遊,騰蛇假霧。未若天馬,自然凌翥。有理懸運,天機潛御②。

【校注】

① 天馬,傳說中的獸名。《山海經》:"(馬成之山)有獸焉,其狀如白犬而黑頭,見人則飛,其名曰天馬,其鳴自訆。"

② "龍馮"四句,馮,通憑,憑藉。騰蛇,即螣蛇、䗥蛇,傳說中的神蛇,郭璞《爾雅注》云:"龍類,能興雲霧而游其中也。"凌翥,高飛。此四句意謂,龍和螣蛇都需憑雲假霧才能飛游天空,都不如天馬有肉翅飛行自在。有理,謂自然之道。天機,謂造化的奧秘。"有理"二句,謂天馬飛翔,有自然之理預先運動,暗中駕御。表現了郭璞崇尚自然的玄學思想。

鶋 居①

鶋居如鳥,青身黃足。食之不饑,可以辟穀。內厥唯珍,配彼丹木②。

【校注】

① 鶌居，即鶌鳩。《山海經》："（馬成之山）有鳥焉，其狀如烏，首白而身青，足黄，是名曰鶌鶋，其鳴自詨，食之不飢，可以已寓。"《爾雅·釋鳥》："鶌鳩，鶻鵃。"郭璞注云："似山鵲而小，短尾，青黑色，多聲。今江東亦呼爲鶻鵃。"

② 鶌居，當作"鶌鶋"。辟穀，古稱行導引之術，不食五穀，可以長生，道家方士乃附會爲神仙入道之術。内，郝懿行云："疑當爲肉。"丹木，是崦嵫山的藥木，其葉如穀，而鶌鶋鳥可以辟穀，所以郭璞説"配彼丹木"。

飛　鼠①

或以尾翔，或以髯凌。飛鼠鼓翰，翛然皆騰。用無常所，惟神是憑②。

【校注】

① 飛鼠，即鼯鼠，體形似鼠，前後肢間有飛膜，能在樹間滑翔。《山海經》："（天池之山）有獸焉，其狀如兔而鼠首，以其背飛，其名曰飛鼠。"郭璞注云："用其背上毛飛，飛則仰也。"郝懿行云："《文選·上林賦》云：蜼玃飛蠝。張揖注云：飛蠝，飛鼠也，其狀如兔而鼠首，以其頏飛。今經頏作背，或所見本異也。又上文丹熏山有耳鼠，以其尾飛，郭云或作髯飛，髯即頏字耳。"

② 尾翔，謂耳鼠。髯凌，謂當扈。翰，鳥羽。鼓翰，謂飛鼠振翅飛翔。翛然，自然超脱貌，疾速貌。此句謂耳鼠、當扈、飛鼠等，雖然飛的方法不同，但都能自然超脱地疾速飛翔。皆騰，郝懿行《山海經箋疏》作"背騰"。《初學記》二十九卷引此圖讚作"翛然背騰，固無常所，唯神是憑。"

鸙鶋象蛇鰩父魚

有鳥善驚，名曰鸙鶋①。象蛇似雉，自生子孫②。鰩父魚首，厥體如豚③。

【校注】

① 鸙鶋（音奔），鳥名。《山海經》："（太行之山，其首曰歸山）有鳥焉，其狀如

鵸,白身赤尾,六足,其名曰鵸,是善驚,其鳴自詨。"郝懿行《山海經箋疏》題作"鸍"。案:此及經皆單作鵸,讀作鵸鵸,重文協韵。

② 象蛇,鳥名。《山海經》:"(陽山)有鳥焉,其狀如雌雉,而五采以文,是自爲牝牡,名曰象蛇,其鳴自詨。"自生子孫,謂其自爲牝牡。

③ 鮯父魚,魚名。《山海經》:"(留水)其中有鮯父之魚,其狀如鮒魚,魚首而彘身,食之已嘔。"

酸　與①

景山有鳥,禀氣殊類。厥狀如蛇,脚二翼四。見則邑恐,食之不醉②。

【校注】

① 酸與,鳥名。《山海經》:"(景山)有鳥焉,其狀如蛇,而四翼六目,三足,名曰酸與,其鳴自詨,見則其邑有恐。"郭璞注云:"或曰食之不醉。"

② 禀氣,承受天地自然之氣。脚二,經作"三足",故二當爲三。

鴣鸐黄鳥

鴣鸐之鳥,食之不瞧①。爰有黄鳥,其鳴自叫。婦人是服,矯情易操②。

【校注】

① 鴣鸐,鳥名。《山海經》:"(小侯之山)有鳥焉,其狀如烏而白文,名曰鴣鸐,食之不瀟。"郭璞注云:"不瞧目也,或作矏,音醮。"郝懿行云:"瞧音樵,俗以偷視爲瞧,非也,矏音醮,《玉篇》云:目冥也。"

② 黄鳥,鳥名。《山海經》:"(軒轅之山)有鳥焉,其狀如梟而白首,其名曰黄鳥,其鳴自詨,食之不妬。"矯情句,謂婦女食黄鳥可以改變嫉妒的性情。

精衛①

炎帝之女,化爲精衛②。沈形東海,靈爽西邁,乃銜木石,以填波害③。

【校注】

① 精衛,神話中的鳥名。《山海經》:"(發鳩之山)有鳥焉,其狀如鳥,文首白喙,赤足,名曰精衛,其鳴自詨。是炎帝之少女,名曰女娃。女娃游于東海,溺而不返,故爲精衛,常銜西山之木石,以堙于東海。"

② 炎帝,神農。袁珂云:"《漢書人表》:'炎帝神農氏。'張晏注曰:'以火德王,故號曰炎帝。作耒耜,故曰神農。'然炎帝與神農在先秦古籍本不相謀,至漢以後始合而爲一也。《史記·五帝本紀》云:'軒轅之時,神農氏衰。'又云:'軒轅乃修德振兵,以與炎帝戰於阪泉之野。'是以炎帝爲神農矣。《繹史》卷四引《周書》云:'神農之時,天雨粟,神農遂耕而種之,作陶冶斧斤,爲耒耜鉏鎒,以墾草莽,然後五穀興助,百果藏實。'《拾遺記》卷一亦云:'炎帝時有丹雀銜九穗禾,其墜地者,帝乃拾之,以植於田,食者老而不死。'此炎帝神農之所以號爲神農也。有關炎帝神農之神話,其最著者厥爲嘗藥與鞭藥。《淮南子·修務篇》云:'神農嚐百草之滋味,一日而遇七十毒。'《搜神記》卷一云:'神農以赭鞭鞭百草,盡知其平毒寒溫之性。'"又云:"《述異記》云:'昔炎帝女溺死東海中,化爲精衛,偶海燕而生子,生雌狀如精衛,生雄如海燕。今東海精衛誓水處,曾溺此川,誓不飲其水。一名誓鳥,一名冤禽,又名志鳥,俗呼帝女雀。'則是此一神話之流傳演變也。"

③ 沈形,郝懿行《山海經箋疏》作"沈所",注云:"《類聚》作形。"靈爽,指鬼神的精氣。以填波害,郝懿行《山海經箋疏》作"以埋波海",注云:"臧庸曰:《類聚》作以填攸害,害與衛、邁,皆脂類,若作海則爲之類矣,必當從《類聚》。"

辣辣羆九獸大蛇

辣辣似羊,眼在耳後①。竅生尾上,號曰羆九②。幽都之山,大蛇牛响③。

【校注】

① 辣辣,傳說中的獸名。《山海經》:"(泰戲之山)有獸焉,其狀如羊,一角一目,目在耳後,其名曰辣辣,其鳴自訓。"郝懿行云:"吴氏引楊慎《奇字韵》云:辣辣,今產於代州雁門谷口,俗呼爲構子,見則歲豐,音東,見《晋志》。今案:《代州志》構作搆,誤也。"

② 羆九,獸名。《山海經》:"(倫山)有獸焉,其狀如麋,其川在尾上,其名曰羆(九)。"郭璞注云:"川,竅也。"郝懿行云:"《爾雅》云:白州驢,郭注云:州,竅。是州、川其義同。《廣雅》云:川,臀也,本此。王引之曰:川似當爲州字,形相近而誤。"

③ 大蛇,《山海經》:"(西望幽都之山)是有大蛇,赤首白身,其音如牛,見則其邑大旱。"幽都之山,郝懿行云:"在北海之内,見《海内經》。"袁珂云:"王念孫云:《類聚·祥瑞下》(卷九九)作武都,《文選》注七之二十九作幽都,《爾雅·釋獸》郭注同,《白帖》十七作武都。珂案:《楚辭·招魂》云:君無下此幽都些。王逸注云:幽都,地下后土所治也,地下幽冥,故稱幽都。此幽都之山,有玄鳥、玄蛇、玄豹、玄虎、玄狐蓬尾,又有大玄之山、玄丘之民、大幽之國等,景象頗類《招魂》所寫幽都,疑即幽都神話之古傳也。"呴,通吼,言大蛇聲似牛吼。

東山經圖讚

鱅鱅魚從從獸蚩鼠

魚號鱅鱅,如牛虎駮①。從從之狀,似狗六脚②。蚩鼠如雞,見則旱渴③。

【校注】

① 鱅鱅,海獸名,即魚牛。《山海經》:(枮𣐯之山)食水出焉,而東北流注于海,其中多鱅鱅之魚,其狀如犁牛,其音如彘鳴。"郝懿行:"《史記》裴駰《集解》引郭氏云:鱅似鰱而黑,非此也。《説文》云:鱅,魚名。"虎駮,郝懿行《山海經箋疏》作"虎鮫"。注云:"鮫字譌,《御覽》作駮。"

② 狁狁,傳説中的怪獸。題作從從,郝懿行云:"經作從從,讚作狁狁。《山海經》:(枸狀之山)有獸焉,其狀如犬,六足,其名曰從從,其鳴自詨。"

③ 蚩鼠,傳説中的一種鳥。《山海經》:"(枸狀之山)有鳥焉,其狀如雞而鼠毛,其名曰蚩鼠,見則其邑大旱。"郝懿行云:"蚩,《説文》作鴲,云鴲鼠,似雞鼠尾。《玉篇》云:蚩,蟲也。"

鯈䗚[①]

鯈䗚蛇狀,振翼灑光。憑波騰逝,出入江湘。見則歲旱,是維火祥[②]。

【校注】

① 鯈䗚,傳説中的動物名。《山海經》:"(獨山)末塗之水出焉,而東南流注于沔,其中多鯈䗚,其狀如黄蛇,魚翼,出入有光,見則其邑大旱。"

② "振翼"句,郭璞《江賦》云:"鯈䗚拂翼而掣耀。"皆謂其出入有光。火祥,謂鯈䗚出現則大旱,所以是火熱的徵兆。

狪 狪[①]

蚌則含珠,獸胡不可。狪狪如豚,被褐懷禍。患難無繇,招之自我[②]。

【校注】

① 狪狪,獸名。《山海經》:"(泰山)有獸焉,其狀如豚而有珠,名曰狪狪,其鳴自訆。"郝懿行云:"《玉篇》云:狪似豕,出泰山。又'狪'云:獸名。《廣韵》狪、狪,俱云獸名,似豕,出泰山。是知古本作狪或作狪,今本作狪,皆一字也。郭云音如吟恫之恫,疑吟當爲呻字爲譌。《匡謬正俗》云:關中謂呻吟爲呻恫。"

② 繇,郝懿行《山海經箋疏》作"由"。此句是郭璞認爲蚌産珍珠,狪狪也産珍珠,就像一個人懷才被褐即招禍患,都不是有什麽必然的原因。表現了郭璞懷才不遇的憤懣情緒。

堪㜸魚𨖫𨖫獸①

堪㜸𨖫𨖫,殊氣同占。見則洪水,天下昏墊。豈伊妄降,亦應牒讖②。

【校注】

① 堪㜸,《山海經》:"(犲山)其下多水,其中多堪㜸之魚。"郝懿行云:"犲,即豺別字。"㜸,郭璞云:"未祥,音序。"郝懿行云:"《玉篇》㜸,從子從予,不從二予。"𨖫𨖫,傳說中的獸名。《山海經》:"(空桑之山)有獸焉,其狀如牛而虎文,其音如欽,其名曰𨖫𨖫,其鳴自叫,見則天下大水。"

② 昏墊,迷惘沉溺。《尚書·益稷》:"洪水滔天,浩浩懷山襄陵,下民昏墊。"孔傳:"言天下昏瞀墊溺,皆困水災。"此云天下人民皆困於水災。伊,伊尹,《列子》:"伊尹生乎空桑。"注云:"伊尹母居伊水之上,既孕,夢有神告之曰:臼水出而東走,無顧。明日,視臼,水出,告其鄰,東走十里而顧視其邑,盡爲水,身因化爲空桑。有莘氏女子采桑,得嬰兒於空桑之中,故命之曰伊尹,而獻其君,令庖人養之,長而賢,爲殷湯相。"牒讖,預言未來吉凶的文字。此二句謂伊尹降生的神話,與牒讖所記相應。

珠鱉魚①

澧水之鮮,形如浮肺。體兼三才,以貨賈害。厥用既多,何以自衛②。

【校注】

① 珠鱉魚,魚名。《山海經》:"(澧水)其中多珠鱉魚,其狀如肺而有目,六足,有珠,其味酸甘,食之無癘。"郝懿行云:"此物圖作四目,《初學記》八卷引《南越志》云:'海中多朱鱉,狀如肺,有四眼六足而吐珠。'正與圖合。疑此經有目當作四目,字之譌也。《文選·江賦》注引此經,仍作有目,譌與今本同,併當㮊正。"鱉音鼈,《呂氏春秋》作"朱鼈"。郭璞《江賦》作"頯鱉"。珠、朱,鱉、鼈並古字通用。

② 澧水,《呂氏春秋》作"澧水"。曰:"澧水之魚,名曰朱鼈,六足有珠,魚之美

也。"三才,謂朱鼈有三種用處:一是有珠,二是味甘酸而美,三是食之無瘕。"以貨賈害"以下三句,都是言有用即有害,表現了郭璞的玄學思想,抒發了他對現實不滿的感情。

犰狳①

犰狳之獸,見人佯眠。與災協氣,出則無年。此豈能爲,歸之於天②。

【校注】

① 犰狳,獸名。《山海經》:"(餘峨之山)有獸焉,其狀如菟而鳥喙,鴟目蛇尾,見人則眠,名曰犰狳,其鳴自訆,見則螽蝗爲敗。"郝懿行云:"《玉篇》犰、狳二字,並云獸,似菟,犰音幾,無犰字。是經文犰當爲仇,郭注仇,當爲幾,並字形之譌也。"

② 佯眠,言佯死也。"與災"句,謂犰狳出則有蝗蟲傷敗田苗,即成災年,故云與灾荒協氣。"此豈"二句,郭璞不相信灾荒是犰狳出造成,所以說歸之於天。

狸力獸鴸胡鳥①

狸力鴸胡,或飛或伏。是惟土祥,出興功築。長城之役,同集秦域②。

【校注】

① 狸力,獸名。《山海經》:"(櫃山)有獸焉,其狀如豚,有距,其音如狗吠,其名曰狸力,見則其縣多土功。"又曰:"(盧其之山)沙水出焉,南流注于涔水,其中多鴸鵂,其狀如鴟鴞而人足,其鳴自訆,見則其國多土功。"題作鴸胡,郝懿行《山海經箋疏》作"鵂胡",《太平御覽》引此經作"鵜鶘"。郝懿行云:"鴸、鵜聲相近也。鵜鶘見《爾雅》,陸機《詩疏》又名淘河,即鵜鶘聲之轉。《魏志》黃初四年,有鵜鶘鳥集靈芝池,詔曰:此詩人所謂汙澤是也。"

② 土祥,謂狸力、鴸胡出現,則是土功的徵兆。長城的興修,是否狸力、鴸胡同集秦國境內呢?表現了郭璞對這種迷信說法的懷疑。

朱獳①

朱獳無奇,見則邑駭。通感靡誠,維數所在。因事而作,未始無待②。

【校注】

① 朱獳,獸名。《山海經》:"(耿山)有獸焉,其狀如狐而魚翼,其名曰朱獳,其鳴自訆,見則其國有恐。"

② "通感"句,謂事物之間彼此通感不是有誠,而是其自然之理數在支配。數,道理。無待,没有對立面,没有根據。此謂朱獳出現而邑駭,往往因事而興起,並不是不待外物的幫助作爲憑藉。這也是郭璞玄學思想的表現。

獙獙蠱蚳獸絜鉤鳥

獙獙如狐,有翼不飛①。九尾虎爪,號曰蠱蚳②。絜鉤似鳧,見則民悲③。

【校注】

① 獙獙,獸名。《山海經》:"(姑逢之山)有獸焉,其狀如狐而有翼,其音如鴻鴈,其名曰獙獙,見則天下大旱。"

② 蠱蚳,當作蠱蛭,獸名。《山海經》:"(鳧麗之山)有獸焉,其狀如狐而九尾,九首,虎爪,名曰蠱蛭,其音如嬰兒,是食人。"郝懿行云:"《廣韵》說蠱蛭,無九首二字,餘並同。《中次二經》:昆吾之山,有獸名蠱蛭。郭云:上已有此獸,疑同名。是此經蛭當爲蛭,注文蛭當爲蛭,並傳寫之誤也。《廣韵》作蠱蛭可證。又云一名蜍蠪。"題作蠱蚳,亦當爲蠱蛭,因讚文云其狀與蠱蛭合,而與昆吾之山的蠱蚳不合。《山海經》云:"(昆吾之山)有獸焉,其狀如彘而有角,其音如號,名曰蠱蚳,食之不眯。"故蠱蚳當作蠱蛭。

③ 絜鉤,鳥名。《山海經》:"(砥山)有鳥焉,其狀如鳧而鼠尾,善登木,其名曰絜鉤,見則其國多疫。"民悲,謂絜鉤出現而有瘟疫,所以人民悲傷。

狰狰①

治在得賢,亡由失人。狰狰之來,乃致狡賓。歸之冥應,誰見其津②。

【校注】

① 狰狰,郭璞注云:"音攸。"郝懿行云:"《説文》《玉篇》無狰字,疑狰當爲狖,古從艸之字或從屮,屮亦艸也,《海内經》有崑狗即菌狗,亦其例。"《山海經》:"(硬山)有獸焉,其狀如馬而羊目,四角,牛尾,其音如獆狗,其名曰狰狰,見則其國多狡客。"

② 失人,郝懿行《山海經箋疏》作"夫人",注云:"陳壽祺曰:夫當爲失。"失人,謂君主没用賢人而失去民心。致,招致。狡,狡猾。賓,客。狡賓,即狡客,謂狡猾的人。冥應,暗中感應。津,渡口。此謂一個國家的治和亡,關鍵在於用人,與狰狰獸的出現,是否有相互感應關係,則無人識其津途。表現了郭璞對天人感應的懷疑。

蠵龜①

水圓四十,潛源溢沸。靈龜爰處,掉尾養氣。莊生是感,揮竿傲貴②。

【校注】

① 蠵龜,大龜的一種。《山海經》:"(跂踵之山)有水焉,廣員四十里皆涌。其名曰深澤,其中多蠵龜。"郭璞注云:"蠵,觜蠵,大龜也。甲有文彩,似瑇瑁而薄,音遺知反。"郝懿行云:"玳瑁,《玉篇》作瑇瑁,《説文》云:蠵,大龜也,以胃鳴者。郭璞《爾雅》靈龜云:緣中文似瑇瑁,俗呼爲靈龜,即今觜蠵龜,一名靈蠵,能鳴。"

② "水圓"句,《初學記》三十卷引作"水圓二方"。"潛源"句,謂深澤水源在地底,噴沸涌出,其深無限,故云溢沸。"掉尾"以下三句,用莊子之事。《莊子·秋水篇》:"莊子釣於濮水,楚王使大夫二人往先焉。曰:願以境内累矣。莊子持竿不顧。曰:吾聞楚有神龜,死已三千歲矣,王巾笥而藏之廟堂之上,此龜者,寧其死爲留骨而貴乎? 寧其生而曳尾於涂中乎? 二大夫曰:寧生而曳尾涂中。莊子曰:往矣,吾將曳尾於涂中。"郭璞用其意,表現出世傲貴的思想。

䍺胡精精獸鮯鮯魚

䍺胡之狀,似麋魚眼①。精精如牛,以尾自辨②。鮯鮯所潛,厥深無限。

【校注】

① 䍺胡,獸名。《山海經》:"(尸胡之山)有獸焉,其狀如麋而魚目,名曰䍺胡,其鳴自訆。"

② 精精,獸名。《山海經》:"(蹄隅之山)有獸焉,其狀如牛而馬尾,名曰精精,其鳴自叫。"

③ 鮯鮯(音蛤),魚名。《山海經》"(跂踵之山有深澤)有魚焉,其狀如鯉而六足,鳥尾,名曰鮯鮯之魚,其名自叫。"

猲狙獸𪄀雀

猲狙狡獸①,𪄀雀惡鳥②。或狼其體,或虎其爪。安用甲兵,擾之以道③。

【校注】

① 猲狙,獸名。《山海經》:"(北號之山,臨于北海)有獸焉,其狀如狼,赤首鼠目,其音如豚,名曰猲狙,是食人。"郝懿行云:"經文猲狙,當爲猲狚,注文葛苴,當爲葛旦,俱字形之譌也。《玉篇》《廣韻》並作猲狚,云,狚,丁旦切,獸名,可證今本之譌。《說文》云:狙,玃屬,《莊子·齊物論》釋文引司馬彪云:狙,一名獦牂,似猨而狗頭,喜與雌猨交,所說形狀與此經異,非一物也。"

② 𪄀雀,傳説中的惡鳥。《山海經》:"(北號之山,臨于北海)有鳥焉,其狀如雞而白首,鼠足而虎爪,其名曰𪄀雀,亦食人。"

③ "安用"二句,意謂猲狙、𪄀雀各以其食人之道,擾亂人民安寧,哪裏還用發動戰爭用甲兵殺人。表現了郭璞對西晉末年戰亂的不滿之情。

芑　木[①]

馬維剛駿,塗之芑汁。不勞孫陽,自然閒習。厥術無方,理有潛執[②]。

【校注】

① 芑木,木名。《山海經》:"(東始之山)有木焉,其狀如楊而赤理,其汁如血,不實,其名曰芑,可以服馬。"

② "塗之"句,謂以芑汁涂馬,則馬調良。郝懿行云:"良馬有血汗者,以芑汁涂馬則調良,或取此義與?"孫陽,即孫陽伯樂,古之善相馬者。因馬塗芑汁就可訓練好,何勞伯樂再去調理呢? 無方,沒有固定的法度。潛執,暗中掌握。謂芑汁涂馬則馬調良,是自然之理在暗中掌握。

茈魚薄魚

有魚十身,虇蕪其臭。食之和體,氣不下溜[①]。薄之躍淵,是維災候[②]。

【校注】

① 茈魚,傳説中的魚名。《山海經》:"(東始之山,泚水出焉)多茈魚,其狀如鮒,一首而十身,其臭如虇蕪,食之不糦。"虇蕪即芎藭,似蛇床而香。郝懿行云:"糦同屁,氣下洩也。匹寐切。"不糦,即不下溜也。

② 薄魚,傳説中的魚名。《山海經》:"(女烝之山,石膏水出焉)其中多薄魚,其狀如鱣魚而一目,其音如歐,見則天下大旱。"歐,俗作嘔,言其音如人嘔吐聲也。災候,謂薄魚出現將有旱灾。《初學記》作"見則天下反"。

合䍺①

猪身人面,號曰合䍺。厥性貪殘,物爲不咀。至陰之精,見則水雨②。

【校注】

① 合䍺,獸名。《山海經》:"(剡山)有獸焉,其狀如彘而人面,黃身而赤尾,其名曰合䍺,其音如嬰兒。是獸也,食人,亦食蟲蛇,見則天下大水。"

② 物爲,郝懿行云:"爲當作無。"咀,細嚼。物無不咀,言合䍺食人,亦食蟲蛇,沒有什麽動物不被它咬嚼而食。至陰之精,謂合䍺爲水祥,是陰物之精怪,所以見則天下大水。

當康獸鰼魚

當康如豚,見則歲穰①。鰼魚鳥翼,飛乃流光②。以出殊應,或災或祥③。

【校注】

① 當康,獸名。《山海經》:"(欽山,師水出焉)有獸焉,其狀如豚而有牙,其名曰當康,其鳴自叫,見則天下大穰。"郝懿行云:"《太平御覽》九百十三卷引《神異經》云:南方有獸,似鹿而豕首,有牙,善依人求五穀,名無損之獸。所説形狀與此獸近,當即此。"又云:"當康,大穰,聲轉義近,蓋將豐稔,兹獸先出以鳴瑞,聖人通知鳥獸之音,故特記之。凡經中諸物,或出而兆妖祥,皆動於幾先,非所常有,故世人希得見之爾。"穰,豐收。

② 鰼(音滑)魚,魚名。《山海經》:"(子桐之水)其中多鰼魚,其狀如魚而鳥翼,出入有光,其音如鴛鴦,見則天下大旱。"《玉篇》云:"鰼魚如鳥。"

③ 以出殊應,郝懿行《山海經箋疏》作"同出殊應",言當康獸出天下大穰,是吉祥之應;鰼魚出則天下大旱,是灾禍之應,故曰殊應,或災或祥。

蜚[1]

蜚則災獸,跂踵屬浟,會所經涉,竭水槁林,稟氣自然,體此殃淫[2]。

【校注】

① 蜚,傳説中的獸名。《山海經》:"(太山)有獸焉,其狀如牛而白首,一目而蛇尾,其名曰蜚,行水則竭,行草則死,見則天下大疫。"郭璞注云:"言體含灾氣也。其銘曰:蜚之爲名,體似無害,所經枯竭,甚於鳩厲,萬物斯懼,思爾遐逝。"郝懿行云:"《廣韵》引此經作見則有兵役,與今本異。又引郭氏讚,即今注中銘語也,萬物斯懼,斯作攸,餘同。又案,《藏經》本所載圖讚,復與此絶異,所未能祥。"又注云:"郭注銘詞,即圖讚也,此讚乃全與銘異,可疑。"

② 跂踵,指《中山經》復州之山的跂踵鳥。跂踵出則其國大疫。屬浟,浟同深。言蜚像跂踵一樣,見則灾屬很深重。"稟氣"句,謂蜚也是稟受自然之精氣而生成,却體現了水竭林枯的大灾殃。

中山經圖讚

桃　林[1]

桃林之谷,實惟塞野[2]。武王克商,休牛風馬[3]。陁越三塗,作嶮西夏[4]。

【校注】

① 桃林,地名,又名桃林塞、桃原、桃園。《山海經》:"(夸父之山)其北有林焉,名曰桃林,是廣員三百里,其中多馬。"畢沅説即鄧林,是神話中夸父棄杖所化而成林者。

② 塞野,桃林塞之山野。郝懿行云:"《水經注》引《三秦記》曰:桃林塞在長安東四百里,又引《春秋》文公十三年,晉侯使詹嘉守桃林之塞,處此以備秦。《史記·趙世家·正義》引《括地志》云:桃林在陝州桃林縣,西至潼關,皆爲桃林塞地。"其地約相當於今河南靈寶縣以西、陝西潼關縣以東地區。

③ 武王,周武王。克商,滅商紂。休牛風馬,《尚書·武成》:"乃偃武修文,歸馬於華山之陽,放牛於桃林之野。"言武王克商後,縱馬放牛,振兵釋旅,示天下不復用干戈。

④ 阨,險要之地。越,超過。三塗,山名,在河南嵩縣西南,指太行、轘轅、崤澠三山。古稱九州之險也。此言桃林的險要超過三塗。巇,郝懿行《山海經箋疏》作"險",險阻,險要。西夏,華夏之西,即中原的西部。此言桃林是爲西夏作險阻的戰略要地。

鳴 石①

金石同類,潛響是韞。擊之雷駭,厥聲遠聞。苟以數通,氣無不運②。

【校注】

① 鳴石,撞擊之則發聲響之石。《山海經》:"(長石之山)多竹,共水出焉,西南流注于洛,其中多鳴石。"郭璞注云:"晉永康元年,襄陽郡上鳴石,似玉,色青,撞之聲聞七八里。今零陵、泉陵縣永正鄉有鳴石二所,其一狀如鼓,俗因名爲石鼓。即此類也。"

② 韞,蘊藏,包含。謂金石之類,潛藏着巨大的響聲,撞擊則鳴。數通,謂有道理相通。"氣無"句,謂撞擊金石則發聲,也是自然之氣運動的規律造成。

旋龜人魚修辟

聲如破木,號曰旋龜①。修辟似鼉,厥鳴如鷗②。人魚類鯑,出于洛伊③。

【校注】

① 旋龜,《山海經》:"(豪水)其中多旋龜,其狀鳥首而鼈尾,其音如判木。"又

云:"(憲翼之水)其中多旋龜,其音如判木,佩之不聾,可以爲底。"破木,言旋龜音如破木聲。

② 脩辟,魚名。《山海經》:"(橐水)其中多脩辟之魚,狀如黽而白喙,其音如鴟,食之已白癬。"黽,金線蛙。《爾雅·釋魚》:"鼃黽蟾諸,在水者黽。"郭璞注云:"黽,耿黽也,似青蛙,大腹,一名土鴨。"郝懿行云:"此魚即蟈屬也,蟈,亦名蟈魚,見《漢書·東方朔傳》。"如鴟,言其鳴聲如貓頭鷹的叫聲。

③ 人魚,《山海經》所記産人魚之處很多,如《西山經》之竹山,《北次三經》之龍侯之山,《中次三經》之熊耳山,《中次六經》之傅山、陽華山,《中次十一經》之朝歌山、葴山,均云多人魚。唯龍侯之山,決決之水中,"其中多人魚,其狀如䱱魚,四足,其音如嬰兒,食之無癡疾。"記載了人魚之形狀、特性。郝懿行云:"人魚即鯢魚,《爾雅》云:鯢,大者謂之鰕,是也。鯢,古文省作兒,《周書·王會篇》云:穢人前兒亦是也。兒從儿,即古文人字;又人,兒聲轉。疑經文古本作兒魚,闕脱其上,即爲人魚矣。"䱱,郭璞注云:"見《中山經》(䱱魚,狀如鷩蜼而長距,足白而對。)或曰,人魚即鯢也,似鮎而四足,聲如小兒嗁,今亦呼鮎爲䱱。音蹏。"郝懿行云:"䱱當爲鯑,《説文》云:鯑,大鮎也。郭云見《中山經》者,少室山休水中多䱱魚,是也。又云人魚即鯢者,《水經》云:伊水又東北流,注於洛水,引《廣志》曰:鯢魚,聲如小兒嗁,有四足,形如鯪鯉,可以治牛,出伊水也,司馬遷謂之人魚,故其著《史記》云:始皇帝之葬也,以人魚膏爲燭。徐廣曰:人魚似鮎而四足,即鯢魚也。"袁珂云:"《南山經》青邱山之赤鱬,《中次七經》少室山之䱱魚,亦均人魚之屬也。然此人魚,乃動物之人魚,非神話之人魚也。"又云:"神話之人魚,此經所記近似矣,而未若《搜神記》所記之鮫人。《搜神記》卷十二云:南海之外有鮫人,水居如魚,不廢織績,其眼泣,則能出珠。《博物志》《述異記》並記之而文小異。而《御覽》卷八○三引《博物志》(今本無)云:鮫人從水出,寓人家,積日賣絹。將去,從主人索一器,泣而成珠滿盤,以與主人。爲尤奇異。後世人魚之傳説,則見於《太平廣記》卷四六四引《洽聞記》:海人魚狀如人,眉目口鼻手爪,皆爲美麗女子,皮肉白如玉,髮如馬尾,長五六尺。《天中記》卷十二引《徂異記》亦云:侍制查查奉使高麗,晚泊一山,望見沙中有一婦人,紅裳雙袒,髻鬟微亂,肘有紅鬣。水工曰:某在海上,未省此何物?查曰:此人魚也。其形貌姿態已與近世北歐童話家筆下人魚相近矣。"出于洛伊,謂人魚出洛水、伊水之中。

帝臺棋①

茫茫帝臺,維靈之貴。爰有石棋,五彩焕蔚。觴禱百神,以和天氣②。

【校注】

① 帝臺棋，《山海經》："（休與之山）其上有石焉，名曰帝臺之棋，五色而文，其狀如鶉卵，帝臺之石，所以禱百神者也，服之不蠱。"郭璞注云："帝臺，神人名；棋，謂博棋也。"袁珂云："《中次七經》休與之山有帝臺之棋，爲帝臺所以禱百神者；又有鼓鍾之山，爲帝臺所以觴百神者，則帝臺者，蓋治理一方之小天帝，猶人間徐偃王之類是也。《晉書·束皙傳》云：《穆天子傳》五篇，言周穆王遊行四海，見帝臺、西王母。今本《穆傳》已無帝臺事，蓋闕佚也。"

② "維靈"句，謂帝臺是神靈中最尊貴的神。石棋，即博棋石。觴，郭璞注云："舉觴燕會，則於此山，因名爲鼓鍾之山也。"禱，郭璞注云："禱祀百神，則用此石。"此連下句，謂帝臺觴禱百神，以祈求天氣和順。

若華烏酸草

療瘕之草，厥實如瓜①。烏酸之葉，三成黃華。可以爲毒，不畏蚖蛇②。

【校注】

① 若華，《山海經》作"苦辛"，所以郝懿行《山海經箋疏》題下注云："經作苦辛。"袁珂云："經文苦辛，宋本、吳寬鈔本、毛扆本均作苦莘，邵恩多校本同。"苦辛，草名。《山海經》："（陽華之山）其草多諸𦳊，多苦辛，其狀如楊，其實如瓜，其味酸甘，食之已瘧。"

② 烏酸草，《山海經》："（鼓鍾之山）有草焉，方莖而黃華，員葉而三成，其名曰焉酸，可以爲毒，其上多礪，其下多砥。"員葉，即圓葉。三成，葉三重。黃華，黃顏色的花。焉酸，郝懿行云："一本作烏酸。《太平御覽》卷四二引作烏酸。"所以此讚題和文均作烏酸。爲毒，謂此草可治毒，即去毒。蚖，亦稱虺，虺蛇，即蝮蛇。

䔲 草①

䔲草黃華，實如菟絲。君子是佩，人服媚之。帝女所化，其理難思②。

【校注】

① 䔄草，《山海經》："（姑媱之山），帝女死焉，其名曰女尸，化爲䔄草，其葉胥成，其華黄，其實如菟丘，服之媚于人。"郭璞注曰："䔄，亦音遥。"郝懿行云："䔄通作瑶，《文選·別賦》云：惜瑶草之徒芳。李善注引宋玉《高唐賦》曰：我帝之季女，名曰瑶姬，未行而亡，封于巫山之臺，精魂爲草，實曰靈芝。今《高唐賦》無之。又注《高唐賦》引《襄陽耆舊傳》云：赤帝女曰瑶姬，此説非也。《水經》：江水東過巫縣南。注云：巫山，帝女居焉，宋玉所謂天帝之季女，名曰瑶姬，未行而亡，封於巫山之陽，精魂爲草，實爲靈芝，與《別賦》注同。是帝女即天帝之女，以爲赤帝女者，誤也。又宣山有帝女之桑，亦是天帝之女明矣。"

② 人服媚之，郭璞曰："爲人所愛也，傳曰：人服媚之如是，一名荒夫草。"其理難思，謂女尸化爲䔄草，其自然變化之理，令人思之難解。

山膏獸黄棘[①]

山膏如豚，厥性好駡[②]。黄棘是食，匪子匪化。雖無貞操，理同不嫁[③]。

【校注】

① 山膏，獸名。黄棘，木名。《山海經》："（苦山）有獸焉，名曰山膏，其狀如逐（豚），赤若丹火，善詈。其上有木焉，名曰黄棘，黄華而員葉，服之不字。"

② 山膏，畢沅云："即山都也。"袁珂云："畢説是也，是蓋山都、山獋、山獤、梟陽之類，乃傳説中猩猩、狒狒之神話化也。《禮·曲禮》云：猩猩能言。《唐國史補》云：'猩猩好酒與屐，人有取之者，置二物以誘之。猩猩始見，必大駡曰。'云云。此同於山膏之善詈也。"故謂厥性好駡。

③ "匪子"句，謂女子吃了黄棘實不生育子女。所以末句云"雖無貞操，理同不嫁"。郭璞云："字，生也，《易》曰：女子貞不字。"郝懿行云："蘭蕙皆有實，女子種蘭美而芳。"

三足龜①

造物維均,靡偏靡頗。少不爲短,長不爲多。賁能三足,何異黿鼉②。

【校注】

① 三足龜,《山海經》:"(大苦之山)其陽狂水出焉,西南流注於伊水。其中多三足龜,食者無大疾,可以已腫。"郭璞云:"今吳興陽羨縣有君山,山上有池水,中有三足六眼龜鼈,龜者名賁,出《爾雅》。"

② 造物,古時以爲萬物是天創造的,故稱天爲造物。均,均平。此連下句,謂天造萬物,並不偏私誰,"少不"二句,《莊子·駢拇》:"鳧脛雖短,續之則憂;鶴脛雖長,斷之則悲。"郭璞用此意,說明三足六眼龜,也是順其自然,無所謂多少。賁,龜的一種。黿,大鼈。鼉,名鼉龍,又名猪婆龍,或稱揚子鰐。體長六尺至丈餘,四足,背尾鱗甲,力猛能壞隄岸,皮可蒙鼓。

嘉 榮①

霆維天精,動心駭目。曷以禦之,嘉榮是服。所正者神,用口腸腹②。

【校注】

① 嘉榮,草名。《山海經》:"(半石之山)其上有草焉,生而秀,其高丈餘,赤葉赤華,華而不實,其名曰嘉榮,服之者不霆。"郭璞云:"初生先作穗,卻著葉,花生穗間。"郝懿行云:"草謂之榮,不榮而實者謂之秀,此草既謂之秀,又名爲之榮,却又不實,所以異也。"

② 霆,雷餘聲。《說文》:"霆,雷餘聲鈴鈴,所以挺出萬物。"此句謂雷霆是天的精魄。"所正"二句,謂人只要有正派的精神,就不畏雷霆霹靂,服食嘉榮美菜,來避雷霆不過是用此爲手段而已。

天楄牛傷文獸鯩魚①

牛傷鎮氣,天楄弭噎。文獸如蜂,枝尾反舌。鯩魚青班,處于逮穴②。

【校注】

① 天楄,木名。《山海經》:"(堵山)其上有木焉,名曰天楄,方莖而葵狀,服者不噎。"牛傷,草名。《山海經》:"(大𦒱之山)有草焉,其狀葉如榆,方莖而蒼傷,其名曰牛傷,其根蒼文,服者不厥,可以禦兵。"文獸,《山海經》:"(放皋之山)有獸焉,其狀如蜂,枝尾而反舌,善呼,其名曰文文。"題作文獸,郝懿行云:"文,經作文文。"鯩魚,《山海經》:"(半石之山)合水出于其陰,而北流注于洛。多鯩魚,狀如鱖,居逮,蒼文赤尾,食者不癰,可以爲瘻。"

② 鎮氣,謂牛傷草能治逆氣病。郝懿行云:"《説文》:瘷,屰氣也,或省作欥。《史記·扁鵲傳》云:暴瘚。《正義》引《釋名》云:瘚氣,從下瘚起上行,外及心脅也,是瘚與瘷通。"弭噎,謂服食天楄飯不窒,即食不噎。枝尾,岐尾。反舌,謂文獸的舌頭尖不朝前,而向喉。《淮南·墜形訓》有反舌民。青班,青色斑彩。鯩,如鱖,郭璞云:"鱖魚,大口、大目、細鱗,有斑彩。逮,水中之穴道交通者。"

帝 休①

帝休之樹,厥枝交對。竦本少室,曾陰雲霨。君子服之,匪怒伊愛②。

【校注】

① 帝休,木名。《山海經》:"(少室之山)其上有木焉,其名曰帝休,葉狀如楊,其枝五衢,黃華黑實,服者不怒。"

② 交對,謂帝休樹枝交錯,相重五出,有象衢路。"竦本"句,謂樹干竦立在少室山上。"曾陰"句,謂帝休樹干高葉茂,像密聚的層雲一樣,陰蓋山嶺。末二句,謂道德修養很高的君子服食帝休果實,感情上就會沒有惱怒而有愛。

泰 室①

嵩維岳宗,華岱恒衡。氣通天漢,神洞幽明。巍然中立,衆山之英②。

【校注】

① 泰室,山名。《山海經》:"又東三十里,曰泰室之山。"郭璞注云:"即中嶽嵩高山也,今在陽城縣西。"

② "嵩維"句,謂嵩山是中岳,所以是五岳之宗。華,西岳華山;岱,即泰山,是東岳;恒,北岳恒山;衡,南岳衡山。天漢,即銀河。郝懿行《山海經箋疏》《藝文類聚》七卷,均作"元漢"。幽,陰;明,陽。幽明猶陰陽。"氣通"二句,謂嵩山之神氣與天漢相通,洞達天地陰陽。"衆山"句,謂嵩山是衆山中最突出的山。

栯 木①

爰有嘉樹,厥名曰栯。薄言采之,窈窕是服。君子維歡,家無反目②。

【校注】

① 栯木,木名。《山海經》:"(泰室之山)其上有木焉,葉狀如棃而赤理,其名曰栯木,服者不妒。"

② 薄,發語詞。言,助詞,無義。采,採。之,代詞,指栯。窈窕,指美女。反目,不和睦。家無反目,謂美女服食栯木則不嫉妒,因此,夫妻和睦而不反目。這表現了郭璞的封建男權思想。

蒚 草①

蒚草赤莖,實如虆薁。食之益智,忽不自覺。殆齊生知,功奇於學②。

【校注】

① 薗草,《山海經》:"(少陘之山)有草焉,名曰薗草,葉狀如葵,而赤莖白華,實如蘡薁,食之不愚。"

② 薗,草名。蘡薁,即野葡萄,夏季開花,果實可釀酒,根藤實入藥。益智,言吃薗草之實益人智慧。生知,生而知之。言食薗草不愚,恐怕和生而知之相等。

鶡　鳥[①]

鶡之爲鳥,同羣相爲。畸類被侵,雖死不避。毛餙武士,兼厲以義[②]。

【校注】

① 鶡鳥,即鶡雞。《山海經》:"(煇諸之山)其鳥多鶡。"郭璞注云:"似雉而大,青色有毛,勇健,鬭死乃止,音曷,出上黨也。"

② 畸類,臧庸曰:"《類聚》九十引作疇類,此誤。"疇類,同類。"毛餙"句,郝懿行《山海經箋疏》《藝文類聚》九十卷,均作"毛飾武士"。謂以鶡羽飾冠。曹操《鶡雞賦·序》:"鶡雞猛氣,其鬭終無負,期於必死。今人以鶡爲冠,像此也。"兼厲以義,是郭璞認爲武士不能光是勇鬭,還必須爲正義而鬭。

鳴蛇化蛇[①]

鳴化二蛇,同類異狀。拂翼俱遊,騰波漂浪。見則竝災,或淫或亢[②]。

【校注】

① 鳴蛇、化蛇,兩種蛇。《山海經》:"又西三百里,曰鮮山,多金玉,無草木。鮮水出焉,而北流注于伊水。其中多鳴蛇,其狀如蛇而四翼,其音如磬,見則其邑大旱。又西三百里,曰陽山,多石,無草木。陽水出焉,而北流注于伊水。其中多化蛇,其狀如人面而豺身,鳥翼而蛇行,其音如叱呼,見則其邑大水。"

② 異狀,謂鳴蛇狀如蛇而四翼,化蛇狀如人面而豺身,形狀各異。"拂翼"句,謂

兩種蛇俱有翼而游於水中。或淫或亢,淫,淫雨;亢,亢旱。謂鳴蛇出則大旱,化蛇出則大水,都是灾害。

赤　銅①

昆吾之山,名銅所在。切玉如泥,火炙有彩。《尸子》所嘆,驗之彼宰。②

【校注】

① 赤銅,純銅色赤,故稱。《山海經》:"(昆吾之山)其上多赤銅。"郭璞注云:"此山出名銅,色赤如火,以之作刀,切玉如割泥也。周穆王時西戎獻之,《尸子》所謂昆吾之劍也。《越絕書》曰:赤堇之山,破而出錫,若邪之谷,涸而出銅,歐冶子因以爲純鈎之劍。汲郡冢中得銅劍一枝(枚),長三尺五寸,乃今所名爲干將劍,汲郡亦皆非鐵也;明古者通以錫雜銅爲兵器也。"

② 昆吾,山名。切玉如泥,謂昆吾赤銅所作之劍,鋒利無比,切玉石如割泥一樣。火炙有彩,謂昆吾劍像火燒烤一樣赤紅有光彩。《尸子》,書名,共二十卷,六萬餘字。戰國魯尸佼撰。佼,晋國人,爲秦相商鞅的賓客,鞅被殺,佼逃亡入蜀,著此書。所嘆,謂《尸子》中有讚嘆昆吾之金的話。彼宰,張溥注云:"彼一作汲。"此句意謂《尸子》讚嘆昆吾金非虚,昆吾劍切玉如割泥就是驗證。

神熏池①

泰逢虎尾,武羅人面。熏池之神,厥狀不見。爰有美玉,何林如蒨②。

【校注】

① 神熏池,神名。《山海經》:"(敖岸之山)神熏池居之,是常出美玉,北望河林,其狀如蒨如舉。"

② 泰逢、武羅,皆神名,詳下《神泰逢》《神武羅》注。厥狀不見,謂《山海經》未記載神熏池的形狀。美玉,言神熏池居處之敖岸山出美玉。何林,經文作"河林",《思玄賦》:"河林之蓁蓁。"即此河林。如蒨,即經文所云:"河林,其狀如蒨如舉。"郭

璞注云:"説者云,蒨、舉皆木名也,未詳,蒨音倩。"郝懿行云:"蒨,草;舉,木也。舉即櫸柳,《本草》陶注詳之。"

神武羅①

有神武羅,細腰白齒。聲如鳴珮,以鑢貫耳。司帝密都,是宜女子②。

【校注】

① 神武羅,《山海經》:"又東十里,曰青要之山,實惟帝之密都。……魃武羅司之,其狀人面而豹文,小要而白齒,而穿耳以鑢,其鳴如鳴玉,是山也,宜女子。"郭璞注云:"武羅,神名。魃,即神字。"袁珂云:"郭此注,或據《説文》九'魃,神也'爲説。而段玉裁云:當作神,鬼也。神鬼者,鬼之神者也。自以段説爲長。《玉篇》云:魃,山神也。説亦較單以神釋魃貼切。"

② 鳴珮,郭璞注云:"如人鳴玉珮聲。"鑢,金銀飾器之一種。郭璞注云:"鑢,金銀器之名,未詳也。"即未詳其形狀。帝,指天帝,即黄帝。密都,郭璞云:"天帝曲密之都。"是宜女子,郝懿行云:"宜女子,義未詳。吴氏引《淮南·天文訓》:雖有青女乃出,以降霜雪之文,而無青要玉女之説,當在闕疑。"

鴢鳥①

鴢鳥似鳬,翠羽朱目。既麗其形,亦奇其肉。婦女是食,子孫繁育②。

【校注】

① 鴢鳥,《山海經》:"(青要之山)畛水出焉,而北流注于河。其中有鳥焉,名曰鴢,其狀如鳬,青身而朱目赤尾,食之宜子。"郝懿行云:"《爾雅》云:鴢,頭鵁。郭注云:似鳬,脚近尾,略不能行,江東謂之魚鵁。"

② 朱目,郭璞注云:"淺赤色。"奇其肉,謂婦女吃了鴢鳥肉,宜生子,所以鴢肉爲奇。

荀　草①

荀草赤實，厥狀如菅。婦人服之，練色易顔。夏姬是艷，厥媚三遷②。

【校注】

① 荀草，《山海經》："（青要之山）有草焉，其狀如菱而方莖，黄華赤實，其本如藁本，名曰荀草，服之美人色。"
② 菅，即菅茅，苞子草，莖可作繩織履，莖葉之細者可以覆蓋屋頂。經文作"菻"。郭注云："菅，似茅也。"郝懿行云："菻非菅。"郝氏注"吴林之山，其中多菻草"云："《説文》云：菻，香艸，出吴林山。本此經爲説也。《衆經音義》引《聲類》云：菻，蘭也，又引《字書》云：菻與蕑同，蕑即蘭也。是菻乃香草，郭注以菻爲菅字，菅乃茅屬，恐非也。"練色易顔，謂服食荀草，令人更美艷。夏姬，春秋時鄭穆公之女，初爲陳國大夫御叔之妻，生子征舒（字南子）；御叔死，她與陳靈公，大夫孔寧、儀行父有私情往來。征舒伺機射殺靈公；孔寧等奔楚，請楚師伐陳。夏姬被楚莊王所俘，給連伊襄老爲妻。襄老戰死，她從申公巫臣謀，托詞歸鄭，後與申公巫臣奔晉。三遷，郝懿行《山海經箋疏》作"三還"。謂夏姬艷麗嫵媚，三次嫁人。

馬腹獸飛魚

馬腹之物，人面似虎①。飛魚如豚，赤文無羽。食之辟兵，不畏雷鼓②。

【校注】

① 馬腹，獸名。《山海經》："（蔓渠之山）有獸焉，其名曰馬腹，其狀如人面虎身，其音如嬰兒，是食人。"郝懿行云："《刀劍録》云：漢章帝建初八年，鑄一金劍，令投伊水中，以厭人膝之怪。宏景案：《水經》云：伊水有一物，如人膝頭，有爪，人浴輒没，不復出。"袁珂云："《水經注·沔水》云：沔水中有物，如三四歲小兒，鱗甲如鯪鯉，部頭似虎，掌爪常没水中，出郤頭，小兒不知，欲取弄戲，便殺人。名爲水虎者也。其形性均近此馬腹。又經文人面，畢沅校本作人而，於義爲長。"

② 飛魚,《山海經》:"(騩山)正回之水出焉,而北流注于河。其中多飛魚,其狀如豚而赤文,服之不畏雷,可以禦兵。"赤文無羽,《初學記》一卷引作"赤文無君",《藝文類聚》二卷仍作"赤文無羽"。是當作赤文無羽。不畏雷鼓,《初學記》引作"不畏雷音",《藝文類聚》引作"不畏雷也"。袁珂云:"作雷音義較長。"

神泰逢①

神號泰逢,好游山陽。濯足九州,出入流光。天氣是動,孔甲迷惶②。

【校注】

① 神泰逢:《山海經》:"又東二十里,曰和山,其上無草木而多瑶碧,實惟河之九都。是山也五曲,九水出焉,合而北流注于河,其中多蒼玉。吉神泰逢司之,其狀如人而虎尾,是好居于萯山之陽,出入有光。泰逢神動天地氣也。"

② 泰逢,郝懿行云:"《玉篇》作禠,云神名,《廣韵》亦作禠。"山陽,指萯山之陽。郭璞注云:"言其有靈爽,能興雲雨也。夏后孔甲田於萯山之下,天大風晦冥,孔甲迷惑,入於民室,見《吕氏春秋》也。"濯足九州,即謂其分佈雲雨於九州之内。天氣是動,謂其能動天地氣,以大風晦冥。"孔甲"句,《吕氏春秋·音初篇》云:"夏后氏孔甲田於東陽萯山,天大風晦冥,孔甲迷惑,入於民室。"是郭璞以爲孔甲遇大風雨晦冥,是神泰逢所爲。

蓟柏①

蓟柏白華,厥子如丹。實肥變氣,食之忘寒。物隨所染,墨子所歎②。

【校注】

① 蓟柏,木名。《山海經》:"(敏山)上有木焉,其狀如荆,白華而赤實,名曰蓟柏,服者不寒。"

② 實肥,謂蓟柏果實飽滿。變氣,謂食蓟柏果實能改變人的氣質。忘寒,謂食蓟柏果實,使人耐寒。"物隨"二句,是郭璞因人食蓟柏果實,身體健康耐寒,想起墨

翟嘆染絲的話。《淮南子·説林訓》云："楊子見逵路而哭之，爲其可以南，可以北。墨子見練絲而泣之，爲其可以黃，可以黑。"

橘櫾①

厥苞橘櫾，奇者維甘。朱實金鮮，葉蒨翠藍。靈均是詠，以爲美談②。

【校注】

① 橘櫾，《山海經》："（荆山）其木多松柏，其草多竹，多橘櫾。"橘，柑橘。櫾，同柚，郭璞《山海經注》云："櫾似橘而大也，皮厚味酸。"
② "奇者"句，謂柑橘最奇特。靈均，即屈原。是詠，指屈原所寫之《橘頌》。

萩①

大騩之山，爰有蘋草。青華白實，食之無夭。雖不增齡，可以窮老②。

【校注】

① 萩，草名。《山海經》："（大騩之山）有草焉，其狀如蓍而毛，青華而白實，其名曰萩，服之不夭，可以爲腹病。"郝懿行云："《玉篇》云：萩，胡懇切，草名，似蓍，花青白。《廣韻》同。是萩當爲莨，狼當爲很，今本經注並譌。"
② 大騩之山，郭璞注云："今滎陽密縣有大騩山，騩固溝水所出，音歸。"郝懿行云："《地理志》云：河南郡密，有大騩山，潩水所出，此注云騩固溝所出，疑溝即潩字之譌，固即山字之譌也。騩，《説文》作隗，《廣韻》同。《莊子·徐無鬼篇》云：黄帝將見大隗乎具茨之山，《釋文》引司馬彪云：在滎陽密縣東，今名泰隗山。《水經注》云：大騩即具茨山也。"蘋草，郝懿行云："蘋字蓋誤！因題作萩，當爲莨，經文也言莨草，此不應是蘋草。"無夭，即不夭，言益壽，不夭亡。窮老，謂窮盡壽命而老死。

鮫 魚[①]

魚之別屬,厥號曰鮫。珠皮毒尾,匪鱗匪毛。可以錯角,兼鯑劍刀[②]。

【校注】

① 鮫魚,即海鯊。《山海經》:"(荆山)漳水出焉,而東南流注于雎。其中多黄金,多鮫魚。"郭璞注云:"鮫,鮨魚類也,皮有珠文而堅,尾長三四尺,末有毒,螫人,皮可飾刀劍口,錯治材角,今臨海郡亦有之,音交。"郝懿行云:"鮫魚,即今沙魚,郭注鮨字譌。李善注《南都賦》引此注云:鮫,鮨屬,是也。"又云:"張揖注《子虚賦》云:蛟狀魚身而蛇尾,皮有珠也。蛟,即鮫字,古通用。"

② 珠皮,謂皮有珠文。毒尾,謂尾有毒。匪鱗匪毛,謂鮫魚的皮,既不是魚的鱗甲,也不是鳥獸的毛羽,而是堅硬的珠文皮。錯角,謂鮫魚皮可以錯治材角。鯑即飾,謂以鮫魚皮飾刀劍口。

鴆 鳥[①]

蝮維毒魁,鴆鳥是瞰。拂翼鳴林,草瘁木憯。羽行隱戮,厥罰難犯[②]。

【校注】

① 鴆,傳說中的毒鳥。《山海經》記載多鴆鳥的山有女几之山、琴鼓之山、玉山、瑶碧之山等。郭璞注云:"鴆大如鵰,紫緑色,長頸赤喙,食蝮蛇頭;雄名運日,雌名陰諧也。"郝懿行云:"《説文》云:鴆,毒鳥也。體有毒,古人謂之鴆毒。"

② 蝮,蝮蛇是一種毒蛇,別稱草上飛,土公蛇。此句謂蝮蛇是毒蛇中的魁首。瞰,啖的異體字。啖,吃或給人吃。此句謂鴆鳥是吃蝮蛇的。拂翼,振動翅膀。鳴林,在樹林裏鳴叫。瘁,病。憯,通黲,顔色暗淡。此句謂鴆鳥在樹林裏鳴叫飛翔,草木都會病困毁壞,暗淡枯黄。隱戮,猶暗殺。傳說鴆羽有劇毒,飲之即死。所以古時常以鴆毒制酒,使人速死。犯,謂觸犯,此句謂冒犯了羽行隱戮的刑罰,是必死無疑,故云厥罰難犯。

椒①

椒之灌植,實繁有倫。拂穎霑霜,朱實芬辛。服之不已,洞見通神②。

【校注】

① 椒,花椒。《山海經》記載多椒的山有琴鼓之山、虎尾之山、楮山等。郭璞注云:"椒爲樹小而叢生,下有草木則蠱死。"
② 灌植,叢生的植物。倫,張溥注云:"倫,一本作榛。"實繁有倫,謂椒之果實繁多而有次序。"拂穎"句,穎,禾穗。全句謂椒樹不高,可以拂穎霑霜。"服之"二句,郝懿行《山海經箋疏》作"服之洞見,可以通神"。意謂經常服食花椒,有益於人的精神。

神蠱圍計蒙涉蠱

涉蠱三腳①,蠱圍虎爪②。計蒙龍首③,獨禀異表。升降風雨,茫茫渺渺④。

【校注】

① 涉蠱,《山海經》:"(岐山)神涉蠱處之,其狀人身而方面三足。"蠱,郭璞注云:"徒何切,一作蠱,笑游切。"郝懿行云:"蠱字音義並所未詳。"
② 蠱圍,《山海經》:"(驕山)神蠱圍處之,其狀如人面,羊角虎爪,恒遊于雎漳之淵,出入有光。"
③ 計蒙,《山海經》:"(光山)神計蒙處之,其狀人身而龍首,恒遊于漳淵,出入必有飄風暴雨。"
④ 異表,謂計蒙有奇異的外表。"升降"句,謂計蒙出入有暴風雨。"茫茫"句,謂計蒙游於渺茫的漳淵。

岷　山①

岷山之精，上絡東井。始出一勺，終致森冥。作紀南夏，天清地静②。

【校注】

① 岷山，《山海經》："又東北三百里，曰岷山，江水出焉，東北流注于海。"岷山在今四川松潘縣北，綿延四川、甘肅兩省邊境，爲長江黄河分水嶺，岷江、嘉陵江發源地。其脈干分爲二支：一爲岷山山脈，其南爲峨嵋山；一爲巴山山脈，其東爲三峽。

② 精，古代謂生成萬物的靈氣，此指岷山的精氣。"上絡"句，謂岷山上與東井相聯絡。古代以星位（二十八宿或十二星）分主九州土地或諸侯封域，據其所劃，岷山當與東井相絡。東井，即井宿，在銀河之東，二十八宿之一，朱鳥七宿的第一宿。一勺，謂長江發源於岷山，始出很小，有如一勺水。森，郝懿行《山海經箋疏》作"淼"，注云："淼，《類聚》作淼。"此句謂長江終成爲渺遠流長的大江。"作紀"句，謂長江乃是華夏以南衆水的綱紀。"天清"句，謂當時中原已亂，只有江南天清地静，是和平的環境。

夔　牛①

西南巨牛，出自江岷。體若垂雲，肉盈千鈞。雖有逸力，難以揮輪②。

【校注】

① 夔牛，古代傳説中的一種高大野牛。《山海經》："（岷山）其獸……多夔牛。"郭璞注云："今蜀山中有大牛，重數千斤，名爲夔牛。晋太興元年，此牛出上庸郡，人弩射殺，得三十八擔肉。即《爾雅》所謂魏。"今本《爾雅》作"犩"。

② 江岷，謂長江、岷山。垂雲，謂夔牛體大若垂天之雲。"難以"句，謂夔牛力氣雖大，却難以揮鞭使其駕車。

崍　山[1]

邛崍峻嶮,其坂九折。王陽逡巡,王尊逞節。殷有三仁,漢稱二哲[2]。

【校注】

[1] 崍山,即邛崍山。《山海經》:"又東北一百四十里,曰崍山,江水出焉,東流注于大江。"郭璞注云:"邛來山,今在漢嘉嚴道縣,南江水所自出也。山有九折坂。"郝懿行云:"崍山,一名高山;南江,一名邛水。皆山水之異名者也。崍,俗字也。當作來。"山在今雅安榮經縣西。

[2] 邛崍山,在今四川省西部,岷江和大渡河間。海拔4000米左右,故曰峻嶮。坂,阪的異體字。《水經注》云:"(邛崍)山有九折阪,夏則凝冰,冬則毒寒。""王陽"二句,王陽,琅邪人,成帝時爲益州刺史,行部至邛崍九折阪,嘆曰:奉先人遺體,何數乘此險。後以病去。逡巡,遲疑徘徊,欲進不前。王尊,涿郡人,爲安定太守時,捕誅豪強張輔等,威震郡中。被劾免。旋遷益州刺史,至邛崍九折阪,知前刺史王陽至此畏險不敢前進,乃叱馭者曰:驅之! 王陽爲孝子,王尊爲忠臣。尊居部二歲,懷來徼外,蠻夷歸附其威信。故曰王尊逞節。三仁,《論語·微子》:"微子去之,箕子爲之奴,比干諫而死。孔子曰:殷有三仁焉。"郭璞即以殷之三仁,嘆漢之二哲。哲,明智之人。漢稱二哲,即指王陽和王尊,因王陽是孝子,王尊是忠臣,所以郭璞稱他們爲二哲。

狏狼雍和猰獸

狏狼之出,兵不外擊[1]。雍和作恐[2],猰乃流疫[3]。同惡殊災,氣各有適。

【校注】

[1] 狏狼,傳說中的獸名。《山海經》:"(蛇山)有獸焉,其狀如狐而白尾長耳,名狏狼,見則國內有兵。"郭璞注云:"一作國有內亂。"此句謂因國內有兵亂,所以軍隊不能外擊。

② 雍和,獸名。《山海經》:"(豐山)有獸焉,其狀如猨,赤目,赤喙,黃身,名曰雍和,見則國有大恐。"

③ 狱獸,傳說中的獸名。《山海經》:"(樂馬之山)有獸焉,其狀如彙,赤如丹火,其名曰狱,見則其國大疫。"

蜼①

寓屬之才,莫過于蜼。雨則自懸,塞鼻以尾。厥形雖隨,列象宗彝②。

【校注】

① 蜼,一種長尾猿。《山海經》:"(禺山)其獸……多猨蜼。"郭璞注云:"蜼似獼猴,鼻露上向,尾四五尺,頭有岐,蒼黃色,雨則自懸樹,以尾塞鼻孔,或以兩指塞之。"

② 寓,疑當作禺,禺似狒猴而大,赤目長尾,故云蜼是禺屬中最有猿類才能的一種。"雨則"兩句:汪紱曰:"蜼,猨屬,仰鼻岐尾,天雨則自懸樹,而以尾塞鼻。"隨,郝懿行云:"隨字似誤。"雖隨,謂蜼形體輕隨,不莊重。宗彝,古代宗廟祭祀的禮器。謂蜼的形象圖畫在禮器上。

熊 穴①

熊山有穴,神人是出。與彼石鼓,象殊應一②。祥雖先見,厥事非吉。

【校注】

① 熊穴,《山海經》:"又東一百五十里,曰熊山,有穴焉,熊之穴,恒出入神人。夏啟而冬閉;是穴也,冬啟乃必有兵。"

② "與彼"二句,郭璞注云:"今鄴西北有鼓山,下(上)有石鼓象懸著山旁,鳴則有軍事。與此穴殊象而應。"劉逵《魏都賦》注引《冀州圖》:"鄴西北鼓山,山上有石鼓之形,俗言時時自鳴。"郭璞即本此為說,以為石鼓、熊穴形象雖不同,都有兵革之事的感應。非吉,謂熊穴若冬啟夏閉,其兆祥雖先見,但兵革之事則不是吉祥之事。

跂　踵[①]

青耕禦疫[②]，跂踵降災。物之相反，各以氣來。見則民咨，實爲病媒[③]。

【校注】

① 跂踵，傳説中的鳥名。《山海經》："（復州之山）有鳥焉，其狀如鴞，而一足彘尾，其名曰跂踵，見則其國大疫。"郭璞注曰："銘曰：跂踵爲鳥，一足似夔，不爲樂興，反以來悲。"

② 青耕，傳説中的鳥名。《山海經》："（堇理之山）有鳥焉，其狀如鵲，青身白喙，白目白尾，名曰青耕，可以禦疫，其鳴自叫。"

③ "見則"二句，謂跂踵出現，其國則有大瘟疫，所以人民咨嗟嘆息。

蛟[①]

匪蛇匪龍，鱗彩炳焕。騰躍波濤，蜿蜒江漢。漢武飲羽，飛伙疊斷[②]。

【校注】

① 蛟，傳説中的一種動物，民間相傳以爲其能發大洪水。《山海經》："荆山之首，曰翼望之山，湍水出焉，東流注于濟，貺水出焉，東南流注于漢，其中多蛟。"郭璞注云："似蛇而四脚，小頭細頸，（頸）有白瘿，大者十數圍，卵如一二石甕，能吞人。"《説文》云："蛟，龍之屬。"王逸注《楚辭·九思》："龍無角曰蛟。"

② "鱗彩"句，《藝文類聚》九十六卷引作"鱗采暉焕"。此句謂蛟鱗甲明有光彩。"漢武"二句，飛伙，郝懿行《山海經箋疏》作"伙飛"，《藝文類聚》亦作"伙飛"。伙飛，楚國勇士，亦作次非、兹非、兹飛。相傳赴江刺蛟，故云疊斷。後世即以伙飛爲勇力之官名。漢武帝太初元年，改少武屬下武官左弋名爲伙飛，掌弋射，有九丞兩尉。在上林苑中，結矰繳以弋鳧雁，歲萬頭以供祀宗廟。所以，郭璞因讚蛟而想起伙飛和漢代的武官，表現人能戰勝蛟龍的武勇行爲。飲羽，形容發箭力量極强。

神耕父①

清泠之水,在乎山頂。耕父是游,流光灑景。黔首祀禜,以弭災眚②。

【校注】

① 神耕父,劉昭注《後漢書·郡國志》引《文選·南都賦》注云:"耕父,旱鬼也。"《山海經》:"(豐山)神耕父處之,常游清泠之淵,出入有光,見則其國爲敗。"

② 清泠之水,即清泠之淵。郭璞注云:"清泠水在西鄂縣山上,神來時水赤有光耀,今有屋祠也。"《吕氏春秋·離俗覽》作"蒼領之淵"。高誘注云:"蒼領或作青令。"黔首,戰國及秦代對國民的稱謂。禜,古代禳灾之祭。眚,當作眚,郝懿行《山海經箋疏》正作眚。眚,疾苦。這末二句,言人民祭祀耕父以消除灾害疾苦。

九　鍾①

嶢崩涇竭,麟鬥日薄。九鍾將鳴,凌霜乃落。氣之相應,觸感而作②。

【校注】

①九鍾,《山海經》:"(豐山)有九鍾焉,是知(和)霜鳴。"郭璞注云:"霜降則鍾鳴,故言知(和)也。"

②"嶢崩"二句,謂高山崩隳、涇水枯竭、麟蟲搏鬥、日月薄蝕等自然現象,都是社會人事的吉凶徵兆。説明了自然界事物間是氣息相通,互相感應的。這表現了郭璞的天人感應思想。

嬰　勺①

支離之山,有鳥似鵲。白身赤眼,厥尾如勺。維彼有斗,不可以酌②。

【校注】

① 嬰勺,鳥名。《山海經》:"(支離之山)有鳥焉,其名曰嬰勺,其狀如鵲,赤目、赤喙、白身,其尾若勺,其鳴自呼。"郭璞注云:"似酒勺形。"郝懿行云:"鵲尾似勺,故後世作鵲尾勺,本此。"

② "維彼"二句,《詩經·小雅·大東》:"維南有箕,不可以簸揚。維北有斗,不可以挹酒漿。"郭璞用此意,説明嬰勺尾雖如勺,但也如南斗六星一樣,都是徒有虚名,不能挹酒漿。

獜①

有獸虎爪,厥號曰獜。好自跳撲,鼓甲振奮。若食其肉,不覺風迅②。

【校注】

① 獜,獸名。《山海經》:"(依軲之山)有獸焉,其狀如犬,虎爪有甲,其名曰獜,善駚牟,食者不風。"郭璞注云:"跳躍自撲也,鞅奮兩音。"郝懿行云:"當爲鞅掌奮迅之意。"

② "鼓甲"句,是對獜獸跳撲之狀的描寫。"不覺"句,謂吃了獜肉,即不覺風迅猛。謂不畏天風,無風疾也。

帝臺漿①

帝臺之水,飲蠲心病。靈府是滌,和神養性。食可逍遥,濯髮浴泳②。

【校注】

① 帝臺漿,漿是山上有水潛出停而不流的泉水,此指高前之山的泉水。《山海經》:"又東南五十里,曰高前之山。其上有水焉,甚寒而清(瀏),帝臺之漿也,飲之者不心痛。"郝懿行云:"《吕氏春秋·本味篇》云:水之美者,高泉之山,其上有涌泉

焉。即此。泉、前聲同也。《太平寰宇記》云：內鄉縣高前山，今名天池山，在翼望山東五十里。"

② 蠲，通捐，除去。靈府，指心（思維器官），成玄英云："靈府者，精神之宅也，所謂心也。"意謂飲食帝臺之漿水，可以去除心痛疾病，使人的心靈頭腦像洗濯過一樣，精神清爽調和，怡養情性，逍遙自在。濯髮，洗去頭髮上的污垢。浴泳，用孔子"浴乎沂，風乎舞雩，咏而歸"意。

狙 如①

狙如微蟲，厥體無害。見則興師，兩陣交會。物之所感，焉有小大②。

【校注】

① 狙如，獸名。《山海經》："（倚帝之山）有獸焉，狀如鼣鼠，白耳白喙，名曰狙如，見則其國有大兵。"

② 狙如微蟲，郭璞注曰：狙如"即獲玃也"。因其是猴屬，故曰微賤之蟲。見則興師，謂狙如出現，其國則有大兵。"兩陣"句，謂敵我雙方相會交戰。"物之"二句，謂事物之間的自然感應，不在物之大小。

帝女桑①

爰有洪桑，生濱淪潭。厥圍五丈，枝相交參。園客是採，帝女所蠶②。

【校注】

① 帝女桑，傳說中的大桑樹。《山海經》："（宣山）其上有桑焉，大五十尺，其枝四衢，其葉大尺餘，赤理黃華青樹，名曰帝女之桑。"郭璞云："婦女主蠶，故以名桑。"此注誤。《太平御覽》卷九二一引《廣異記》云："南方赤帝女學道得仙，居南陽崿山桑樹上，赤帝以火焚之，女即昇天，因名曰帝女桑。"故宣山帝女桑即崿山帝女桑也。

② 洪桑，大桑，郭璞注云："圍五丈也。"生濱淪潭，謂此桑樹生濱於淪水深潭。郝懿行《山海經箋疏》濱作瀆，《藝文類聚》引作濱。枝相交參，謂樹枝交互四出。園

客,即指赤帝女,謂其採桑養蠶。

梁渠狪即聞獜獸䳋鵌鳥

梁渠致兵①,狪即起災②。䳋鵌辟火③,物各有能。聞獜之見④,大風乃來。

【校注】

① 梁渠,獸名,《山海經》:"(歷石之山)有獸焉,其狀如狸,而白首虎爪,名曰梁渠,見則其國有大兵。"

② 狪即,傳說中的獸名。《山海經》:"(鮮山)有獸焉,其狀如膜大(犬),赤喙、赤目、白尾,見則其邑有火,名曰狪即。"郝懿行云:"《廣韻》説狪即出則大兵。"

③ 䳋鵌,鳥名。《山海經》:"(丑陽之山)有鳥焉,其狀如烏而赤足,名曰䳋鵌,可以禦火。"字亦作䳋餘。

④ 聞獜,獸名。《山海經》:"(几山)有獸焉,其狀如犬,黄身、白頭、白尾,名曰聞獜,見則天下大風。"

神于兒①

于兒如人,蛇頭有兩。常遊江淵,見于洞廣。乍潛乍出,神光惚恍②。

【校注】

① 神于兒,《山海經》:"(夫夫之山)神于兒居之,其狀人身而身(手)操兩蛇,常游于江淵,出入有光。"郝懿行云:"《列子·湯問篇》説愚公事云:操蛇之神聞之,告之於帝。操蛇之神蓋即此。"

② 蛇頭有兩,謂其頭戴蛇而左右手各操一蛇。《山海經》:"(洞庭之山)是多怪神,狀如人而載(戴)蛇,左右手操蛇。"正是對于兒形象的詮解。江淵,郭璞注云:"江之淵府。"洞廣,即洞庭,謂此神又見於洞庭之山。惚恍,謂于兒出入的神光隱約不清,游移不定,不可捉摸。

神二女①

神之二女,爰宅洞庭。游化五江,惚恍窈冥。號曰夫人,是維湘靈②。

【校注】

① 神二女,《山海經》:"(洞庭之山)帝之二女居之,是常遊于江淵。澧沅之風,交瀟湘之淵,是在九江之間,出入必以飄風暴雨。"郭璞注云:"天帝之二女而處江爲神也,即《列仙傳》江妃二女也。"汪紱云:"帝之二女,謂堯之二女以妻舜者娥皇女英也。相傳謂舜南巡狩,崩於蒼梧,二妃奔赴哭之,隕於湘江,遂爲湘水之神,屈原《九歌》所稱湘君、湘夫人是也。"

② "神之二女",郝懿行云:"神當作帝。"游化五江,謂二女常變化形態游於長江的五條支流之中。惚恍窈冥,謂二女出入難以捉摸。"號曰"二句,謂《楚辭·九歌·湘夫人》稱二女爲夫人,是湘水之水神。

飛　蛇①

騰蛇配龍,因霧而躍。雖欲登天,雲罷陸莫。材非所任,難以久託②。

【校注】

① 飛蛇,即騰蛇,傳說中一種能飛的蛇。《山海經》:"(柴桑之山)其獸……多白蛇飛蛇。"郭璞注云:"即螣蛇,乘霧而飛者。"袁珂云:"《韓非子·十遇篇》云:昔者黃帝合鬼神於西泰山之上,騰蛇伏地。謂此也。一作螣蛇,見《爾雅·釋魚》。"郭璞《爾雅注》云:"龍類也,能興雲霧而游其中。"

② 雲罷陸莫,郝懿行《山海經箋疏》作"雲罷陸略"。此句謂螣蛇是乘起霧而飛的,若沒有霧即在陸地活動了,沒法登天。"材非"二句,郝懿行《山海經箋疏》作"仗非啓體,難以雲託"。謂螣蛇欲登天,却依仗霧而不靠雲,所以不能久託。

海外南經圖讚

自此山來蟲爲蛇蛇號爲魚[1]

賤無定貢,貴無常珍。物不自物,自物由人。萬事皆然,豈伊蛇鱗[2]。

【校注】

① 題爲《山海經·海外南經》中的一句話,原文云:"南山在其東南。自此山來,蟲爲蛇,蛇號爲魚。一曰南山在結匈東南。"郭璞注云:"以蟲爲蛇,以蛇爲魚。"郝懿行云:"今東齊人亦呼蛇爲蟲也,《埤雅》(卷一鰌條)云:《恩平郡譜》蛇謂之訛。蓋蛇古字作它,與訛聲相近;訛,聲轉爲魚,故蛇復號魚矣。"

② "賤無"二句,謂萬物的貴賤都是相對的,發展的,賤不是一定永遠賤,貴也不是永遠常久珍貴。貢,本是田賦名,此作標準講,定貢,即一定的標準。"物不"四句,意謂萬物不是自己規定貴賤,而是由人們認爲它貴或賤的,世上事物皆是如此,豈止那些蛇魚的名稱是由人稱曰的。郭璞推定社會關係中所謂貴賤等級名分,也不是永遠不變的,表現了自己的不平之情。

羽民國[1]

鳥喙長臏頰,羽生則卵。矯翼而翔,龍飛不遠。人維倮屬,何狀之反[2]。

【校注】

① 羽民,古代傳說中身生羽毛的人。《山海經》:"羽民國在其東南,其爲人長頭,身生羽。一曰在比翼鳥東南,其爲人長頰。"

② "羽生"句,郭璞云:"能飛不能遠,卵生,畫似仙人也。"謂圖畫如此。"龍飛"

句,謂羽民像龍一樣飛翔,却飛不遠。所以郭璞接下去云:人維倮屬,何狀之反。倮,同裸。裸蟲是舊時對無羽毛鱗甲蔽身的動物的總稱。此言人是倮蟲,而羽人却有羽毛蔽身,和人的形狀相反。

神人二八①

羽民之東,有神司夜。二八連臂,自相羈駕。晝隱宵出,詭時淪化②。

【校注】

① 神人二八,《山海經》:"有神人二八,連臂,爲帝司夜於此野。在羽民東。其爲人小頰赤肩,盡十六人。"郝懿行云:"薛綜注《東京賦》云:野仲、游光二人,惡鬼也。兄弟八人,常在夜間作怪害。案:野仲、游光二人,兄弟各八人,正得十六人,疑即此也。"

② 二八連臂,《淮南子·墬形訓》:"有神二人(八),連臂,爲帝候夜,在其西南方。"高誘注云:"連臂大呼夜行。"自相羈駕,謂其連臂,如駕車之駟馬相互羈繫。"晝隱"句,謂其司夜,故晝隱夜見。"詭時"句,謂其顛倒了日月,白天隱伏,夜晚出行,變化了時間次序。

讙頭國①

讙國鳥喙,行則杖羽。潛于海濱,維食杞柜。實維嘉穀,所謂濡黍②。

【校注】

①讙頭國,傳説中的古國名。《山海經》:"讙頭國在其南,其爲人人面有翼,鳥喙,方捕魚。一曰在畢方東。或曰讙朱國。"袁珂云:"《淮南子·墬形篇》有讙頭國。讙頭國或讙朱國,當即是丹朱國。鄒漢勛《談書偶識》二云:'驩兜(《舜典》《孟子》)、驩頭、驩朱(《山海經》)、鴅吺(《尚書·大傳》)、丹朱(《益稷》),五者一也,古字通用。'童書業《丹朱與驩兜》(《浙江圖書館館刊》四卷五期)亦云:'丹朱、驩兜音近:驩兜《古文尚書》作鴅吺,鴅字從鳥,丹聲,吺或作咨,或作咮,從口,朱聲;皆可爲

丹朱可讀爲驩兜之證。'蓋堯子丹朱不肖，堯以天下讓諸舜，三苗之君同情丹朱，而非堯之所爲。堯殺三苗之君，使后稷放帝朱於丹水，三苗餘衆，亦遷居於丹水以就丹朱，是爲南蠻。……丹朱與南蠻旋舉叛旗，堯乃戰之於丹水之浦，人因遂爲'堯殺長子'（《莊子·盜跖》），實則丹朱兵敗懷慚，乃自以爲'有罪'，因'自投南海而死'，堯'憐之，使其子居南海而祠之'，其後子孫繁衍，遂爲此讙頭國或曰讙朱國。實則當是丹朱國。"

②讙國，埽葉山房藏版《郭弘農集》作"讙頭"。杖羽，謂讙頭國人有翼，故外出杖持羽翼飛翔。郭璞注云："讙兜，堯臣，有罪，自投南海而死，帝憐之，使其子居南海而祠之。畫亦似仙人也。"袁珂云："《神異經·南荒經》云：南方有人，人面鳥喙而有翼，手足扶翼而行，食海中魚，有翼不足以飛，一名鵃兜。《書》曰：放鵃兜于崇山。一名驩兜。爲人狠惡，不畏風雨禽獸，犯死乃休耳。""維食"句，秬秠，即芑秬，《詩經·大雅·生民》："誕降嘉種，維秬維秠，維穈維芑。"芑，穀類植物名，指白苗的粱和粟。《爾雅·釋草》："芑，白苗。"郭璞注云："今之白粱粟，皆好穀。"秬，黑粟。穤黍，當作糯黍，即黏黍，因黑白黍米，都是性黏的穀物。故謂秬、秠就是所謂的糯黍。

厭火國①

有人獸體，厥性怪譎。吐絡炎精，火隨氣烈。推之無奇，理有不熱②。

【校注】

① 厭火國，傳說中的古國名。《山海經》："厭火國在其（國）南，獸身黑色，（其爲人）（生）火出其口中。一曰在讙朱東。"袁珂云："《博物志·外國》云：厭光國民，光出口中，形盡似獼猴，黑色。"

② 絡，郝懿行《山海經箋疏》作"納"，吐納炎精，言其口中出火光也。郭璞云："言能吐火，畫似獼猴而黑色也。""推之"二句，謂厭火國人口中出火，推論起來並不奇，是有不怕火熱的道理。

三珠樹①

三珠所生，素水之際。翹葉栢枺，美狀若彗。濯彩丹波，自相霞映②。

【校注】

① 三珠樹,《山海經》:"三株(珠)樹在厭火北,生赤水上,其爲樹如柏,葉皆爲珠。一曰其爲樹若彗。"郝懿行云:"《莊子·天地篇》云:黄帝游乎赤水之北,遺其玄珠。蓋本此爲説也。陶潛《談山海經詩》云:粲粲三珠樹,寄生赤水陰。陰謂水南也。"

② 素水,當作"赤水",郝懿行《山海經箋疏》正作"赤水"。彗,即彗星,郭璞注云:"如彗星狀。""濯彩"二句,謂三珠樹的光彩和丹色赤水相映如霞,描狀極爲鮮明。

戟 國①

不蠶不絲,不稼不穡。百獸率儷,羣鳥拊翼。是號戟民,自然衣食②。

【校注】

① 戟國,古神話傳説中的國名。《山海經》:"戟國在其東,其爲人黄,能操弓射蛇。一曰戟國在三毛東。"郝懿行云:"戟疑當爲戴,見《説文》(十)。《玉篇》作戜,云:戜,國名也,在三苗東。本此。"袁珂云:"《太平御覽》卷七九〇引此經作一曰盛國,作盛國是也。蓋戟國之戟本作戴。《集韵》:戴,盛也。故戟國亦曰盛國。亦以其所居之地沃衍豐盛而名國耳。"

② 郭璞云:"《大荒經》云:此國自然有五穀衣服。"《大荒南經》云:"有戟民之國。帝舜生無淫,無淫降戟處,是謂巫戟民。巫戟民盼姓,食穀,不績不經,服也,不稼不穡,食也。爰有歌舞之鳥,鸞鳥自歌,鳳鳥自舞。爰有百獸,相羣爰處。百穀所聚。"郭璞即本此而咏讚戟國。

貫胸交脛支舌國①

鑠金洪鑪,灑成萬品。造物無私,各任所禀。歸於曲成,是見兆朕②。

【校注】

① 貫胸,古代傳説中的國名。《山海經》:"貫匈國在其東,其爲人匈有竅。

一曰在载國東。"《淮南子·墜形訓》有穿胸民,高誘注云:"胸前穿孔達背。"《藝文類聚》卷九十六引《括地圖》云:"禹誅防風氏,夏后德盛,二龍隆(降)之。禹使范氏(《博物志》作范成光)御之以行,經南方,防風神見禹,怒射之。有迅雷,二龍升去。神懼,以刃自貫其心而死。禹哀之,瘞以不死草,皆生,是名穿胸國。"交脛,古代傳說中的國名。《山海經》:"交脛國在其東,其爲人交脛。一曰在穿匈東。"郭璞注云:"言脚脛曲戾相交,所謂雕題、交趾者也。或作頸,其爲人交頸而行也。"郝懿行云:"《太平御覽》七百九十卷引《外國圖》曰:交脛民長四尺。《淮南·墜形訓》有交股民,高誘注云:交股民脚相交切。即此也。"支舌國,《山海經》:"岐舌國在其東。一曰在不死民東。"郭璞注云:"其人舌皆岐,或云支舌也。"郝懿行云當作舌皆反:"《淮南·墜形訓》有反舌民。高誘注云:語不可知而自相曉。又注《吕氏春秋·功名篇》云:一説南方有反舌國,舌本在前,末倒向喉,故曰反舌。是支舌古本作反舌也。"

② 鑠金洪鑪,此是郭璞以煉鐵的鑪子,比喻鍛煉萬物之所或環境。灑成萬品,謂自然創造萬物像水流灑一樣。《易·乾》:"品物流行。"郭璞用其意,所以下二句云:造物無私,萬物各稟形於自然。曲成,謂多方設法使有成就。《易·繫辭》上"曲成萬物而不遺"。郭璞用其意,謂造化成就萬物。"是見兆朕",謂從貫胸、交脛、支舌國人的形狀,可以看見自然造物的徵兆。

不死國[1]

有人爰處,圜邱之上。赤泉駐年,神木養命。稟此遐齡,悠悠無竟[2]。

【校注】

① 不死國,《山海經》:"不死民在其東,其爲人黑色,壽(考),不死。一曰在穿匈國東。"郭璞注云:"有員丘山,上有不死樹,食之乃壽;亦有赤泉,飲之不老。"郝懿行云:"《淮南·墜形訓》有不死民,高誘注云:不死,不食也。《大戴禮·易本命篇》云:食氣者神明而壽,不食者不死而神。是高注所本。然則不死之民,蓋以不食不飲而得之,郭云食木飲泉,據《大荒南經》爲説也(《大荒南經》云:有不死之國,阿姓,甘木是食)。"

② 圜邱,即員丘,神話中神仙所居地名。赤泉,神話中飲之不老的泉水。神木,即不死樹,神話中食之乃壽的樹。《博物志·物産》云:"員丘山上,有不死樹,食之乃壽;有赤泉,飲之不老。"郭璞以此來説明不死國人也似神仙,能夠駐年、養命,長生

不老。所以末句云:"禀此遐齡,悠悠無竟。"郝懿行云:圜邱之上的上字,"讀市郢反"。臧庸曰:"上疑當爲正,二字形相近,與前《畢方》讚互誤也。"

鑿齒國①

鑿齒人類,實有傑牙。猛越九嬰,害過長蛇。堯乃命羿,斃之壽華②。

【校注】

① 鑿齒國,《山海經》:"羿與鑿齒戰於壽華之野,羿射殺之,在昆侖虛東。羿持弓矢,鑿齒持盾。一曰(持)戈。"

② 鑿齒人類,郭璞云:"鑿齒亦人也,齒如鑿,長五六尺,因以名云。"高誘注《淮南子·墜形訓》云:"吐一齒出口下,長三尺也。"但注《本經篇》云:"鑿齒,獸名,齒長三尺,其狀如鑿,下徹頷下,而持戈盾。"此與前略異,郭璞蓋本前爲說。傑牙,長牙齒。"猛越"以下四句,用羿射日的神話爲說。《淮南子·本經篇》云:"堯之時,十日並出,焦禾稼,殺草木,而民無所食。猰貐、鑿齒、九嬰、大風、封豨、修蛇,皆爲民害。堯乃使羿誅鑿齒於疇華之野,殺九嬰於凶水之上。"壽華即疇華,南方澤名。

三首國①

雖云一氣,呼吸異道。觀則俱見,食則皆飽。物形自周,造化非巧②。

【校注】

① 三首國,《山海經》:"三首國在其東,其爲人一身三首。(一曰在鑿齒東)。"《海內西經》云:"有三頭人,伺琅玕樹。"即此之類。《淮南子·墜形訓》有三頭民。高誘注云:"身有三頭。"

② "雖云"四句,是郭璞據一身三首而想象的,描狀三首國人的形狀。"物形"二句,言萬物的形體,各自周備,三首國人也是如此,並非造化育生之功巧。

焦僥國①

羣籟舜吹,氣有萬殊。大人三丈,焦僥尺餘。混之一歸,此亦僑如②。

【校注】

① 焦僥國,《山海經》:"周饒國在其東,其爲人短小,冠帶。一曰焦僥國在三首東。"郝懿行云:"周饒亦焦僥,聲之轉,又聲轉爲朱儒。"

② 羣籟,猶萬籟,指自然界的一切響聲。舜吹,交互錯雜地吹。氣,指構成萬物的氣質。此二句謂宇宙間的一切響聲交互錯雜地吹,構成了各種物品不同的氣質。"大人"句,指神話傳説中的大人國。《山海經》:"有人名曰大人。有大人之國,釐姓,黍食。"又云:"大人國在其北,爲人大,坐而削(讀若稍,謂操舟也)船。"又曰:"有波谷山者,有大人之國。""焦僥"句,指神話傳説中的小人國。《山海經》:"有小人,名曰焦僥之國,幾姓,嘉穀是食。"又云:"有小人,名曰菌人。"又曰:"有小人國,名靖人。"菌人、靖人,亦均侏儒之音轉。郭璞《山海經注》云:"其人長三尺,穴居,能爲機杼,有五穀也。"郝懿行云:"《初學記》十九卷引《拾遺記》云:員嶠山有陀移國,人長三尺,壽萬歲。疑陀移即周饒之異名,員嶠山與方丈山相近也。又引《神異經》曰:西北荒中,有小人,長一寸,朱衣玄冠,與此經短小冠帶合也。又云:有鶴國,人長七寸,海鵠遇則吞之。《史記》正義引《括地志》云:小人國在大秦南,人纔三尺,其耕稼之時,懼鶴所食,大秦衛助之,即焦僥國,其人穴居也。亦與郭注合。"《太平御覽》七百九十卷引《外國圖》曰:"焦僥國人長尺六寸,迎風則偃,背風則伏,眉目具足,但野宿。一曰焦僥長三尺,其國草木夏死而冬生,去九疑三萬里。""混之"句,謂不論大人或小人,都混同於自然之道。"此亦"句,謂大人、小人都是大地的僑居者。

長臂國①

雙肱三尺,體如中人。彼曷爲者,長臂之民。修腳是負,捕魚海濱②。

【校注】

① 長臂國,《山海經》:"長臂國在其東,捕魚水中,兩手各操一魚。一曰在焦僥東,捕魚海中。"畢沅云:"云兩手各操一魚,云捕魚海中,皆其圖象也。"

② 雙肱,指兩臂。三尺,《初學記》作"三丈"。中人,《魏志》作"中國人"。郭璞曰:"魏黄初中,玄菟太守王頎討高句麗王宮,窮追之,過沃沮國,其東界臨大海,近日之所出,問其耆老,海東復有人否?云:嘗在海中得一布褐,身如中人,衣兩袖長三丈,即此長臂人衣也。"長臂之民,《穆天子傳》卷二云:"天子乃封長肱于黑水之西河。"郭璞注云:"即長臂人也……身如中國(人),臂長三丈。"《淮南子·墜形訓》有修臂民,高誘注云:"一國民皆長臂,臂長於身,南方之國也。"修腳,即長脚。是負,郝懿行《山海經箋疏》作"自負"。此是郭璞因臂長想到長脚國人常負長臂人下海捕魚的神話。

狄山帝堯葬于陽帝嚳葬于陰①

聖德廣被,物無不懷。爰乃殂落,封墓表哀。異類猶然,矧乃華黎②。

【校注】

① 狄山,郝懿行云:"《墨子(節葬篇)》云:堯北教八狄,道死,葬蛩山陰。然則此經狄山,蓋狄中之山,今大名府清豐縣有狄山也。司馬相如《大人賦》云:歷唐堯於崇山。《漢書》張揖注云:崇山,狄山也。引此經云云。《水經·瓠子河》注亦引此經而云:狄山一名崇山。崇、蛩聲相近,蛩山,又狄山之別名也。"帝堯,即傳說中古帝陶唐氏之號,名放勛,建都平陽。堯葬于陽,郭璞注云:"《呂氏春秋(安死篇)》曰:堯葬穀林。今陽城縣西,東阿縣城次鄉中,赭陽縣湘亭南,皆有堯冢。"帝嚳,傳說中的古帝名,相傳為黃帝子玄囂的後代,居亳,號高辛氏。嚳葬于陰,郭璞注云:"嚳,堯父,號高辛,今冢在頓丘縣城南臺陰野中也。音酷。"袁珂云:"《大戴禮·帝繫篇》云:黃帝産玄囂,玄囂産蟜極,蟜極産高辛,是爲帝嚳,帝嚳産放勛,是爲帝堯也。"

② "聖德"二句,謂嚳和堯都是聖德廣被的古帝,沒有人不懷念他們的。郭璞《山海經注》云:"今文王墓在長安鄗聚社中。按帝王冢墓皆有定處,而《山海經》往往復見之者,蓋以聖人久於其位,仁化廣及,恩洽鳥獸,至於殂亡,四海若喪考妣,無思不哀。故絕域殊俗之人,聞天子崩,各自立坐而祭醊哭泣,起土爲冢,是以所在有

焉。亦猶漢氏諸遠郡國皆有天子廟,此其遺象也。"正説明這兩句詩的意旨。殂落,死。封墓,增土於墳,表示加禮於死者。矧,况。華黎,華夏黎民。此謂嚳、堯古帝死後,絶域殊俗人都祭祀,華夏之人更是要祭祀紀念了。

視　肉[1]

聚肉有眼,而無腸胃。與彼馬勃,頗相髣髴。奇在不盡,食人薄味[2]。

【校注】

[1] 視肉,傳説中獸名。《山海經》:"(狄山)視肉。"郭璞注曰:"聚肉,形如牛肝,有兩目也;食之無盡,尋復更生如故。"郝懿行云:"《初學記》引《神異經》云:西北荒有遺酒追復脯焉,其味如麞,食一片復一片。疑即此也。"袁珂云:"《古小説鈎沈》輯《玄中記》云:大月氏及西胡,有牛名曰日反,今日割取其肉三四斤,明日其肉已復,創即愈也。漢人入此國,見牛不知,以爲珍異。《蜀典》卷九稍割牛條引《涼州異物志》云:月支有羊,尾重十斤,割之供食,尋生如故。均郭説視肉類也。"

[2] 馬勃,菌類植物,生濕地及腐木上。此謂視獸與馬勃相似。食人,給人吃。薄味,謂澹薄之味。

南方祝融[1]

祝融火神,雲駕龍驂。氣御朱明,正陽是含。作配炎帝,列位于南[2]。

【校注】

[1] 祝融,高辛氏火正。《山海經》:"南方祝融,獸身人面,乘兩龍。"郭璞注云:"火神也。"袁珂云:"《淮南子·時則篇》云:南方之極,自北户孫之外,貫顓頊之國,南至委火炎風之野,赤帝(炎帝)祝融之所司者萬二千里。則祝融者,南方天帝炎帝之佐也。"又曰:"關於祝融之神話,見於《海内經》者,有鯀竊帝之息壤以湮洪水,不待帝命,帝令祝融殺鯀於羽郊。見於《墨子·非攻下》者,有(成湯伐夏)天命融(祝融)隆(降)火于夏之城間,西北之隅。見於《尚書大傳》及《太公金匱》等書者,有祝

融等七神雪天遠來,助周滅殷事。見於《史記》司馬貞《補三皇本紀》者,有共工與祝融戰,不勝而怒觸不周山事,等等。祝融在古神話傳説中,位亦顯矣。"

② 朱明,指夏季,《爾雅·釋天》:"夏爲朱明。"此句言夏季的炎熱之氣,是火神祝融統御的。正陽,南方日中之氣。此句謂夏季炎熱是包含着日中正陽之氣。作配炎帝,謂祝融是炎帝之苗裔,故同受人間祭祀。"列位"句,謂祝融也列位爲南方之神。

海外西經圖讚

夏后啓[①]

筮御飛龍,果儛九代[②]。雲融是揮,玉璜是佩。對揚帝德,禀天靈誨[③]。

【校注】

① 夏后啓,《山海經》:"大樂之野,夏后啓于此儛九代,乘兩龍,雲蓋三層。左手操翳,右手操環,佩玉璜。在大運山北。一曰大遺之野。"袁珂云:"關於夏后啓之神話,《大荒西經》云:西南海外,赤水之南,流沙之西,有人珥兩青蛇,乘兩龍,名曰夏后開(開即啓,漢景帝名啓,漢人避諱改),開上三嬪(賓)于天,得《九辯》與《九歌》以下。此天穆之野,高二千仞,開焉得始歌《九招》。即同一事也。……《御覽》九二九引《歸藏·明夷》云:昔夏后啓上乘龍飛,以登于天,皋陶占之,曰:吉。《大荒西經》郭注引《歸藏·啓筮》云:不可竊《辯》與《九歌》以國于下。即其事矣。蓋啓承禹位,不恤國事,惟以酒食聲色自娱,復竊天樂助興,致遭亡國慘禍。故《墨子·非樂》稱:啓乃淫溢康樂,野于飲食,將將鍠鍠,莞磬以方。湛濁于酒,渝食于野,萬舞翼翼,章聞于天,天用弗式(内數字與原文略有不同,均據孫詒讓《墨子閒詁》校改)。詩人於此亦多所刺譏。屈原《離騷》云:啓《九辯》與《九歌》兮,夏康娱以自縱,不顧難以圖後兮,五子用夫家巷(末句夫原作失乎,從聞一多《楚辭校補》改,家巷即家閧,内訌之意也)。《天問》云:啓棘賓商(帝之形譌),《九辯》《九歌》,何勤子屠母而死分竟(境)地?即其事也。此處所謂儛《九代》,亦歌《九招》之類,雖曰亦仙,因乃啓康娱自縱之具體表現,其不顧難以圖後,亦已明矣。"

② 筮,以蓍草占休咎。郭璞云:"《歸藏·鄭母經》曰:夏后啓筮,御飛龍登于天,吉。明啓亦仙也。"郝懿行云:"《太平御覽》八十二卷引《史記》曰:昔夏后啓筮:乘龍以登于天,占于皋陶,皋陶曰:吉而必同,與神交通;以身爲帝,以王四鄉。今案《御覽》此文,即與郭注所引爲一事也。"九代,樂名。郭璞云:"九代,馬名,儛謂盤作之令儛也。"郝懿行云:"九代,疑樂名也。《竹書》云:夏帝啓十年,帝巡狩,舞《九韶》于大穆之野。《大荒西經》亦云:天穆之野,啓始歌《九招》。招即韶也。疑《九代》即《九招》矣。又《淮南·齊俗訓》云:夏后氏其樂夏籥《九成》。疑《九代》本作《九成》,今本傳寫形近而譌也。李善注(《文選》)王融《三月三日曲水詩序》引此經云:舞九代馬。疑馬字衍。而《藝文類聚》九十三卷及《太平御覽》八十二卷引此經亦有馬字,或並引郭注之文也。舞馬之戲恐非上古所有。"郝説是也。《九代》確當是樂名,非舞馬之戲。果,疑作"樂"字。

③ "雲融"四句,融,郝懿行云:"融當作翮(hè)。"雲翮是舞,言舞者手揮羽翮,在雲間翮翮起舞。這句是對夏后啓乘兩龍、雲蓋三層,左手操翳,右手操環,娛樂《九代》的生動描寫。玉璜,佩玉名,郭璞曰:"半璧曰璜。"對揚,答謝與讚頌。帝,指天帝。靈誨,天帝神靈的教誨。

三身國一臂國①

品物流行,以散混沌。增不爲多,減不爲損。厥變難原,請尋其本②。

【校注】

① 三身國,《山海經》:"三身國,在夏后啓北,一首而三身。"關於三身國的神話,《大荒南經》亦云:"大荒之中,有不庭之山,滎水窮焉。有人三身。帝俊妻娥皇,生此三身之國。姚姓,黍食,使四鳥。"《河圖括地圖》云:"庸成氏實有季子,其性喜淫,晝淫於市,帝怒,放之於西南。季子儀馬而產子,身人也而尾蹄馬,是爲三身之國。"兩説雖不同,但後起之説,非神話之初相,當依《山海經》,説明三身國乃舜之苗裔。一臂國,《山海經》:"一臂國在其北,一臂一目一鼻孔。有黃馬虎文,一目而一手。"吳任臣云:"《爾雅(釋地)》:北方有比肩民焉,迭食而迭望。郭璞注云:此即半體之人,各有一目、一鼻孔、一臂、一脚。……《三才圖會》曰:一臂國在西海之北,半體比肩,猶魚鳥相合。"

② 品物,猶萬物,《易·乾》:"品物流行。"言萬物流佈成形。混沌,指天地未開闢前的元氣狀態。此二句謂開闢天地之後才有萬物的產生。"增不爲多"二句,用

《莊子·駢拇》"長者不爲有餘,短者不爲不足"之意。說明萬物各具形體,長者、短者,各是自然,不要人爲地截長續短,違反自然。"厥變"二句,謂萬物順應自然的變化難以推究其規律。這表現了郭璞崇尚自然的玄學思想。

奇肱國[①]

妙哉工巧,奇肱之人。因風構思,制爲飛輪。凌頹遂軌,帝湯是賓[②]。

【校注】

① 奇肱國,《山海經》:"奇肱之國,在其北,其人一臂三目,有陰有陽,乘文馬。有鳥焉,兩頭,赤黃色,在其旁。"郭璞云:"肱或作弘,奇音羈。"又云:"陰在上,陽在下,文馬即吉良也。"又云:"其人善爲機巧,以取百禽;能作飛車,從風遠行。湯時得之於豫州界中,即壞之,不以示人。後十年西風至,復作遣之。"郝懿行云:"《博物志》説奇肱民善爲栻扛,以殺百禽,栻扛蓋機巧二字之異。又云湯破其車,不以視民,視即古示字,當作眎。又云十年東風至,乃復作車遣返,郭注作西風至,西字譌也。云其國去玉門關四萬里,當須東風至乃得遣返矣。"袁珂云:"奇肱,《淮南子·墜形篇》作奇股。高誘注云:'奇,隻也;股,脚也。'則是獨脚人矣。以較獨臂,似獨脚於義爲長。假令獨臂,則爲機巧、作飛車乃戛戛乎其難矣;亦唯獨脚,始痛感行路之艱,翱翔雲天之思斯由啓矣。故奇股乃勝於奇肱。"

② 工巧,良工、巧匠,謂奇肱國人善爲機巧。"因風"二句,謂其運用創造性才思制爲飛輪車,憑風力翱翔雲天。凌頹,謂昇降。遂軌,順着軌道。此句言奇肱國人乘飛輪上天,落地乘吉良文馬,順着風力、馬力而行路。帝湯,即商湯。賓,賓客。謂奇肱國曾有人在帝湯時至商朝地,商湯以賓客相待,後遣歸。

形 天[①]

爭神不勝,爲帝所戮[②]。遂厥形天,臍口乳目。仍揮干戚,雖化不服[③]。

【校注】

① 形天,郝懿行《山海經箋疏》作"形夭"。關於形天的神話,《山海經》云:"形

天與帝(至此)爭神,帝斷其首,葬之常羊之山,仍以乳爲目,以臍爲口,操干戚以舞。"郝懿行云:"天,本作天。"袁珂云:"形天,書各不同。……依義刑天長於形天。天,甲骨文作𡗶,金文作𡗶,(上半部分)均象人首,義爲顛爲頂,刑天蓋即斷首之義。意此刑天者,初本無名天神,斷首之後,始名之爲刑天。或作形天,義爲形體天殘,亦通。惟作形天、刑天則不可通。"

② 帝,天帝,此指黄帝。袁珂云:"刑天,炎帝之臣;刑天之神話,乃黄帝與炎帝鬥爭神話之一部分,狀其鬥志靡懈,死猶未已也。《御覽》七九引《歸藏》:昔黄神與炎神爭鬥涿鹿之野,將戰,筮於巫咸,曰:果哉而有咎。《吕氏春秋·蕩兵篇》:兵所自來者久矣,黄炎故用水火矣。《淮南子·兵略篇》:炎帝爲火灾,故黄帝禽之。《大戴禮·五帝德》:黄帝教熊、羆、貔、豹、虎,以與赤帝戰於版泉之野,三戰然後得行其志。是自戰國至秦漢咸有關於黄炎鬥爭之傳説。……刑天者,炎帝之臣,或亦炎帝之后也。《路史·後紀三》云:炎帝乃命邢天作《扶犁》之樂,制《豐年》之咏,以薦釐來,是曰《下謀》。此邢天即宋本《御覽》五五五所引此經邢天,亦鮑校本八八七所引此經邢天也。《路史》所記雖較晚,當亦有古説憑依,惜典籍佚亡,難尋究矣。然刑天與帝爭神,帝斷其首,葬之常羊之山,常羊山傳又爲炎帝降生之處,《春秋緯元命苞》(《玉函山房輯佚書》輯)云:少典妃安登,遊于華陽;有神龍首感之於常羊,生神農。是炎帝生於常羊,漢人已有成説矣。《大荒西經》所謂有偏句、常羊之山者,此常羊與刑天斷首之常羊,炎帝降生之常羊,俱在西方,自是同一常羊無疑。是刑天傳説與炎帝傳説之關係,豈不仍有蛛絲馬迹可尋乎?則刑天者,亦猶蚩尤夸父,奮起而爲炎帝復仇,以與黄帝抗争者也。"

③ 形天,形體天殘,指刑天。郝懿行云:"《淮南·墬形訓》云:西方有形殘之屍。高誘注云:一説曰:形殘之屍,於是以兩乳爲目,肥臍(疑肶臍之譌也,肥本亦作腹)爲口,操干戚以舞,天神斷其手後,天帝斷其首也。"干戚,郭璞云:"干,盾;戚,斧也。是爲無首之民。""雖化"句,謂刑天形體雖然變化爲殘屍,仍然不屈服。

女祭女戚①

彼姝者子,誰氏二女。曷爲水閒,操魚持俎。厥麗安在?離羣逸處②。

【校注】

① 女祭、女戚,兩個女巫。《山海經》:"女祭、女戚在其北,居兩水間,戚操魚𩶭,祭操俎。"郭璞云:"鱓,魚屬。"王念孫云:"《大荒西經》有寒荒之國,有二人,女

祭、女蒗。注云：或持鱓，或持俎。案此女戚亦當作女蒗，因上文干戚文而誤爲戚也。魚魠當爲角鱓，注内'鱓，魚屬'，當爲'角魠，鱓屬'。《説文》（四）：魠，小鱓也。"袁珂云："據此，則女祭、女戚當是女巫祀神之圖象也。"

② 姝，美麗。言女祭、女戚都是容貌美麗的女子。持俎，謂女祭持着祭祀陳置犧牲的禮品。"離羣"句，謂女祭、女戚這兩個美女，脱離人群隱居，還有什麽美麗可言。

鵸鳥鶬鳥①

有鳥青黄，號曰鶬鵸。與妖會合，所集會至。類則梟鷉，厥狀難媚②。

【校注】

① 鵸（音次）鳥，鶬（音瞻）鳥，《山海經》："鵸鳥、鶬鳥，其色青黄，所經國亡。在女祭北。鵸鳥人面，居山上。一曰維鳥，青鳥、黄鳥所集。"郭璞注云："此應禍之鳥，即今梟、鴟鷉之類。"畢沅云："古無鵸、鶬字，是云維鳥云云，是也，下丈夫國亦云在維鳥北。"袁珂云："《大荒西經》云：有元丹之山，有五色之鳥，人面有髮。爰有青鴍（音文）、黄鷔（音遨），青鳥、黄鳥，其所集者其國亡。即此。鴍、鷔乃鵸、鶬之異名。青鳥、黄鳥即鵸鳥、鶬鳥，亦即《大荒西經》之青鴍、黄鷔。"據此可知鵸鳥、鶬鳥，都是人面有髮之五色鳥。

② 青黄，即青鳥、黄鳥。"號曰"句，謂青鳥、黄鳥，名叫鶬鳥、鵸鳥。"與妖"二句，謂鵸鳥、鶬鳥，都是應禍的妖鳥，所以它們集在哪國，哪國就會有滅亡之禍。"類則"二句，梟，即貓頭鷹。鷉，鴟鷉鳥，亦即貓頭鷹。謂鵸鳥、鶬鳥都是貓頭鷹一類的妖鳥，形狀很難説是媚麗的。因《爾雅·釋鳥》云：鴟鴞鳥，"鳥少美長醜爲鴟鴞"。鴟鴞即梟，貓頭鷹既是應禍之鳥，再小也不能説是美麗的，所以郭璞云"厥狀難媚"。

丈夫國①

陰有偏化，陽無產理。丈夫之國，王孟是始。感靈所通，桑石無子②。

【校注】

① 丈夫國，傳説中的古代國名。《山海經》：“丈夫國在維鳥北，其爲人衣冠帶劍。”

② 王孟，一作王英。郭璞云：“殷帝太戊使王孟採藥，從西王母至此，絶糧，不能進，食木實，衣木皮，終身無妻，而生二子，從形中出，其父即死，是爲丈夫民。”郝懿行云：“《竹書》云：殷太戊三十六年，西戎來賓，王使王孟聘西戎，即斯事也。西戎，豈即西王母與？其無妻生子之説，本《括地圖》，《太平御覽》七百九十卷引其文與郭注略同。但此言從形中出，彼云從背骨出。又《玄中記》云：從脅間出，文有不同。”《玄中記》云：“丈夫民。殷帝太戊使王英採藥於西王母，至此絶糧，不能進，乃食木實，衣以木皮。終身無妻，產子二人，從背脅間出，其父則死，是爲丈夫民。去玉門二萬里。”“感靈”二句，殆謂塗山女與夏禹通於臺桑，後化爲石，石破而生啓。

女丑尸①

十日竝暵，女丑以斃。暴于山阿，揮袖自翳。彼美誰子，逢天之厲②。

【校注】

① 女丑尸，《山海經》：“女丑之尸，生而十日炙殺之。在丈夫（國）北。以右手鄣其面。十日居上，女丑居山之上。”

② 暵，同暵，以火烘乾。全句謂十日並出，天氣像火一樣熱暵。郝懿行云：“十日並出，炙殺女丑，於是堯乃命羿射殺九日也。”袁珂云：“此固郝推想之詞，然亦頗有此可能；因十日並出事見於典籍者，除《莊子·齊物論》‘十日並出，萬物皆照’，《楚辭·招魂》‘十日並出（並原作代），流金礫石’及郭注《海外東經》引《竹書》‘胤甲居西河，十日並出’外，以《淮南子·本經篇》所著‘堯之時，十日並出’事爲最古。然所謂炙殺，疑乃暴巫之象，女丑疑即女巫也。古天旱求雨，有暴巫焚巫之舉。《論衡·明雩篇》：魯繆公之時，歲旱，繆公問縣子：寡人欲暴巫，奚如？《左傳》僖公二十一年：夏大旱，公（魯僖公）欲焚巫尪。是其證矣。暴巫焚巫者，非暴巫焚巫也，乃以女巫飾爲旱魃而暴之焚之以禳灾也，暴巫即暴魃也……下文（女丑）以右手鄣其面及十日居上，女丑山之上語，均被暴而不勝其楚毒之象。及十日炙殺女丑，乃有堯使羿或堯自身上射九日之舉也。”郭璞即用“暴于山阿”四句詩，正寫出了暴巫之慘狀，指斥了天帝之暴厲，表示了自己對女丑尸的哀痛感情。

巫　咸[1]

羣有十巫,巫咸所統。經技是搜,術藝是綜。採藥靈山,隨時登降[2]。

【校注】

① 巫咸,《山海經》:"巫咸國在女丑北,右手操青蛇,左手操赤蛇,在登葆(保)山,羣巫所從上下也。"關於巫咸,郭璞認爲是帝堯時人,以醫術爲帝堯師,封於巫咸山(地在山西夏縣)。但郝懿行認爲:"《地理志》云:河東郡安邑,巫咸山在南。非此也。此國亦當在海外,觀登備山在《南荒經》可見。《水經·涑水注》,以巫咸山即巫咸國,引此經云云,非矣。《太平御覽》七百九十卷引《外國圖》曰:昔殷帝太戊,使巫咸禱於山河,巫咸居於此,是爲咸氏,去南海萬千里,即此國也。"不過,巫咸在《山海經》中,是巫師的首領,與《外國圖》所謂殷中宗大戊時之巫咸抵牾,終莫可究詰矣。所以《世本》宋衷注云:"巫咸不知何時人。"又云:"巫咸,堯臣也,以鴻術爲帝堯醫。"與郭璞意見相同。

② 十巫,《大荒西經》云:"大荒之中,有山名曰豐沮玉門,日月所入。有靈山,巫咸、巫即、巫肦、巫彭、巫姑、巫真、巫禮、巫抵、巫謝、巫羅十巫,從此昇降,百藥爰在。""採藥"二句,郭璞云:"採藥往來。"袁珂云:"郭注蓋本《大荒西經》'十巫從此昇降,百藥爰在'爲説,然細究之,採藥只是群巫所作次要工作,其主要者,厥爲下宣神旨,上述民情。登葆山蓋天梯也,群巫所從上下者,上下於此天梯也。"

并　封[1]

龍過無頭,并封運載。物狀相乖,如驥分背。數得自通,尋之愈闊[2]。

【校注】

① 并封,神話中的獸名。《山海經》:"并封在巫咸東,其狀如彘,前後皆有首,黑。"郝懿行謂即《逸周書·王會》之鼇封,又叫屏蓬,即傳説中的兩頭鹿。

② 龍過,不詳。但從其無首來看,當亦是"帝江"一類的怪獸。運載,郝懿行

《山海經箋疏》作"連載",謂并封獸是一個身體,連載前後兩個頭。"物狀"句,謂龍過和并封的形狀恰好相反,前者無頭,後者却有兩個頭。"如驥"句,驥分背,馬相背而立。《莊子·馬蹄》:"夫馬陸居則食草飲水,喜則交頸相靡,怒則分背相踶。"《注》:"宣云:馬之踶,必向後,故曰分背。"并封是一個身子兩個頭,所以説像馬相背而立一樣。"數得"二句,數,道理,謂龍過無頭、并封二頭,雖是事實,但要尋求其理,却隔閡不通。

女子國①

簡狄有吞,姜嫄有履。女子之國,浴于黃水。乃娠乃字,生男則死②。

【校注】

① 女子國,傳説中的古國名。《山海經》:"女子國在巫咸北,兩女子居,水(外)周之。一曰居一門中。"《大荒西經》:"有女子國。"郭璞云:"(《三國志·魏書·烏丸鮮卑東夷傳》)王頎至沃沮國,盡東界,問其耆老,云:國人嘗乘船捕魚遭風,見吹數十日,東一國,在大海中,純女無男。即此國也。"《後漢書·東夷傳》云:"或傳其國有神井,窺之輒生子。"即此類也。

② 簡狄,商祖契之母,有娀氏之女,帝嚳之妃。傳説吞燕卵而孕生契。有吞,即吞燕卵而生子。姜嫄,周祖后稷(棄)的母親,帝嚳的正妃,傳説她履大人迹而生棄。有履,即履大人迹而生子。黃水,郭璞云:"有黃池,婦人入浴,出即懷妊。若生男子,三歲輒死。"《太平御覽》三百六十卷引《外國圖》曰:"方丘之上,暑濕生男子,三年而死。有潢水,婦人入浴,出則乳矣,是去九嶷二萬四千里。"潢水,即黃水,即郭注所謂黃池。乃娠乃字,謂女子國之婦女入浴黃池即可生子。

軒轅國①

軒轅國人,承天之佑。冬不襲衣,夏不扇暑。猶氣之和,家爲彭祖②。

【校注】

① 軒轅國,傳説國名。《山海經》:"軒轅之國,在此窮山之際,其不壽者八百

歲。在女子國北。人面蛇身,尾交首上。"《大荒西經》云:"有軒轅之國,江山之南栖爲吉,不壽者乃八百歲。"郝懿行云:"《西次三經》有軒轅之丘,郭注黃帝所居,然則此經軒轅之國,蓋黃帝所生也。《水經·渭水》注云:軒轅谷水出南山軒轅谿,南安姚瞻以爲黃帝生於天水,在上邦城東七十里軒轅谷。案《地理志》上邦在隴西郡。"

② 軒轅國人,郝懿行《山海經箋疏》作"軒轅之人"。郭璞云:"其國在山南邊也。《大荒經》曰:岷山之南。"郝懿行云:"此云岷山者,以大江出岷山故也。"襲衣,加衣;扇暑,扇涼。此二句謂此國氣候溫和,冬天不寒,故不需多加衣服;夏天不暑熱,故不需用扇納涼。彭祖,傳說中的長壽之人。傳說顓頊帝玄孫陸終氏的第三子,姓籛名鏗,堯封之於彭城,因其道可祖,故謂之彭祖。籛鏗在商爲守藏史,在周爲柱下史。年八百歲。

乘　黃①

飛黃奇駿,乘之難老。揣角輕騰,忽若龍矯。實鑒有德,乃集厥皁②。

【校注】

① 乘黃,傳說中的奇獸,即飛黃。《山海經》:"白民之國,在龍魚北,白身被髮。有乘黃,其狀如狐,其背上有角,乘之壽二千歲。"郭璞云:"白民乘黃,似狐,背上有兩角。即飛黃也。《淮南子》曰:天下有道,飛黃伏皁。"

② 飛黃,傳說中的神馬。《淮南子·覽冥訓》:"青龍進駕,飛黃伏皁。"難老,猶言長生不老。乘黃即訾黃,《漢書·禮樂志》云:"訾黃何不來下?"應劭注云:"訾黃一名乘黃,龍翼而馬身,黃帝乘之而仙。"揣,捶擊。"揣角"句,謂捶擊其角即輕騰而飛。忽,迅疾。矯,高舉。此句謂乘黃迅疾如龍一樣飛騰。皁,牛馬食槽。"實鑒"二句,是說黃帝治天下有德,所以乘黃伏於其槽。郭璞以此來表現自己渴望太平盛世的心情。

滅蒙鳥大運山雄常樹

青質赤尾,號曰滅蒙①。大運之山,百仞三重②。雄常之樹,應德而通③。

【校注】

① 滅蒙，《山海經》："滅蒙鳥在結匈國北，爲鳥青，赤尾。"郝懿行云：《博物志（外國）》云："結匈國有滅蒙鳥。本此。《海內西經》又有孟鳥。"袁珂云："《海內西經》云：孟鳥在貊國東北，其鳥文赤、黃、青，東鄉。郝懿行謂滅蒙鳥疑即孟鳥，滅蒙之聲近孟（詳《海內經》孟鳥節注），其說是也。何以知其然也？《史記·秦本紀》云：秦之先，帝顓頊之苗裔孫，曰女脩。女脩織，玄鳥隕卵，女脩吞之，生子大業。大業取少典之子曰女華。女華生大費，與禹平水土，已成，帝賜玄珪。禹受曰：非予能成，亦大費爲輔。帝舜曰：咨，爾費，讚禹功，共賜爾皁游，爾後嗣將大出。乃妻之姚姓之玉女。大費拜受，佐舜調馴鳥獸，鳥獸多馴服，是爲柏翳（伯益）。舜賜姓嬴氏。大費生子二人，一曰大廉，實鳥俗氏；二曰若木，實費氏。……大廉玄孫曰孟戲、仲衍，鳥身人言。……孟戲即《秦本紀》之孟戲也，《博物志（外國）》又作孟舒。云：孟舒國民，人首鳥身，其先主爲雪氏馴百禽。夏后三世，始食卵。孟舒去之，鳳皇隨焉。戲、虧、舒均一音之轉……"

② 大運，山名。《山海經》："大運山高三百仞，在滅蒙鳥北。"又云：大樂之野"在大運山北"。其南則是滅蒙鳥。畢沅云："知此經是說圖之詞，或右行則自西南至西北起三身國，或左行則自西北至西南起修股民。是漢時猶有《山海經圖》，各依所見爲說，故不同也。"百仞，即經文所謂三百仞。三重，即三層。

③ 雄常，木名。《山海經》："肅慎之國，在白民北。有樹名曰雄常，先入伐帝，於此取之。"郭璞云：雄，"或作雒"。郝懿行云："《淮南·墜形訓》謂之雒棠。"袁珂云："經文雄常，《淮南子·墜形篇》作雒棠，云雒棠、武人在西北陬，高誘注云：皆日所入之山名也。疑非。雒棠當即此經之雄常，木名也。"應德而通，郭璞云："其俗無衣服，中國有聖帝代立者，則此木生皮可衣也。"袁珂云：據郭注，經文"先入伐帝，於此取之"，當作"聖人代立，於此取衣"是也。意謂雄常之樹，是應聖德之君而生皮爲衣的。

龍　魚[①]

龍魚一角，似狸處陵。俟時而出，神聖攸乘。飛騖九域，乘雲上昇[②]。

【校注】

① 龍魚，即龍鯉，穿山甲的別名。《山海經》："（窮山）龍魚陵居在其北，狀如

狸。一曰鰕。即有神聖乘此以行九野。一曰鼇魚在沃野北,其爲魚也如鯉。"郝懿行云:"龍魚,郭氏《江賦》作龍鯉,張衡《思玄賦》仍作龍魚,《淮南·墜形訓》作硠(碕)魚,高誘注云:硠魚如鯉魚也,有神聖者乘行九野,在無繼民之南。硠音蚌。"袁珂云:龍魚,疑即《海內北經》所記陵魚,蓋均神話傳説中人魚之類也。龍、陵一聲之轉,一也;龍魚陵居,陵魚當亦因其既可居水,復可居陵而號陵魚,二也;龍魚似鯉,謂之龍鯉,陵魚亦似鯉,謂之陵鯉,三也;龍魚一曰鰕,《爾雅·釋魚》云:鯢大者謂之鰕,《本草綱目》云:鯢魚,一名人魚,而人面手足魚身在海中之陵魚,正是人魚形貌,四也。有此四者,故謂龍魚即《海內北經》所記之陵魚。"

② "龍魚"二句,郭璞云:"或曰龍魚似狸一角。"郝懿行云:"狸當爲鯉字之譌。"《藝文類聚》九十六卷,正作"似鯉居陵"。"俟時"二句,俟時而出,《藝文類聚》九十六卷引作"候時而出"。神聖,指神仙一類人物,所以郝懿行云:"神聖,若琴高、子英之屬,見《列仙傳》。"謂龍鯉俟時出現,是神聖人物所乘上天的坐騎。飛鶩,迅疾奔馳。九域,即九野,郭璞云:"九域之野。"乘雲上昇,郝懿行《山海經箋疏》作"乘龍上昇"。注云:《類聚》作"乘雲上昇"。

西方蓐收①

蓐收金神,白毛虎爪。珥蛇執鉞,專司無道。立號西阿,恭行天討②。

【校注】

① 蓐收,西方神名,司秋。《禮·月令》孟秋之月:"其帝少皞,其神蓐收。"《山海經》:"西方蓐收,左耳有蛇,乘兩龍。"郭璞曰:"金神也,人面、虎爪、白毛,執鉞。見《外傳》。"袁珂云:"郭説蓐收,本《國語·晉語二》文。《晉語二》云:虢公夢在廟,有神人面、白毛、虎爪,執鉞,立於西阿,公懼而走。神曰:無走。帝命曰:使晉襲於爾門。公拜稽首,覺,召史嚚占之,對曰:如君之言,則蓐收也,天之刑神也,天事官成。公使囚之,且使國人賀夢。……六年,虢乃亡。此一刑戮之神,至《山海經西次三經》又爲司日入之神。《西次三經》云:泑山,神蓐收居之,西望日之所入,其氣員,神紅光之所司也。郝懿行云:紅光蓋即蓐收也。近是。此神或以爲是少皞之子……《尚書大傳》云:西方之極,自流沙西至三危之野,帝少皞神蓐收司之。蓐收,少皞之佐也。《楚辭·大招》云:魂乎無西,西方流沙,漭洋洋只;豕首縱目,被髮鬤只;長爪踞牙,俟笑狂只。王逸注:此蓋蓐收神之狀也。則在世人心目中,此一刑戮之神,又倍增其獰猛之氣矣。"

②"珥蛇"四句,珥,貫耳。珥蛇,以蛇貫珥。鉞,古兵器,用於斫殺,狀如大斧,有穿,安裝長柄。此四句意謂,蓐收是西方金神,他以蛇穿珥,手執斧鉞,專主刑戮無道之人,恭謹奉行天帝的討伐命令。

海外北經圖讚

無晵國①

萬物相傳,非子則根。無晵因心,構肉生魂。所以能然,尊形者存②。

【校注】

① 無晵國,傳説中古代國名。《山海經》:"無晵之國在長股東,爲人無晵。"郭璞云:"晵,肥腸也。其人穴居,食土,無男女,死即薶之,其心不朽,死百廿歲乃復更生。"袁珂云:"郭注'晵,肥腸也',肥腸當爲腓腸,即脛骨後之肉,今俗呼爲小腿肚者是。然晵應作啓,已如上説。"(郭璞曰:音啓,或作綮。畢沅云:《説文》無晵字,當爲綮,或作啓、繼皆是。)又曰:"《大荒北經》云:'有無繼民,繼無(當作無繼)民任姓,無骨子,食氣魚。'即無啓之國也。《博物志·異人》云:'無晵民,居穴食土,無男女,死埋之,其心不朽,百年還化爲人。細民,其肝不朽,百年而化爲人,皆穴居處。二國同類也。'無晵民自本郭注爲説,又增細民。而《西陽雜俎》於此二説外,復增録民,云'録民,膝不朽,埋之百二十年化爲人'。則未免有重床叠屋之感矣。"

② "萬物"二句,謂世上萬物繁衍,不是靠種子,就是靠根插。"無晵"二句,謂無晵國人死了埋葬後心不朽,所以能够重新長肉生魂,使人不絕種。"所以"二句,謂無晵國人能够如此,是因他們以形體爲尊。

燭　龍①

天缺西北,龍銜火精。氣爲寒暑,眼作昏明。身長千里,可謂至神②。

【校注】

① 燭龍,神名。《山海經》:"鍾山之神,名曰燭陰,視爲晝,瞑爲夜,吹爲冬,呼爲夏,不飲,不食,不息,息爲風,身長千里。在無䏿之東。其爲物,人面、蛇身、赤色,居鍾山下。"又云:"西北海之外,赤水之北,有章尾山。有神,人面蛇身而赤,直目正乘。其瞑乃晦,其視乃明。不食,不寢,不息,風雨是謁。是燭九陰,是謂燭龍。"郭璞注云:"燭龍也,是燭九陰,因名云。"並引《詩含神霧》云:"天不足西北,無有陰陽消息,故有龍銜(火)精以往照天門中也。"《淮南子·墜形訓》云:"燭龍在雁門北,蔽於委羽之山,不見日;其神人面龍身而無足。"

② 火精,太陽。龍銜,郝懿行《山海經箋疏》作"龍冲",注云:"《類聚》引作龍銜。"氣爲寒暑,謂燭龍吹爲冬、呼爲夏。眼作昏明,謂燭龍視爲晝、瞑爲夜。至神,謂燭龍最神聖。至神,《藝文類聚》九十六卷作"至靈"。

一目國①

蒼四不多,此一不少。於野冥瞽,洞見無表。形遊逆旅,所貴維眇②。

【校注】

① 一目國,傳説中的古代國名。《山海經》:"一目國在其東,一目中其面而居。一曰有手足。"又云:"有人一目,當面中生。一曰是威姓,少昊之子,食黍。"又云:"鬼國在貳負之尸北,爲物人面而一目。"鬼、威音近,當亦是一目國。

② 蒼四,謂傳説中黄帝的史官倉頡有四只眼睛。《路史·禪通紀》:"倉帝史皇氏,名頡,姓侯岡。"《古微書·春秋演孔圖》:"倉頡四目,是謂並明。"於野,一作"干野",郝懿行《山海經箋疏》作"子野"。子野是春秋晋國樂師,即師曠,生而目盲,善辨聲樂。冥瞽,謂師曠雙目失明。洞見無表,謂師曠無目,却能透徹瞭解没有表明的細微事物。逆旅,客舍。眇,一只眼。"形遊"二句,謂一目國人形體遊行客舍,所貴之處,就在於只有一只眼睛。

柔利國[1]

柔利之人,曲腳反肘。子求之容,方此無醜。所貴者神,形於何有[2]。

【校注】

[1] 柔利國,傳説中的古國名。《山海經》:"柔利國在一目東,爲人一手一足,反厀,曲足居上。一云留利之國,人足反折。"袁珂云:"《大荒北經》云:有牛黎之國。有人無骨,儋耳之子。即柔利國也,牛黎、柔利音皆相近;儋耳即聶耳也。《博物志·異人》云:子利國人,一手二足,拳反曲。子當爲柔,二當爲一,並字形之譌也。"《淮南子·墬形訓》亦記有柔利民。

[2] 曲腳反肘,郭璞云:"一脚一手反卷曲也。""子求"二句,子求,春秋時人,一作子來,形體傴僂。(詳見前《井賦》注)此謂子求的容貌和柔利國人的形體相比擬,也就顯得不醜了,人所寶貴的是精神,形體美醜有什麼關係。

共工臣相柳[1]

共工之臣[2],號曰相柳。禀此奇表,蛇身九首。恃力桀暴,終禽夏后[3]。

【校注】

[1] 共工臣相柳,《山海經》:"共工之臣曰相柳氏,九首,以食於九山。相柳之所抵,厥爲澤谿。禹殺相柳,其血腥不可以樹五穀種。禹厥之,三仞三沮,乃以爲衆帝之臺。在崑崙之北,柔利之東。相柳者,九首人面,蛇身而青。不敢北射,畏共工之臺。臺在其東。臺四方,隅有一蛇,虎色,首衝南方。"又云:"共工臣名曰相繇,九首蛇身,自環,食於九土。其所歆所尼,即爲源澤。不辛乃苦,百獸莫能處。禹堙洪水,殺相繇。其血腥臭,不可生穀,其地多水,不可居也。禹湮之,三仞三沮。乃以爲池,群帝因是以爲臺。在昆侖之北。"這就是共工之臣相柳。

[2] 共工,郭璞注云:"共工,霸九州者。"袁珂云:"郭璞注乃本《國語·魯語》'共工氏之伯九有也'爲説,然乃以歷史釋神話,非是。共工乃古天神名,與顓頊争爲帝

者。《淮南子·天文篇》云:'昔共工與顓頊爭爲帝,怒而觸不周之山,天柱折,地維絶。天傾西北,故日月星辰移焉;地不滿東南,故水潦塵埃歸焉。'即此共工。《兵略篇》又云:'共工爲水官,故顓頊誅之。'《史記·律書》亦云:'顓頊有共工之陣以平水害。'則此天神共工乃水神也。……顓頊,黄帝之裔孫也(《山海經·海内經》);而《國語·周語》韋昭注:'賈侍中云:共工諸侯,炎帝之后,姜姓也。'(亦本《山海經·海内經》)。則共工與顓頊之爭,亦黄炎鬥爭之餘緒也。共工觸山,折天柱,絶地維,打破爲顓頊所統治之舊世界,使世界局面爲之改觀,雖曰'不勝'(《淮南子·兵略篇》《論衡·談天篇》《楚辭·天問》王逸注等)亦足見其'猛志固常在'(陶潛《讀山海經》)之鬥爭精神矣,謂共工爲不死,爲勝利的英雄(毛澤東同志《漁家傲·反第一次大圍剿》注釋按語),誰曰不宜?然或又傳共工有與禹之鬥爭。《荀子·成相篇》云:'禹有功,抑下鴻,辟除民害逐共工。'禹亦黄帝系之人物也(《山海經·海内經》:'黄帝生駱明,駱明生白馬,白馬是爲鯀。'鯀,禹父也),共工與禹之鬥爭,亦應是黄炎鬥爭之餘緒。然神話演而至此,禹已成爲衆所公認之治水英雄,民間傳説與古籍記載咸無異辭,於是站在治水對立面而與禹作鬥爭之共工,乃不能不居於反面人物之地位。故《山海經》乃有禹攻共工國山(《大荒西經》),此則云禹殺共工之臣相柳,均《成相篇》所謂辟除民害之意也。則共工者,應視其所與周旋之人物而定其正反,非可一概而論,始符毛澤東同志按語'諸説不同。我取……'精神,亦已明矣。"

③ 奇表,謂相柳有蛇身九首的奇異形體外表。"恃力"二句,謂共工及其臣相柳,專憑武力兇狠暴虐,所以終於被夏后禹禽誅。

深目國[1]

深目類胡,但□絶縮。軒轅道降,欸塞歸服。穿胸長脚,同會異族[2]。

【校注】

① 深目國,古傳説中的國名。《山海經》:"深目國在其東,爲人舉一手一目,在共工臺東。"郝懿行云:"一目作一曰,連下讀,是也。"又《大荒北經》曰:"有人方食魚,名曰深目之國,盼姓,食魚。"郭璞注引《尸子》曰:"四方之民,有貫匈者,有深目者,有長肱(《路史·后紀五》注引作長股)者,黄帝之德嘗致之。"即此深目國。

② 類胡,謂深目國人的眼睛與北方胡人眼睛相像。□,此字闕,故此句義不詳。軒轅,黄帝號軒轅氏。道降,謂黄帝的道德普降天下。欸,叩也。"欸塞"句,謂四方荒遠人民都叩門來歸服黄帝。穿胸,指穿胸國人。長脚,指長股國人。《山海經》:

"長股之國在雄長北,被髮。一曰長脚。"郭璞注云:"國在赤水東也。長臂人身如中人而臂二丈,以類推之,則此人脚過三丈矣。黄帝時至。或曰,長脚人常負長臂人入海中捕魚也。"即此長脚國人。所以郭璞注曰:"或曰有喬國,今伎家喬人,蓋象身。"吴任臣曰:"喬人,雙木續足之戲,今曰躧蹻。"同會異族,謂四方異族同時聚會於黄帝統治之下。

聶耳國[①]

聶耳之國,海渚是縣。雕虎斯使,奇物畢見。形有相須,手不離面[②]。

【校注】

① 聶耳國,古傳說中的國名。《山海經》:"聶耳之國在無腸國東,使兩文虎,爲人兩手聶其耳。縣居海水中,及水所出入奇物。兩虎在其東。"袁珂云:"《大荒北經》云:有儋耳之國,任姓,禺號子,食穀。即此。《淮南子·墬形篇》無聶耳國,而云:夸父耽耳在其北方。是耽耳即儋耳,亦即此經聶耳也。《大荒北經》云禺號子者,禺號即禺䝙,乃東海海神。《大荒東經》云:黄帝生禺䝙,禺䝙生禺京,禺京處北海,禺䝙處東海,是爲海神。郭璞云:一本作號。即此禺號也。"

② 海渚,海水中的小塊陸地。縣,懸,謂聶耳國所居乃孤懸於海中之島也。雕虎,即文虎。郭璞《山海經注》云"文虎,雕虎也"。《尸子》曰:"中黄伯(曰):余左執太行之猏而右搏雕黄也。""奇物"句,言奇怪之物無不畢見,故郭璞曰:"言盡規有之。""形有"二句,相須,謂聶耳國人耳朵雖長大,但形體上自有須相助的手。郭璞云:"言耳長,行則以手攝持之也。"袁珂云:"唐李冗《獨異志》云:《山海經》有大耳國,其人寢,常以一耳爲席,一耳爲衾。則傳說演變,夸張又甚矣。"手不離面,正是對其以手扶持大耳的形象描繪。

夸 父[①]

神哉夸父,難以理尋。傾沙逐日,邈形鄧林。觸類而化,應無常心[②]。

【校注】

① 夸父,古代神話人物。《山海經》:"夸父與日逐走,入日。渴欲得飲,飲於河渭;河渭不足,北飲大澤。未至,道渴而死。棄其杖,化爲鄧林。"袁珂云:"《大荒北經》云:大荒之中,有山,名曰成都載天。有人珥兩黃蛇,把兩黃蛇,名曰夸父。后土生信,信生夸父,夸父不量力,欲追日景,逮之於禺谷。將飲河而不足也,將走大澤,未至,死於此。即此一神話之異文。其言后土生信,信生夸父。而《海內經》記炎帝生炎居,炎居生節並,節並生戲器,戲器生祝融,祝融生共工,共工生后土。則夸父者,炎帝之裔也。以義求之,蓋古之大人(夸,大;父,男子美稱)也。"

② "難以"句,謂夸父的巨人形象,及其所作所爲,是難以常理推究的。"傾沙"句,郝懿行《山海經箋疏》作"傾河",《初學記》卷十作"傾河及日"。言夸父逐日後渴,欲北飲大澤。大澤,《海內北經》云:"大澤方百里,群鳥所生及所解,在雁門北。"《大荒北經》云:"有大澤方千里,群鳥所解。"即此大澤,畢沅以爲即古之翰海。因在沙漠北,所以郭璞用傾沙狀寫。遯形,形體遯化,指其死後棄杖爲鄧林。郭璞曰:"夸父者,蓋神人之名也;其能及日景而傾河渭,豈以走飲哉,寄用於走飲耳。幾乎不疾而速,不行而至者矣。此以一體爲萬殊,存亡代謝,寄鄧林而遯形,惡得尋其靈化哉!"畢沅云:"鄧林即桃林也,鄧、桃音相近。高誘注《淮南子》云:'鄧,猶木。'是也。《列子》云:'鄧林彌廣數千里。'蓋即《中山經》所云'夸父之山,北有桃林'矣。其地則楚之北境也。"郝懿行云:《大荒北經》云:應龍殺夸父。蓋以道渴而死,形蛻神遊,或言應龍殺之耳。《列子·湯問》云:鄧林彌廣數千里。今案,其地蓋在北海外。楚阻之以鄧林。裴駰《集解》引此經云云,非也;畢氏云即《中山經》所云夸父之山,北有桃林,其地則楚之北境,恐未然。下云鄧林,積石山在其東,非近在楚地明矣。據此,鄧林當在翰海之外。"觸類"二句,謂夸父死棄杖化鄧林,是觸類而化,並非有常人之心的結果。

尋　木①

眇眇尋木,生于河邊。疎枝千里,上干雲天。垂陰四極,下蓋虞淵②。

【校注】

① 尋木,大木。《山海經》:"尋木長千里,在拘纓南,生河上西北。"《穆天子傳》

卷六云:"天子乃釣於河,以觀姑繇之木。"郭璞注云:"姑繇,大木也。《山海經》云:尋木長千里,生河邊。謂此木之類。"據此,姑繇之木,即榣木,見《西次三經》槐江之山。《説文》云:"櫾,昆侖河隅之長木也。"省作榣。尋木,即此木之類。

② 眇眇,遼遠。此句謂遠方的高大尋木。疎,疏的俗字,粗疏也。此二句狀其高粗。四極,四方極遠之地。虞淵,古代神話所説的日入之處。

跂踵國①

厥形雖大,斯腳則企。跳步雀踶,踵不閡地。應德而臻,欸塞歸義②。

【校注】

① 跂踵國,傳説國名。《山海經》:"跂踵國在拘纓東,其爲人大,兩足亦大。一曰大踵。"郭璞注云:"其人行,脚跟不著地也。《孝經鈎命訣》曰:焦僥跂踵,重澤欸塞也。"袁珂云:"《淮南子·墬形篇》有跂踵民,高誘注云:跂踵民,踵不至地,以五指行也。即郭注所本。然《文選》王元長《曲水詩序》注引高注則作'反踵,國名,其人南行,迹北向也'。與此異義。大約跂踵本作支踵,支、反形近易僞,故兼二説。"

② 企,踮起脚跟。"踵不"句,謂其走路是脚後跟不着地,而以五指行。所以跳步雀踶。閡,阻隔,謂脚後跟仍没有着地。應德二句,謂黄帝道德廣被,所以跂踵國人也叩塞門而歸服黄帝。

歐絲野①

女子鮫人,體近蠶蚌。出珠匪甲,吐絲匪蛹。化出無方,物豈有種②。

【校注】

① 歐絲,吐絲。《山海經》:"歐絲之野在大踵東,一女子跪,據樹歐絲。"歐,俗字作嘔。郭璞注云:"言嗷桑而吐絲,蓋蠶類也。"此蓋蠶馬故事之雛形。《搜神記》叙《太古蠶馬記》曰:"舊説太古之時,有大人遠征,家無餘人,唯有一女。牡馬一匹,女親養之。窮居幽處,思念其父。乃戲馬曰:爾能爲我迎得父還,我將嫁汝。

馬既承此言,乃絕韁而去,徑至父所。父見馬驚喜,因取而乘之。馬望所自來,悲鳴不已。父曰:此馬無事如此,我家得無有故乎? 亟乘以歸。爲畜生有非常之情,故厚加芻養,馬不肯食。每見女出入,輒喜怒奮擊,如此非一。父怪之,密以問女,女具以告父:必爲是故。父曰:勿言,恐辱家門。且莫出入。於是伏弩射殺之,暴皮於庭。父行,女與鄰女於皮所戲,以足蹙之,曰:汝是畜生,而欲取人爲婦耶? 招此屠剥,如何自苦……言未及竟,馬皮蹶然而起,卷女以行。鄰女忙怕,不敢救之。走告其父。父還求索,已出失之。後經數日,得於大樹枝間,女及馬皮,盡化爲蠶,而績於樹上。其繭綸理厚大,異於常蠶。鄰婦取而養之,其收數倍。因名其樹曰桑。桑者,喪也。由斯百姓競種之,今世所養是也。"這就是歐絲神話演變之結果。

② 鮫人,神話傳説中居於海底的怪人。晋張華《博物志》:"南海水有鮫人,水居如魚,不廢織績,其眼能泣珠。""體近"句,謂歐絲女子形體近蠶,泣珠鮫人形體近産珠之蚌。"出珠"二句,謂泣珠鮫人不是鱗甲動物,吐絲女子也不是蠶蛹。"化出"二句,謂造化萬物變化無方,物豈是有種的嗎? 抒發了郭璞對世族門閥制度的憤慨。

無腸國[①]

無腸之人,厥體維洞。心實靈府,餘則外用。得一自全,理無不共[②]。

【校注】

① 無腸國,《山海經》:"無腸之國在深目東,其爲人長而無腸。"又云:"又有無腸之國,是任姓,無繼子,食魚。"郭璞云:"爲人長大,腹内無腸,所食之物直通過。"郝懿行云:"《神異經》云:'有人知往,有腹無五藏,直而不旋,食物徑過。'疑即斯人也。"

② "厥體"句,謂無腸國人腹腔内是空洞,没有腸子。靈府,精神之宅,指心。心實靈府,謂無腸國人,没有腸子,却有心之宅府。"餘則"句,謂除心之外,全身所有都是外用的。"得一"二句,謂無腸國人只有心就能自全生命,從自然之理來看,這和其他萬物不都是共通的嗎?

平　丘①

　　兩山之間，丘號曰平。爰有遺玉，駿馬維青。視肉甘華，奇果所生②。

【校注】

　　① 平丘，地名。《山海經》："平丘在三桑東，爰有遺玉、青鳥、視肉、楊柳、甘柤、甘華，百果所生。有兩山夾上谷，二大丘居中，名曰平丘。"
　　② 遺玉，郭璞云："遺玉，玉石。"郝懿行云："吳氏（任臣）云：遺玉即瑿玉，琥珀千年爲瑿。字書云：瑿，遺玉也。吳氏之説，據《本草》舊注，未審是否。瑿，黑玉也。《說文》無此字，而有璯。云：遺玉也，從玉，獻聲。是遺玉名璯，與瑿形聲皆近，當從《説文》也。"駿馬維青，謂平丘的駿馬只有青色。經文作青鳥，鳥字譌，《藏經》本作"青馬"，《海外東經》瑳丘、《淮南子·墬形訓》華丘亦俱作"青馬"，則作青馬是也。視肉，傳說中獸名。甘華，郭璞云："亦赤枝幹，黃華。"袁珂云："《大荒南經》云：（蓋猶之山）東又有甘華，枝幹皆赤，黃葉。則黃華當作黃葉。"奇果，即上引經文所説的百果。

駒　騟①

　　駒騟野駿，產自北域。交頸相摩，分背翹陸。雖有孫陽，終不能服②。

【校注】

　　① 駒騟，馬名。《山海經》："北海內有獸，其狀如馬，名曰駒騟。"郝懿行云："《爾雅》注引此經駒騟下有色青二字，《史記·匈奴傳》徐廣注亦云：似馬而青。疑此經今本有脫文矣。"袁珂云："《周書·王會篇》：禺氏駒騟，騠騠爲獻。則駒騟者，野馬之屬也。"
　　② "交頸"二句，《莊子·馬蹄》："喜則交頸相摩，怒則分背相踶。"又云："翹足而陸，此馬之真性也。"郭璞用此意，狀寫駒騟野馬之真性。分背，謂馬怒時相背而立，互用蹄踢。翹陸，又作翹踛，謂馬吃草飲水，舉足跳躍之真性。孫陽，即伯樂。姓

孫名陽,善御馬。此謂雖有孫陽這樣的好御者,終究不能馴服騊駼這樣的野馬。表現了郭璞任性不羈的性格。

北方禺彊①

禺彊水神,面色黧黑。乘龍踐蛇,凌雲附□。□一玄冥,立於北極②。

【校注】

① 禺彊,海神。《山海經》:"北方禺彊,人面鳥身,珥兩青蛇,踐兩青蛇。"郭璞注云:"字玄冥,水神也。莊周(《莊子·大宗師》)曰:'禺彊立於北極。'一曰禺京。一本云:北方禺彊,黑身手足,乘兩龍。"袁珂云:"《大荒北經》云:'有神,人面鳥身,珥兩青蛇,踐兩赤蛇,名曰禺彊。'與此經文略異。又《大荒東經》云:'東海之渚中,有神,人面鳥身,珥兩黃蛇,踐兩黃蛇,名曰禺䝞。黃帝生禺䝞,禺䝞生禺京,禺京處北海,禺䝞處東海,是爲海神。'郭璞於禺京下注云,即禺彊也。彊、京一聲之轉。"又曰:"《海內北經》云:'陵魚人面、手足、魚身,在海中。'此人形之魚,身仍爲魚,而有手有足,故特著手足,以彰其異。由是言之,黑身手足之禺彊,猶手足魚身之陵魚,均人魚之類,黑身蓋魚身之譌也。其爲海神之時,形貌當即是魚身手足。然而禺彊不僅海神而已,實又兼風神職司。《淮南子·墜形篇》云:隅强(禺彊)不周風之所生也。《史記·律書》曰:不周風居西北,主殺生。此生於不周風之禺彊,實當即是主不周風者。"

② 黧黑,形容面目色黑而黃。"凌雲附□。□一玄冥",郝懿行《山海經箋疏》作"凌雲附翼。靈一玄冥"。附□,埽葉山房藏版《郭弘農集》作"附日"。凌雲附日,謂其飛得很高。玄冥,水神,即禺彊之字。此句謂禺彊神靈是一位水神。

海外東經圖讚

君子國①

東方氣仁,國有君子。薰華是食,雕虎是使②。雅好禮讓,禮委論理。

【校注】

① 君子國,古代傳説中的國名。《山海經》:"君子國在其北,衣冠帶劍,食獸,使二大虎在旁,其人好讓不爭。有薰華草,朝生夕死。一曰在肝榆之尸北。"又云:"有東口之山,有君子之國,其人衣冠帶劍。"《淮南子·墜形訓》有此國。《説文》四云:"東夷从大,大人也;夷俗仁,仁者壽,有君子、不死之國。"《博物志·外國》云:"君子國人,衣冠帶劍,使兩虎,民衣野絲,好禮讓不爭。土千里,多薰華之草。民多疾風氣,故人不蕃息。"

② "薰華"二句,薰,郭璞云:"或作蕫。"郝懿行云:"木堇見《爾雅·釋草》,蕫一名蕣,與薰聲相近。《吕氏春秋·仲夏紀》云:木堇榮。高誘注云:木堇朝榮莫落,是月榮華可用作蒸。雜家謂之朝生,一名蕣;詩(《有女同車》)云'顔如蕣華'是也。《藝文類聚》八十九卷引《外國圖》云:君子之國,多木堇之華,人民食之。去瑯邪三萬里。"據此可知,薰花即蕣花,也就是木堇之花。雕虎,即文虎。

天 吴①

耽耽水伯,號曰谷神。八頭十尾,人面虎身。龍據兩川,威無不震②。

【校注】

① 天吴,水神。《山海經》:"朝陽之谷,神曰天吴,是爲水伯。在蚩蚩北兩水

間。其爲獸也,八首人面,八足八尾,皆青黄。"又云:"有神人,八首人面,虎身十尾,名曰天吴。"

② 耽耽,同眈眈,威嚴注視貌。谷神,即朝陽之谷的神。郝懿行云:"《爾雅》云:山東曰朝陽。水注谿曰谷。""龍據"句,謂天吴水神這條龍據守在蛋蛋北兩水間。

九尾狐①

青丘奇獸,九尾之狐。有道翔見,出則銜書。作端周文,以標靈符②。

【校注】

① 九尾狐,傳説中的獸名。《山海經》:"青丘國在其北,其狐四足九尾。一曰在朝陽北。"《太平御覽》七百九十卷引此經作"青丘國,其人食五穀,衣絲帛,其狐九尾。"《南山經》云:"青丘之山,有獸焉,其狀如狐而九尾,其音如嬰兒,能食人,食者不蠱。"郭璞注云:"《汲郡竹書》曰:'柏杼子征於東海及王(或作三)壽,得一狐九尾。'即此類也。"

② "有道"四句,古以爲九尾狐是瑞獸,天下有道則出現。郭璞《山海經注》云:"太平則出而爲瑞也。"《吴趙春秋·越王無余外傳》云:"禹三十未娶,行到塗山,恐時之暮,失其制度,乃辭云:吾娶也,必有應矣。乃有九尾白狐,造於禹。禹曰:白者吾之服也,其九尾者王之證也。塗山之歌曰:綏綏白狐,九尾厖厖;我家嘉夷,來賓爲王;成家成室,我造彼昌;天人之際,於兹則行。明矣哉!禹因娶塗山,謂之女嬌。"此九尾白狐,當即郭注太平則出而爲瑞的青丘國九尾狐。作端,端字誤,郝懿行《山海經箋疏》爲"作瑞"可證。作瑞周文,《文選》王子淵《四子講德論》:"昔文王應九尾狐而東夷歸周。"以標靈符,謂以此狐出現標顯神靈符瑞。

竪亥①

禹命竪亥,青丘之北。東盡太遠,西窮邠國。步履宇宙,以明君德②。

【校注】

① 竪亥,《山海經》:"帝命竪亥步,自東極至於西極,九億十選九千八百步。竪

亥右手把算,左手指青丘北。一曰禹命竪亥。一曰五億十萬九千八百步。"郭璞注曰:"竪亥健行人。"又劉昭注《郡國志》云:"《山海經》稱禹使大章步自東極至於西垂,二億三萬三千三百七十一步,又使竪亥步南極北盡於北垂,二億三萬三千五百里七十五步。"

② 青丘,傳説中海外國名。此句謂竪亥左手指青丘北。所以郝懿行云:"亦言圖畫如此也。"太遠,即泰遠。《爾雅》:"東至於泰遠。"郭璞注曰:"四方極遠之國。"此指東極。邠國,古國名,即周先人公劉所建立豳國,地在今陝西彬縣。此指西極。宇宙,天地之間,此泛指天下土地。

十　日①

十日竝出,草木焦枯②。羿乃控弦,仰落陽烏③。可謂洞感,天人懸符。

【校注】

① 十日,古代神話天有十日,堯命后羿射落九日。《山海經》:"下有湯谷。湯谷上有扶桑,十日所浴,在黑齒北。居水中,有大木,九日居下枝,一日居上枝。"

② "十日"二句,郭璞云:"莊周云:昔者十日並生,草木焦枯。(《莊子·齊物論》作'昔者十日並出,萬物皆照。')《淮南子》亦云:堯乃令羿射十日,中其九日,日中烏盡死。《離騷》所謂'羿焉畢日?烏焉解羽'者也。《歸藏鄭母經》云:'昔者羿善射,畢十日,果畢之。'《汲郡竹書》曰:'胤甲即位,居西河,有妖孽,十日並出。'明此自然之異,有自來矣。《傳》曰:天有十日,日之數十。此云九日居下枝,一日居上枝。《大荒(東)經》又云:'一日方至,一日方出。'明天地雖有十日,自使以次第迭出運照,而今俱見,爲天下妖災,故羿禀堯之命,洞其靈誠,仰天控弦,而九日潛退也。"

③ "羿乃"二句,是關於羿射十日之神話。《楚辭·天問》:"羿焉畢日?烏焉解羽?"《淮南子·本經訓》詳載其事云:"堯之時十日並出,焦禾稼,殺草木,而民無所食。猰貐、鑿齒、九嬰、大風、封豨、修蛇,皆爲民害。堯乃使羿誅鑿齒於疇華之野,殺九嬰於凶水之上,繳大風於青邱之澤,上射十日而下殺猰貐,斷修蛇於洞庭,禽封豨於桑林。萬民皆喜,置堯以爲天子。於是天下廣狹、險易、遠近,始有道里。"

毛民國①

牢悲海鳥,西子駭麋②。或貴穴倮,或尊裳衣。物我相傾,孰了是非。

【校注】

① 毛民國,古傳説國名。《山海經》:"毛民之國在其北,爲人身生毛。一曰在玄股北。"又云:"有毛民之國,依姓,食黍,使四鳥。禹生均國,均國生役采,役采生修鞈,修鞈殺綽人。帝念之,潛爲之國,是此毛民。"《淮南子·墜形訓》有毛民,高誘注云:"其人體半生毛,若矢鏃也。"郭璞《山海經注》云:"今去臨海郡東南二千里,有毛人在大海洲島上,爲人短小,而(面)體盡有毛,如豬能(熊),穴居,無衣服。晉永嘉四年,吴郡司鹽都尉戴逢在海邊得一船,上有男女四人,狀皆如此。言語不通,送詣丞相府,未至,道死,唯有一人在。上賜之婦,生子,出入市井,漸曉人語,自説其所在是毛民也。"袁珂云:"《太平御覽》卷三七三引《臨海異物志》云:毛人洲,在張嶼,毛長短如熊。周綽得毛人,送詣秣陵。又卷七九〇引《土物志》云:毛人之洲,乃在漲嶼;身無衣服,鑿地穴處;雖云象人,不知言語;齊長五尺,毛如熊豕;衆輩相隨,是捕鳥鼠。即郭注所謂臨海郡毛人也。"

② "牢悲"二句,牢,祭祀用的犧牲。海鳥,指爰居,大如馬駒。《莊子·至樂》:"昔者海鳥止于魯郊,魯侯御而觴之于廟。奏九韶以爲樂,具太牢以爲膳。鳥乃眩視憂悲,不敢食一臠,不敢飲一杯,三日而死。"西子,即古之美女西施,春秋越苧蘿人。傳説越人敗於會稽,命范蠡求得美女西施,進於吴王夫差,吴王許和。越王生聚教訓,終得滅吴,西施歸范蠡,從游五湖而去。駭麋,謂麋鹿驚駭。《莊子·齊物論》:"毛嬙麗姬,人之所美也。魚見之深入,鳥見之高飛,麋鹿見之决驟,四者孰知天下之正色哉!"郭璞借用此意説西施。兩句意謂用太牢招待海鳥,是不仁不智的表現,所以傷悲的海鳥避於魯東門。人們都以爲西施是美女而喜悦,可是麋鹿見西施却驚駭逃跑。郭璞用這兩句詩,説明物之相傾的道理,證明毛民國人的形貌並不醜,而是風俗習慣與中國人不同罷了。

黑齒國雨師妾玄股國勞民國

　　陽谷之山,國號黑齒①。雨師之妾,以蛇掛耳②。玄股食鷗③,勞民黑趾④。

【校注】

　　① 陽谷,即暘谷,又作湯谷、嵎谷,傳説爲日出之所。郭璞云:"谷中水熱也。"黑齒,古傳説中的國名。《山海經》:"黑齒國在其北,爲人黑(齒),食稻啖蛇,一赤一青,在其旁。一曰:在豎亥北,爲人黑首(齒),食稻使蛇,其一蛇赤。"又云:"有黑齒之國。帝俊生黑齒,姜姓,黍食,使四鳥。"郭璞注曰:"《東夷傳》曰:倭國東四十餘里,有裸國,裸國東南有黑齒國,船行一年可至也。《異物志》云:西屠染齒,亦以放(倣)此人。"

　　② 雨師妾,古代傳説中的國名。《山海經》:"雨師妾在其北,其爲人黑,兩手各操一蛇,左耳有青蛇,右耳有赤蛇。一曰在十日北,爲人黑身人面,各操一龜。"郭璞云:"雨師謂屏翳也。"郝懿行云:"《楚詞·天問》云:蓱號起雨。王逸注云:蓱,蓱翳,雨師名也。號,呼也。《初學記》(卷二)云:雨師曰屏翳,亦曰屏號。《列仙傳》云:赤松子神農時雨師。《風俗通》云:玄冥爲雨師。"

　　③ 玄股,古傳説國名。《山海經》:"玄股之國在其北,其爲人衣魚食鷗,(使)兩鳥夾之。一曰在雨師妾北。"又云:有招搖山,融水出焉。有國曰玄股,黍食,使四鳥。"郭璞注云:"髀以下盡黑,故云。"鷗,郭璞云:"鷗,水鳥也;音憂。"楊慎云:"鷗即鷗,衣魚食鷗,蓋水中國也。"

　　④ 勞民,古傳説國名。《山海經》:"勞民國在其北,其爲人黑。或曰教民。一曰在毛民北,爲人面目手足盡黑。"郝懿行云:"今魚皮島夷之東北有勞國,疑即此,其人與魚皮夷面目手足皆黑色也。"《淮南子·墜形訓》有勞民,高誘注云:"勞民,正理躁擾不定。"

東方勾芒①

　　有神人面,身鳥素服。銜帝之命,錫齡秦穆。皇天無親,行善有福②。

【校注】

① 勾芒，即句芒，相傳爲古代主管樹木的官。《山海經》："東方句芒，鳥身人面，乘兩龍。"郭璞曰："木神也；方面素服。《墨子》曰：昔秦穆有明德，上帝使句芒賜之壽十九年。"

② 袁珂云："《墨子·明鬼下篇》云：昔者鄭穆公，當晝日中處乎廟，有神入門而左，鳥身，面狀正方。鄭穆公見之，乃恐懼犇。神曰：無懼，帝享女明德，使予賜女壽十年有九；使若國家蕃昌，子孫茂，毋失鄭。穆公再拜稽首，曰：敢問神名？曰：予爲句芒。此即郭注所引。惟鄭穆公郭引作秦穆公。《論衡·福虛篇》及《無形篇》，亦均引作秦穆公。"又曰："《吕氏春秋·孟春紀》高誘注云：句芒，少皞氏之裔子曰重，佐木德之帝，死爲木官之神。即此句芒也。然或又傳爲少皞之叔，《左傳》昭公二十九年：'少皞氏有四叔：曰重，……使重爲句芒。'則知古來傳說本無定也。"所以郭璞說"行善有福"。

海内南經圖讚

梟 陽①

髴髴怪獸，被髮操竹。獲人則笑，脣蔽其目。終亦號咷，反爲我戮②。

【校注】

① 梟陽，獸名，即狒狒。《山海經》："梟陽國，在北朐之西，其（狀）爲（如）人，人面長脣，黑身有毛，反踵，見人笑亦笑；左手操管。"郭璞云："《周書》曰：州靡髴髴者，人身反踵，自笑，笑則上脣掩其面。《爾雅》（亦）云髴髴。《大傳》曰：《周書》成王時州靡國獻之。《海内經》謂之贛巨人。今交州（阯）南康郡深山中皆有此物也。長丈許，脚跟反向，健走，被髮，好笑；雌者能作汁，灑中人即病：土俗呼爲山都。南康今有贛水，以有此人，因以名水。猶《大荒（南經）》說地有蜮人，人因號其山爲蜮山，亦此類也。"

② 髴（fú）髴，獸名，即狒狒。袁珂云："《海内經》云：南方有贛巨人，人面長脣，

黑身有毛,反踵,見人則笑,脣蔽其目,因可逃也(長脣原作長臂,則原作笑亦,目原作面,可原作即,從王郝諸家校改)。即此。《周書·王會篇》云:州靡費費,其形人身反踵,自笑,笑則上脣翕其目,食人;北方謂之吐嘍。是郭注所引也。孔晁注:州靡,北狄也;費費曰梟羊,好立,行如人,前足指長。費費即髴髴、狒狒,猿猴之類也。又名山獯。《山海經·北山經》云:獄法之山,有獸焉,其狀如犬而人面,善投,見人則笑,其名山獯,其行如風,見則天下大風。亦名山獙。《神異經·西荒經》云:西方深山中有人焉,身長尺餘,袒身捕蝦蟹,性不畏人。見人止宿,暮依其火以炙蝦蟹。伺人不在而盜人鹽,以食蝦蟹,名曰山臊(獙),其音自叫。人嘗以竹著火中,爆烞而出,臊皆驚憚。犯之令人寒熱。此雖人形而變化,然亦鬼魅之類,今所在山中皆有之。《荆楚歲時記》亦云:正月一日,雞鳴而起,先於庭爆竹,以辟山臊惡鬼。謂此也。亦名山都。祖冲之《述異記》云:南康有神,名曰山都,形如人,長二尺餘,黑色,赤目,髮黃被身。於深山樹中作窠,窠形如堅鳥卵,高三尺許。此神能變化隱身,罕覿其狀,蓋木客、山獯之類也。(《古小説鈎沈》)均已從普通猿猴類動物演變而爲神異之物。"號咷,哭聲。

狌　狌[①]

狌狌之狀,形乍如犬[②]。厥性識往,爲物驚辨。以酒招災,自始纓骨[③]。

【校注】

① 狌狌,獸名,即猩猩。《山海經》:"狌狌知人名,其爲獸如豕而人面,在舜葬西。"又云:"招摇之山,有獸焉,其狀如禺而白耳,伏行人走,其名曰狌狌,食之善走。"亦是狌狌傳説之異聞。參看前《狌狌》注。

② 乍,正,恰好。形乍如犬,謂形狀恰好像犬。郭璞注云:"《周書(王會篇)》曰:鄭郭狌狌(生生)者,狀(若)黃狗而人面(能言)。(頭如雄雞,食之不眯)。今交州(阯)封谿出狌狌,土俗人説云,狀如豚而腹(復)似狗,聲如小兒啼也。"袁珂云:《水經注·葉榆河》云:(封溪)縣有猩猩獸,形若黄狗,又狀貑貐。人面,頭顔端正,善與人言,音聲麗妙,如婦人好女。對語交言,聞之無不酸楚。其肉甘美,可以斷穀,窮年不厭。謂此也。"

③ 袁珂云:"《淮南子·氾論篇》云:猩猩知徃而不知來。高誘注云:猩猩,北方獸名,人面,獸身,黃色。《禮記(曲禮上)》曰:猩猩能言,不離走(禽)獸。見人狂走,則知人姓字,此知往也。又嗜酒,人以酒搏之,飲而不耐息,不知當醉,以禽其身,故

曰不知來也。《後漢書·西南夷傳》云：哀牢出猩猩。李賢注引《南中志》云：猩猩在此谷中，行無常路，百數爲群。土人以酒若糟，設於路。又喜屩子，土人織草爲屩，數十量相連結。猩猩在山谷，見酒及屩，知其設張者，即知張者先祖名字。乃呼其名而罵云：奴欲張我！捨之而去。去而又還，相呼試共嘗酒。初嘗少許，又取屩子著之。若進兩三升，便大醉。人出收之，屩子相連不得去，執還內牢中。人欲取者，到牢邊語云：猩猩汝可自相推肥者出之。竟相對而泣。此所謂狌狌知人名也。"纓骨，骨指身體。埽葉山房版《郭宏農集》作"纓胃"，謂其貪酒喜屩，一開始就被纓纏。郝懿行《山海經箋疏》作"自貽纓骨"。

夏后啓臣孟涂[1]

孟涂司巴，聽訟是非。厥理有曲，血乃見衣。所請靈斷，嗚呼神微[2]。

【校注】

[1] 孟涂，又作孟餘、孟徐。《山海經》："夏后啓之臣曰孟涂，是司神於巴，（巴）人（請）訟於孟涂之所，其衣有血者乃執之，是請生。居山上：在丹山西。（丹山在丹陽南，丹陽居（郡）屬也）。"《竹書》云："帝啓八年，帝使孟涂如巴涖訟。"

[2] "血乃"句，郭璞云："不直者則血見於衣。"神微，謂孟涂聽其獄訟，爲之神主，非常靈驗，故云孟涂神靈微妙。

建　木[1]

爰有建木，黃實紫柯。皮如蛇纓，葉有素羅。絕蔭弱水，羲人則過[2]。

【校注】

[1] 建木，神話木名。《山海經》："有木，其狀如牛，引之有皮，若纓、黃蛇。其葉如羅，其實如欒，其木若蓲，其名曰建木。在窫窳西弱水上。"郭璞云："建木青葉，紫莖，黑華，黃實，其下聲無響，立無影也。"

[2] 蛇纓，郭璞注云："言牽之皮剝如人冠纓及黃蛇狀也。"郝懿行云："纓謂纓帶

也,引及皮,纓帶若黄蛇之狀也。"素羅,郭璞云:"如綾羅也。"郝懿行云:"郭説非也。上世淳樸,無綾羅之名,疑當爲網羅也。"弱水,《古小説鈎沈》輯《玄中記》云:"天下之弱者,有崑崙之弱水焉,鴻毛不能起也。"羲人,指太皞、黄帝等神人。《山海經》"南海之内(原作外),黑水青水之間,有九丘,以水絡之,名曰陶唐之丘,(有)叔得之丘、孟盈之丘、黑白之丘、赤望之丘、参衛之丘、武夫之丘、神名之丘。有木,青葉,紫莖,玄華,黄實,名曰建木,百仞無枝。(上)有九欘,下有九枸。其實如麻,其葉如芒。太皞爰過,黄帝所爲。"《淮南子·墜形訓》亦云:"建木在都廣,衆帝所自上下,日中無景,呼而無響,蓋天地之中也。"建木既是太皞爰過,黄帝所爲,衆帝所自上下,蓋即天梯,故云羲人所過。

氐　人①

炎帝之苗,實生氐人。死則復蘇,厥身爲鱗。雲南是託,浮游天津②。

【校注】

① 氐人,傳説中的古國名。《山海經》:"氐人國在建木西,其爲人人面而魚身,無足。"又云:"有互人之國。炎帝之孫,名曰靈恝,靈恝生互人,是能上下於天。"郝懿行云:"互人國即《海内南經》氐人國,氐、互二字,蓋以形近而譌,以俗氐正作互字也。"説明氐人乃炎帝之後裔。

② "厥身"句,郭璞云:"盡胸以上人,胸以下魚也。"所以身有鱗。袁珂云:"氐人國民蓋神話中人魚之類也。"所以郝懿行云:"《竹書》云:禹觀於河,有長人,白面魚身,出曰:吾,河精也。吴氏引徐鉉《稽神録》云:謝仲玉者,見婦人出没水中,腰以下皆魚。另外《海内北經》之"陵魚人面,手足,魚身,在海中。"亦即此屬。天津,即龍門。因氐人是人魚,所以郭璞即聯想到鯉魚曝鰓龍門,想其亦是魚龍變化而來。雲南,郝懿行云:"南,疑當爲雨。"因建木生雲雨山,氐人國在建木西,故云雲雨是託。謂其託雲雨而浮游天津也。

巴　蛇①

象實巨獸,有蛇吞之。越出其骨,三年爲期。厥大何如,屈生是疑②。

【校注】

① 巴蛇，傳說中的大蛇。《山海經》："巴蛇食象，三歲而出其骨，君子服之，無心腹之疾。其爲蛇青黃赤黑。一曰黑蛇青首，在犀牛西。"郭璞云："今南方蚺蛇（《藏經》本作蟒蛇）吞鹿，鹿已爛，自絞於樹，腹中骨皆穿鱗甲間出。此其類也。《楚詞》曰：'有蛇吞象，厥大何如？'説者云長千尋。"郝懿行云："今《楚詞·天問》作'一蛇吞象'，與郭所引異。王逸注引此經作'靈蛇吞象'，並與今本異也。蚺蛇見《本草》，《淮南·精神訓》云：越人得蚺蛇以爲上肴，中國得而棄之無用。又《水經注·葉榆河》云：山多大蛇，名曰髯蛇，長十丈，圍七八尺，常在樹上伺鹿獸，鹿獸過，便低頭繞之。有傾鹿死，先濡令濕訖，便吞，頭角骨皆鑽皮出。山夷始見蛇不動時，便以大竹簽簽蛇頭至尾，殺而食之，以爲珍異云云。又云：養創之時，肪腴甚肥，搏之以婦人衣，投之則蟠而不起，走便可得也。《桂海虞衡志》云：蚺蛇膽入藥，南人臘其皮，則去鱗以鞔鼓。"袁珂云："《淮南子·本經篇》云：羿斷修蛇於洞庭。《路史後紀》十以修蛇作長它，羅苹注云：長它即所謂巴蛇，在江岳間。"

② 吞象，袁珂云："《海内經》云：'有巴遂山，澠水出焉。又有朱卷之國。有黑蛇，青首，食象。'即此。巴，小篆作巴，《説文》十四云：蟲也，或曰：食象蛇。象形。則所象者，物在蛇腹彭亨之形。《山海經》多稱大蛇，如《北山經》云：大咸之山，有蛇名曰長蛇，其毛如彘毫，其音如鼓柝。《北次三經》云：錞於毋逢之山，是有大蛇，赤首白身，其音如牛，見則其邑大旱。是可以吞象矣。"屈生，即屈原。屈原在《天問》中曾提問曰："有蛇吞象，厥大何如？"

海内西經圖讚

貳負臣危[①]

漢擊磐石，其中則危。劉生是識，羣臣莫知。可謂博物，《山海》乃奇[②]。

【校注】

① 貳負臣危，《山海經》："貳負之臣曰危，危與貳負殺窫窳。帝乃梏之疏屬之

山,桎其右足,反縛兩手與(約)髮,繫之山上木。在開題西北。"袁珂云:"貳負,古天神,人身蛇面。《海内北經》云:貳負神在其(鬼)國東,其爲物人面蛇身。"

② "漢擊"以下,郭璞云:"漢宣帝,使人上郡發盤石,石室中得一人,跣踝被髮,反縛,械一足,(時人不識,乃載之於長安),以問群臣,莫能知。劉子政(劉向)按此言對之,宣帝大驚,於是時人争學《山海經》矣。論者多以爲是其尸象,非真體也。意者以靈怪變化,難以理測;物稟異氣,出於不然,不可以常運推,不可以近數揆矣。魏時有人發故周王(周靈王)冢者,得殉(葬)女子,不死(不生),數日時(而)有氣,數月而能語,狀如廿許人。送詣京師,郭太后愛養之,恒在左右。十餘年,太后崩,此女哀思哭泣,一年餘而死。即此類也。"此讚正咏此事,讚頌劉向博學,《山海經》是部奇書。

流黄酆氏國[①]

城圍三百,連河比棟。動是塵昏,烝氣霧重。焉得遊之,以遨以縱[②]。

【校注】

① 流黄酆氏國,古傳説中的國名。《山海經》:"流黄酆氏之國,中方三百里,有塗四方,中有山,在后稷葬西。"又云:"有國名流黄辛氏,其域中方三百里,其出是塵(塵土)。有巴遂山,繩(澠)水出焉。"另外,《淮南子·墜形訓》亦云:"流黄沃民在其北,方三百里。"即是此國。

② "城圍"句,郭璞云:"言國城(域)内"方三百里。"連河"句,郝懿行云:"河,疑當作阿。"言山阿相連若比棟。"塵昏"二句言其域内塵土迷漫、霧氣蒸騰的重昏景象。"以遨"句,言放縱遨遊其國。郝懿行《山海經箋疏》遨作敖。

大澤方百里[①]

地號積羽,厥方百里。羣鳥雲集,鼓翅雷起。穆王旋軫,爰榮駃耳[②]。

【校注】

① 大澤方百里,《山海經》:"大澤方百里,群鳥所生及所解。在雁門北。"袁珂

云:"此經所說大澤,實有兩處。《大荒北經》云:有大澤,方千里,群鳥所解。此千里大澤也,位在西北方。下云夸父欲追日景,逮之於禹谷,將飲河而不足也,將走大澤,未至,死於此。所走者即此大澤,亦《穆天子傳》卷四所謂'北至曠原之野,飛鳥之所解其羽'之曠原也。郭注《穆天子傳》所引乃《大荒北經》方千里之大澤。至於此處大澤,實《海內北經》所記'舜妻登比氏,生宵明燭光,處河大澤,二女之靈,能照此所方百里'之百里大澤,位在北方,或即今河套附近之地。"

② "地號"句,謂此地爲百鳥解羽之所,故名積羽。"鼓翅"句,謂群鳥雲集於此,鼓動翅膀,響聲如雷。穆王,即周穆王。旋軫,謂回車而歸。騄耳,馬名,謂穆王西征的八駿也因此而榮。

流 沙①

天限內外,分以流沙。經帶西極,頹溏委蛇。注於黑水,永溺餘波②。

【校注】

① 流沙,地名。《山海經》:"流沙出鍾山,西行又南行昆侖之虛,西南入海黑水之山。"郝懿行云:"《楚詞·招魂》云:西方之害,流沙千里。王逸注云:流沙,沙流而行也。高誘注《呂氏春秋·本味篇》云:流沙在敦煌郡西,八百里。《水經》(《禹貢·山水澤地所在》)云:流沙地在張掖居延縣東北。注云:流沙,沙與水流行也。亦言出鍾山,西行,極崦嵫之山,在西海郡北。"

② 頹溏,郝懿行《山海經箋疏》作"頹唐",隕墜貌。此句形容流沙向下奔流彎曲之狀。郭璞云:"今西海居延澤,《尚書》所謂流沙者,形如月生五日也。"袁珂云:"(郭云流沙),乃詩之構想也。宋沈括《夢溪筆談》卷三云:予嘗過無定河,度活沙,人馬履之,百步之外皆動,洶洶然如人行幕上。其下足處雖甚堅,若遇其一陷,則人馬馳車,應時皆沒,至有數百人平陷無孑遺者。或謂:此即流沙也。又謂:沙隨風流,謂之流沙。則是流沙之科學狀寫也。"

木 禾①

崑崙之陽,鴻鷺之阿。爰有嘉穀,號曰木禾。匪植匪藝,自然靈播②。

【校注】

① 木禾,穀類植物,也叫玉山禾。《山海經》:"(崑崙之虛)上有木禾,長五尋,大五圍。"郭璞云:"穀類也,生黑水之阿,可食,見《穆天子傳》。"《穆天子傳》云:"黑水之阿,爰有野麥,爰有苔菫(祇謹二音),西膜之所謂木禾。"

② 陽,山南爲陽。鴻鷺,古黑水之異稱。《穆天子傳》:"天子北征東還,至於黑水,兩膜之所謂鴻鷺。"阿,水邊。《括地志》云:"黑水源出伊吾縣北百二十里,又南流二十里,而絕三危山,在河州敦煌縣東南四十里。""自然"句,謂木禾是天生的,好像神靈播種的。

開　明①

開明天獸,禀茲食精。虎身人面,表此桀形。瞪視崑山,威懾百靈②。

【校注】

① 開明,獸名,郝懿行云:"明下疑脱獸字。"《山海經》:"(崑崙之虛)面(上)有九井,以玉爲檻(欄)。面有九門,門有開明獸守之,百神之所在。"又云:"崑崙南淵深三百仞。開明獸身大類虎而九首,皆人面。"又云:"崑崙之丘,有神——人面,虎身,文尾,皆白——處之。"此即神陸吾,亦即開明獸。

② 食精,當作"乾精",郝懿行《山海經箋疏》又作"金精"。但郭璞《山海經注》:"銘曰:開明爲獸,禀資乾精,瞪視崑崙,威振百靈。"此亦郭氏圖讚。故此句意謂開明獸禀受天的精氣。桀形,謂其身大類虎的突出形貌。百靈,即百神。

文玉玗琪樹①

文玉玗琪,方以類叢。翠葉猗萋,丹柯玲瓏。玉光爭焕,彩艷火龍②。

【校注】

① 文玉,有文彩之玉,郭璞云:文玉樹,"五彩玉樹"。玗琪,美玉名。郭璞云:

"玗琪,赤玉屬也。吴天璽(孫皓年號)元年,臨海郡吏伍曜在海水際得石樹,高二(三)尺餘,莖葉紫色,詰曲傾靡,有光彩,即玉樹之類也。於、其兩音。"郝懿行云:"郭注見《宋書·符瑞志》,唯二尺作三尺,莖葉作枝莖,詰曲作詰屈爲異,其餘則同。但據郭所說,則似珊瑚樹,恐非玗琪樹也。玗琪見《爾雅·釋地》。又《穆天子傳》(卷四)云:重䣝氏之所守,曰玗琪、㺲尾。"其實,此處所謂文玉、玗琪樹,皆神話中的玉樹。《山海經》:"(開明北有)文玉樹、玗琪樹。"

② 方以類叢,叢當作聚,謂物以類聚,故文玉、玗琪樹皆出生於昆崙之虚。"翠葉"以下四句,是郭璞對文玉、玗琪樹的生動描繪。猗蕤,隨風飄摇貌。玲瓏,謂其枝柯摇動的響聲。爭焕,謂其競放光明之色彩。"彩艷"句,謂其光彩鮮艷有如火龍。

不死樹[①]

萬物暫見,人生如寄。不死之樹,壽蔽天地。請藥西姥,烏得如羿[②]。

【校注】

① 不死樹,神話中的壽木。《山海經》:"(開明北有)不死樹。"郭璞云:"言長生也。"又注《海外南經》曰:"員邱山上有不死樹,食之乃壽。"郝懿行云:"李善注《思玄賦》引此經云:有不死樹,食之長壽。今本無此句。又引《古今通論》云:不死樹在層城西。"袁珂云:"《吕氏春秋·本味篇》云:菜之美者,壽木之華。高誘注云:壽木,崑崙山上木也;華,實也;食其實者不死,故曰壽木。是壽木即不死樹也。"

② "請藥"二句,西姥,即西王母。郭璞云:"羿嘗請藥西王母,亦言其得道也。羿,一或作羿。"《淮南子·覽冥訓》:"羿請不死之藥於西王母,姮娥竊以奔月,悵然有喪,無以續之。"高誘注云:"姮娥,羿妻;羿請不死之藥於西王母,未及服之,姮娥盜食之,得仙,奔入月中爲月精也。"但是,不死樹在高萬仞的崑崙之虚西,又有開明獸守之,不是人人都可上去的。《山海經》云:"在八隅之巖,赤水之際,非仁羿莫能上岡之巖。"郭璞云:"言非仁人及有才藝如羿者,不能得登此山之岡嶺巉巖也。"故此讚慨嘆曰:"請藥西姥,烏得如羿。"

甘水聖木[1]

醴泉睿木,養齡盡性。增氣之和,袪神之冥。何必生知,然後爲聖[2]。

【校注】

[1] 甘水,郭璞云:"即醴泉也。"甘美的泉水。郝懿行云:"《史記·大宛傳》云:《禹本紀》言:崑崙上有醴泉。"聖木,木名,郭璞云:"食之令人智聖也。"所以,甘水、聖木皆神話中的泉水、樹木。《山海經》:"(開明北有)甘水、聖木。"

[2] 睿,郝懿行《山海經箋疏》作"璿",注云:"璿,當作睿。"《藝文類聚》八十八卷即引作"睿"。睿木,指神靈的美木。這開頭兩句,謂飲醴泉水,食睿木,可以保養和窮盡性命,即長生不老。"袪神"句,《藝文類聚》八十八卷引作"去神之冥"。謂醴泉、睿木,可以去除人的精神冥暗,使其智聖。生知,生而知之。謂不必要生下來就聰明,然後才成爲聖人,只要飲醴泉、食睿木,即可成爲智聖之人。

窫　窳[1]

窫窳無罪,見害貳負。帝命羣巫,操藥夾守。遂淪溺淵,變爲龍首[2]。

【校注】

[1] 窫窳,獸名。《山海經》:"開明東有巫彭、巫抵、巫陽、巫履、巫凡、巫相,夾窫窳之尸,皆操不死之藥以距之。窫窳者,蛇身人面,貳負臣所殺也。"又云:"窫窳龍首(龍首二字疑衍),居弱水中,在狌狌知人名之西,其狀如龍首,食人。"又云"少咸之山……有獸焉,其狀如牛而赤身,人面馬足,名曰窫窳,其音如嬰兒,是食人。"

[2] 窫窳被貳負殺害事,見上《貳負臣危》注。群巫,即上《巫咸》注所説之靈山十巫與此經文所説之六巫。郭璞云:"皆神醫也。《世本》曰:巫彭作醫。《楚詞(招魂)》曰:帝告巫陽。"而袁珂云:"此諸巫無非神之臂佐,其職任爲上下於天、宣達神旨人情,至於採藥療死,特其餘技耳。操不死之藥以活窫窳,當亦奉神之命,非敢專擅也。"操藥夾守,謂用藥以活窫窳。即經文所謂"皆操不死之藥以距之"。郭璞注

云:"爲距郤死氣,求更生。"溺淵,即淪居於弱水中。龍首,謂其狀龍首,是食人的獸類。

服常琅玕樹①

服常琅玕,崑山奇樹。丹實珠離,綠葉碧布。三頭是伺,遞望遞顧②。

【校注】

① 服常,木名。琅玕,珠樹。《山海經》,"服常樹,其上有三頭人,伺琅玕樹。"郭璞注曰:"服棠木,未詳。"郝懿行云:"《淮南子》云:崑崙之上沙棠琅玕在其東。疑服常即沙棠也。服,《玉篇》《廣韻》並作㮈,云木,出崑崙也。"琅玕樹,郭璞云:"琅玕子似珠,《爾雅·釋地》曰:西北之美者,有崑崙之琅玕焉。莊周曰:有人三頭,遞卧遞起,以伺琅玕與玕琪子。謂此人也。"郝懿行云:"《説文(一)》云:琅玕,似珠者。郭注《爾雅》(釋地)引此經云:崑崙有琅玕樹也。又《玉篇》引《莊子》云:積石爲樹,名爲瓊枝,其高一百二十仞,大三十圍,以琅玕爲之實。是琅玕即瓊枝之子似珠者也。瓊枝亦見《離騷》(折瓊枝以繼佩)。又王逸注《九歌》云:瓊芳,瓊玉枝也。騷客但標瓊枝之文,《玉篇》空衍琅玕之實,而《莊子》逸文,缺然未覩厥略。惟《藝文類聚》九十卷及《太平御覽》九百一十五卷引《莊子》曰:老子見孔子從弟子五人,問曰:前爲誰?曰:子路爲勇。其次子貢爲智,曾子爲孝,顔回爲仁,子張爲武。老子歎曰:吾聞南方有鳥,其名爲鳳,所居積石千里。天爲生食,其樹名瓊枝,高百仞,以璆琳琅玕爲實。天又爲生離珠,一人三頭,遞卧遞起,以伺琅玕……"

② "丹實"句,謂琅玕子似紅色珍珠樣明亮繁茂。三頭,即經文所説一人三頭之離珠,伺琅玕玉者。"遞望"句,謂離珠忽起而望忽又回頭看守琅玕玉。

海内北經圖讚

吉　良①

金精朱鬣，龍行駿跱。拾節鴻騖，塵不及起。是謂吉黃，釋聖牖里②。

【校注】

① 吉良，馬名。《山海經》："（犬戎國）有文馬，縞身朱鬣，目若黃金，名曰吉量，乘之壽千歲。"吉良，一作吉量。郭璞注云："《周書》曰：犬戎文馬，赤鬣白身，目若黃金，名曰吉（古）黃之乘。《六韜》曰：文身朱鬣，眼若黃金，項若雞尾，名曰雞斯之乘。《（尚書）大傳》曰：駮身朱鬣雞目。《山海經》亦有吉黃之乘，壽千歲者。惟名有不同，說有小錯，其實一物耳，今博舉之以廣異聞也。"袁珂云："犬戎文馬，奇肱國亦有之，已見《海外西經》。《繹史》卷十九引《六韜》云：'商王拘周伯昌於羑里，太公與散宜生以金千鎰求天下珍物以免君之罪。於是得犬戎氏文馬，駮身朱鬣，目若黃金，名雞斯之乘，以獻商王。'即有關文馬神話之最早而又最完整之記錄也。……吉量、吉良、吉皇、雞斯之乘、騰黃、吉光（《文選·東京賦》李善注引《瑞應圖》云：騰黃神馬，一名吉光），均此文馬之異名，其實一也。"

② 金精，謂其目若黃金，此代指吉良。跱，止。言吉良行如龍，止如馬。拾節，節，指馬鞭。言揮鞭上馬，吉良則如鴻雁騰飛，脚不著地，快速到連塵土都來不及飛揚。塵不，郝懿行《山海經箋疏》作"塵下"。牖里，即羑里，商王紂拘囚周文王之處。

蛇巫山鬼神蜪大羣帝臺大蜂朱蛾

蛇巫之山，有人操柸①。鬼神蜪大，主爲妖災②。大蜂朱蛾③，羣帝之臺④。

【校注】

① "蛇巫"二句,蛇巫,山名。《山海經》:"蛇巫之山,上有人操柸而東向立。一曰龜山。"郝懿行云:"《越絕書》云:龜山,一名怪山。怪山者,往古一夜自來,民怪之,故謂怪山。《吳越春秋》云:怪山者,琅琊東武海中山也,一夕自來,故名怪山。《水經·浙江水》注云:山形似龜,故有龜山之稱。疑此之類也。"有人,袁珂云:"崑崙山爲羿向西王母請不死藥之地,而有關羿之神話中,又有逢蒙殺羿,及羿死於桃棓等神話。《孟子·離婁下篇》云:逢蒙學射於羿,盡羿之道,思天下惟羿愈己,於是殺羿。《淮南子·詮言篇》云:羿死於桃棓。許慎注云:棓,大杖,以桃木爲之,以擊殺羿,由是以末鬼畏桃也。則此操柸(棓)而東向立於崑崙附近蛇巫山上之人,其伺羿而欲殺之之逢蒙乎? 不可知矣。"郭璞云:"柸或作棓字同。"郝懿行云:"柸即棓字之異文。《說文》(六)云:棓,棁也。《玉篇》云:棓與棒同,步項切。《太平御覽》三百五十七卷引服虔《風俗通》文曰:大杖曰棓。"

② 鬼神,題與讚文均作鬼神,疑即指鬼國,因下文之蝕犬在北方,而鬼國正在北方,而且兩節文字緊密銜接。《山海經》:"鬼國,在貳負之尸北,爲物人面而一目。一曰貳負神在其東,爲物人面蛇身。蝕犬如犬,青(色),食人從首始。"郝懿行云:"《伊尹四方令》云:正西鬼親。《魏志·東夷傳》云:女王國北有鬼國。《論衡·訂鬼篇》引此經曰:北方有鬼國。"袁珂云:"即一目國,已見《海外北經》。《大荒北經》亦云:有人一目,當面中生,一曰是威姓,少昊之子,食黍。即此國也。"據郝、袁二氏所說,則傳說中鬼國之所在非一也。蝕大,大字誤。郝懿行《山海經箋疏》經文與圖讚均作"蝕犬"。郭璞云:"音陶。或作蚼,音鉤。"郝懿行云:"《說文(十三)》云作蚼,云北方有蚼犬,食人。"《藝文類聚》卷九十四云:"如犬青色。"

③ 朱蛾大蜂,《山海經》:"大蠭其狀如螽(螽)。朱蛾其狀如蛾。"郝懿行云:"蠭有極桀大者,僅曰如螽,似不足方之。疑螽即蠡字之譌,與下句詞義相比。古文蠭作蠡,與螽字形近,故譌耳。"郭璞云:"蛾,蚍蜉也。《楚詞》曰:玄蜂如壺,赤蛾如象。謂此也。"

④ 群帝之臺,《山海經》:"帝堯臺、帝嚳臺、帝丹朱臺、帝舜臺,各二臺,臺四方,在崑崙東北。"郭璞云:"此蓋天子巡狩所經過,夷狄慕聖人恩德,輒共爲築立臺觀,以標顯其遺迹也。一本云:所殺相柳,地腥臊,不可種五穀,以爲衆帝之臺。"郝懿行云:"《初學記》二十四卷引王韶之《始興記》云:含洭縣有堯山,堯巡狩至於此,立行臺。是帝堯有臺也。《楚詞·天問》云:簡狄在臺,嚳何宜。《離騷》云:望瑤臺之偃蹇,見有娀之佚女。是帝嚳有臺也。"又云:"《大荒西經》有軒轅臺,《北經》有共工臺,亦此之類也。"袁珂云:"郭注夷狄慕聖人恩德云云,乃其以正統歷史眼光釋神話之臆說,實無足取。此崑崙東北帝堯、帝嚳、帝丹朱、帝舜之臺,實《海外北經》(亦見

《大荒北經》)所記昆侖之北衆帝之臺,乃禹殺相柳(《大荒北經》作相繇)所築臺以厭妖邪者也。堯、嚳、丹朱、舜等即所謂衆帝,注中引'一本云'是也。"

闒非據比尸袜戎

人面獸身,是謂闒非①。被髮折頸,據比之尸②。戎三其角③,袜豎其眉④。

【校注】

① 闒非,神話傳説中的怪物。《山海經》:"闒非,人面而獸身,青色。"郝懿行云:"《伊尹四方令》云:正西闒耳,疑即此。非、耳形相近。"

② 據比屍,《山海經》:"據比之屍,其爲人折頸被髮,無一手。"郭璞云:"一云掾比。"郝懿行云:"掾比,一本作據北。"袁珂云:"《淮南子·墜形篇》云:諸比,涼風之所生也。高誘注:諸比,天神也。疑即據比,掾比(北)。諸、據、掾一聲之轉。"又云:"蓋亦神國起訌,戰鬥不勝,慘遭殺戮之象。"

③ 戎,《山海經》:"戎,其爲人人首三角。"郝懿行云:"戎,《廣韵》作伖,云:伖,人身三角也。首作身,與今本異。"又云:"《周書·史記篇》云:昔有林氏召離戎之君而朝之。或單呼爲戎,又與林氏國相比,疑是也。"袁珂云:"《史記篇》云:昔有林氏召離戎之君而朝之;至而不禮,留而弗視,離戎逃而去之,林氏誅之,天下叛林氏。孔晁注:林氏,諸侯。天下見其遇戎不以禮,遂叛林氏,林氏孤危也。"

④ 袜,鬼魅。《山海經》:"袜,其爲物人身黑首從目。"郭璞云:"袜即魅也。"郝懿行云:"魖魅漢碑作禓袜。《後僅書·禮儀志》云:雄伯食魅。《玉篇》云:袜即鬼魅也。本此。"又云:"《楚詞·大招》云:豕首從目,被髮鬤只。疑即此。"

騶虞①

怪獸五彩,尾參於身。矯足千里,儵忽若神。是謂騶虞,《詩》歎其仁②。

【校注】

① 騶虞,獸名。《山海經》:"林氏國有珍獸,大若虎,五彩畢具,尾長於身,名曰

騶吾,乘之日行千里。"郭璞云:"《六韜》云:紂囚文王,閎夭之徒詣林氏國求得此獸獻之,紂大悦(説),乃釋之。《周書》曰:夾(史)林酋耳,酋耳若虎,尾參於身,食虎豹。《大傳》謂之佁(怪)獸。吾宜作虞也。"袁珂云:"騶吾(虞)神話。亦文王脱羑里神話之一細節也。《尚書大傳》云:散宜生之於陵氏取怪獸,大不辟虎狼間,尾倍其身,名曰虞。是此騶虞也。《淮南子·道應篇》云:散宜生乃以千金求天下之珍怪,得騶虞、雞斯之乘、玄玉百工、大貝百朋、玄豹黃羆、青犴白虎、文皮千合,以獻於紂。首列騶虞,其貴可知矣。"

② 尾參,謂騶虞尾比其身長三倍。儵忽,疾速。《詩》,即《詩經·召南·騶虞》:"彼茁者葭,壹發五豝,於嗟乎騶虞。"《傳》:"騶虞,義獸也。白虎黑文,不食生物,有至信之德則應之。"故云"《詩》歎其仁"。

冰 夷[①]

稟華之精,練食石八。乘龍隱淪,往來海若。是謂水仙,號曰河伯[②]。

【校注】

① 冰夷,傳說中的河伯。《山海經》:"從極之淵深三百仞,維冰夷恒都焉。冰夷人面,乘兩龍。一曰忠極之淵。"郭璞云:"冰夷,馮夷也。《淮南》云:馮夷得道,以潛大川。即河伯也。《穆天子傳》所謂河伯無夷者,《竹書》作馮夷,字或作冰也。"袁珂云:"經文恒都,《藏經》本作潛都。郭注引《淮南子·齊俗篇》文,實出《莊子·大宗師》。《大宗師》云:馮夷得之,以遊大川。《釋文》引司馬彪云:《清泠傳》曰:馮夷華陰潼鄉隄首人也,服八石,得水仙,是爲河伯。《後漢書·張衡傳》注引《龍魚河圖》則云:河伯姓吕,名公子,夫人姓馮,名夷。《楚辭·九歌》洪興祖補注引《抱朴子·釋鬼篇》(今本無)復云:馮夷以八月上庚日渡河溺死,天帝署爲河伯。等等。是皆後起之説,未免蕪雜不倫。河伯蓋古黃河水神,《穆天子傳》卷一所謂陽紆之山,河伯無夷之所都居者是也。《水經注·洛水》引《竹書紀年》云:洛伯用與河伯馮夷鬥。馮夷與用蓋即河洛之神也。殷墟卜辭屢有賁於河(《殷墟書契前編》:一·三二·五),祊於河(《鐵雲藏龜》:九六·四)等記叙,知河伯神話之淵亦已古矣。《莊子·人間世》云:牛之白額者,與豚之亢鼻者,與人有痔病者,不可以適河。適河,《釋文》引司馬彪云:謂沈人於河祭也。則在戰國之世奉祀河伯之風仍有增未已。至《楚辭·九歌》,乃有河伯專章之叙寫,其中與女游、送美人等語,要無非表現人神戀愛之情況(見聞一多《九歌古劇懸解》)。則河伯者,固亦浪蕩風流之神:此《史記·

滑稽列傳·西門豹傳》河伯娶婦傳説之所由起也。"

② 華,華山,因河伯馮夷是華人,故云其禀受華山之精氣。石八,郝懿行《山海經箋疏》作"八石",言河伯服食八石。乘龍隱淪,是描繪河伯出入之形狀。郭璞云:"畫四面各乘靈車(當作雲車),駕二龍。"袁珂云:"關於河伯的形狀,《尸子輯本》卷下云:禹理水,觀於河,見白面長人魚身出,曰:吾河精也。授禹河圖而還於淵中。《繹史》卷十一引《博物志》於此故事後更爲之釋云:蓋河伯也。《韓非子·内儲説上》略云:齊人有謂齊王曰:河伯,大神也,臣請使王遇之。乃爲壇場大水之上。有間,大魚動,因曰:此河伯。可見河伯之形,實當是人面魚身。《酉陽雜俎·諾皋記上》云:河伯人面,乘兩龍。又曰人面魚身。人面,乘兩龍,今所見《山海經》是也,又曰人面魚身,蓋更參古説而爲之補充使成全貌也。"海若,北海海神。《莊子·秋水》記有河伯與海神北海若的往來事,是郭此句所咏之本。是謂二句,謂天帝署馮夷爲河神,號曰河伯。

王子夜尸[①]

子夜之尸,體分成七。離不爲疏,合不爲密。苟以神御,形歸於一[②]。

【校注】

① 王子夜尸,《山海經》:"王子夜之尸,兩手、兩股、胸、首、齒,皆斷異處。"郭璞云:"此蓋形解而神連,貌乖而氣合;合不爲密,離不爲疏。"袁珂云:"郭釋已近玄説,殊乖神話之旨。"因爲袁珂認爲:"日本小川琢治《穆天子傳地名考》謂夜即亥之形譌,疑是。若果如此,則此節亦王亥故事之片段,即《大荒東經》郭璞注引《古本竹書紀年》所謂殷王子亥賓于有易而淫焉、有易之君綿臣殺而放之、王亥慘遭殺戮以後之景象也。詳該經王亥節。"

② "苟以"二句,謂王子夜屍分成七部分,離、合均同,因其以精神駕御形體,即使形體分離仍能合爲一。

宵明燭光[①]

水有佳人,宵明燭光。流耀河湄,禀此奇祥。維舜二女,别處一方[②]。

【校注】

① 宵明燭光,舜之二女名。《山海經》:"舜妻登比氏生宵明、燭光,處河大澤,二女之靈能照此所方百里。一曰登北氏。"郭璞云:"即二女字也,以能光照,因名云。"《初學記》卷十云:"舜女有宵明、燭光。"《淮南子·墬形訓》亦云:"宵明、燭光在河洲,所照方千里。"《路史·後紀》:"宵明燭光,處河大澤,靈照百里,是爲湘之神。"

② 水,指河水。因二女處河大澤,故云水有佳人。河湄,即河大澤,郭璞云:"澤,河邊溢漫處。言二女神光所燭及者方百里。"舜二女,即宵明、燭光。別處一方,謂舜葬蒼梧,而二女處河大澤,各在一方。

列姑射山大蟹陵魚①

列姑之山,寔栖神人②。大蟹千里③,亦有陵鱗④。曠哉溟海,含怪藏珍。

【校注】

① 列姑射山,山名。大蟹,千里蟹。陵魚,即人魚。《山海經》:"列姑射在海河州中。射姑國(當作姑射國)在海中,屬列姑射,西南,山環之。大蟹在海中。陵魚人面,手足,魚身,在海中。"

② "列姑"二句,郝懿行《山海經箋疏》作"姑射之山,實西神人"。注云:"西當作有。"此作栖,止也。列姑,即列姑射也。郭璞《山海經注》云:"山名也。山有神人。河州在海中,河水所經者。《莊子》所謂藐姑射之山也。"袁珂云:"《東次二經》云:姑射之山,無草木,多水。又南水行三百里,流沙百里,曰北姑射之山,無草木,多石。又南三百里,曰南姑射之山,無草木,多水。即此,所謂'列'姑射也。此節與《東次二經》所寫情景相合,確當移《海內東經》始妥。《莊子·逍遙游》云:藐姑射之山,有神人居焉,肌膚若冰雪,淖約若處子,不食五穀,吸風飲露,乘雲氣,御飛龍,而游乎四海之外,其神凝,使物不疵癘而年穀熟。《釋文》引簡文(梁簡文帝)云:藐,遠也。則藐姑射之山即姑射之山亦即列姑射(山)也。《列子·黃帝篇》云:'列姑射山,在海河洲中,山上有神人焉'云云,正是其地也。至於《莊子》又云:藐姑射之山,汾水之陽者,《釋文》云:汾水出太原,今莊生寓言也。謂不必信以爲真也。郝《疏》乃以《列子》列姑射山屬此,以《莊子》藐姑射山屬《東次二經》姑射山,謂二者非一地

也,未免泥求,未能貫通。"

③ 大蟹,郭璞云:"蓋千里之蟹也。"袁珂云:"《大荒東經》云:女丑有大蟹。郭注云:廣千里也。即此大蟹也。《周書·王會篇》云:海陽大蟹。孔晁注云:海水之陽,一蟹盈車。此大蟹之見於先秦古籍者也。《玄中記》(《古小説鈎沈》輯)云:天下之大物,北海之蟹,舉一鰲能加於山,身故在水中。《御覽》卷九四二引《嶺南異物志》云:嘗有行海得洲渚,林木甚茂。乃維舟登岸,爨於水傍。半炊而林没於水。遽斬其纜,乃得去。詳視之,大蟹也。則傳説演變,愈出而愈奇也。"

④ 陵魚,《山海經》云:"龍魚陵居在其(沃野)北。"即此魚也。郝懿行云:"《楚詞·天問》云:鯪魚何所? 王逸注云:鯪魚,鯪鯉也,一云鯪魚,鯪鯉也。有四足,出南方。《吳都賦》云:陵魚若獸,劉逵注云:陵鯉有四足,狀如獺,鱗甲似鯉,居土穴中,性好食蟻。引《楚詞》云:陵魚何止? 王逸曰:陵魚,陵鯉也。所引《楚詞》與今本異。其説陵鯉,即今穿山甲也。云性好食蟻,陶注《本草》説之極詳。然非此經之陵魚也。穿山甲又不在海中,此皆非矣。待制查道奉使高麗,見沙中一婦人,肘後有紅鬣,號曰人魚,蓋即陵魚也。陵,人聲轉,形狀又符,是此魚審矣。又《初學記》三十卷引此經云:鯪魚背腹皆有刺,如三角菱。"

蓬萊山①

蓬萊之山,玉碧構林。金臺雲館,皓哉獸禽。實維靈府,玉主甘心②。

【校注】

① 蓬萊山,傳説中的神山。《山海經》云:"蓬萊山在海中。"郭璞云:"上有仙人,宫室皆以金玉爲之,鳥獸盡白,望之如雲,在渤海中也。"郝懿行云:"《史記·封禪書》云:'蓬萊、方丈、瀛洲,此三神山者,其傳在渤海中,諸仙人及不死之藥皆在焉。其物禽獸盡白,而黄金銀爲宫闕,未至,望之如雲。'云云,是郭所本也。"

② "玉碧"句,言其玉樹如林而碧翠。皓哉,謂其山上,禽獸盡白色。靈府,謂此山是神仙居住的府第。玉主,對君主的美稱,此有譏刺之意,謂秦皇、漢武等君主,皆因好仙,欲長生不死,就甘心情願地受方士欺騙,耗資尋找蓬萊神山,真被方士誑惑愚弄得可以。

海内東經圖讚

郁　　州①

南極之山,越處東海②。不行而至,不動而改。維神所運,物無常在。

【校注】

① 郁州,山名。《山海經》:"都州在海中,一曰郁州。"郭璞云:"今在東海朐縣界,世傳此山自蒼梧(從南)徙來,上皆有南方物也。"郝懿行云:"《水經注》引此經作郁山。言是山自蒼梧徙此,云山上猶有南方樹木。"又曰:"劉昭注《郡國志》引此注云:在蒼梧徙來,上皆有南方樹木。與今本異,疑今本從南二字衍也。"

② "南極"二句,謂郁山原本是南極之山,遠徙於東海。"不行"二句,謂此山今徙此,不是自行而來。所以下面云:維神所運,是神人之力運送於此的。物無常在,是郭璞的感慨,表現了他認爲事物是發展變化的觀點。

韓雁始鳩雷澤神琅琊臺

韓雁始鳩,在海之洲①。雷澤之神,鼓腹優遊②。琅琊嶕嶢,邈若雲樓③。

【校注】

① 韓雁,始鳩,均爲國名。《山海經》:"韓雁在海中,都州南。"郝懿行云:"韓雁蓋三韓古國名。韓有三種,見《魏志·東夷傳》。"袁珂云:"《魏志·東夷傳》云:韓有三種,一曰馬韓,二曰辰韓,三曰弁辰。"《山海經》云:"始鳩在海中,轅厲南。"郭璞云:"國名,或曰鳥名也。"袁珂云:"當是國名。"郝懿行云:"轅厲疑即韓雁之譌也,轅、韓,雁、厲並字形相近。"

② "雷澤"二句，《山海經》："雷澤中有雷神，龍身而人頭，鼓其腹。在吳西。"袁珂云："《大荒東經》云：東海中有流波山，入海七千里。其上有獸，狀如牛，蒼身而無角，一足，出入水則必風雨。其光如日月，其聲如雷，其名曰夔。黃帝得之，以其皮爲鼓，橛以雷獸之骨，聲聞五百里，以威天下。郭璞注：雷獸，即雷神也，人面龍身鼓其腹者；橛猶擊也。即此雷神也。"又云："《史記·五帝本紀》正義引此經云：雷澤有雷神，龍首人頰，鼓其腹則雷。《淮南子·墬形篇》云：雷澤有神，龍身人頭，鼓其腹而熙。並與今本異也。"鼓腹，袒腹，凸起肚子。此言雷澤之神飽食而閑暇無事，逍遥自得之貌。

③ 琅琊臺，《山海經》："琅邪臺在渤海間，琅邪之東。其北有山。一曰在海間。"郭璞云："今琅邪在海邊，有山嶕嶢特起，狀如高臺，此即琅邪臺也。琅邪者，越王勾踐入霸中國之所都。"郝懿行云："琅邪臺在今沂州府（山東省臨沂縣），東北有山，蓋勞山也。勞山在海間，一曰牢山。"嶕嶢，高聳貌。"邈若"句，言琅邪臺高遠如在雲間的樓台。

豎沙居繇埻端璽晦國

豎沙居繇①，埻端璽晦②。沙漠之鄉，絕地之館。或羈于秦，或賓于漢。

【校注】

① 豎沙、居繇，皆國名。《山海經》："國在流沙外者，大夏、豎沙、居繇、月支之國。"堅即豎字。郝懿行云："《説文》（十二）云：古者宿沙初作煮海鹽。宿沙蓋國名，宿、豎聲相近，疑即豎沙也。《三國志》注引《魏略》作堅沙國。"袁珂云："宿沙，炎帝臣，其煮海鹽當在古齊地，與豎沙東西地望絕不相侔，郝説非也。"又曰："居繇（音遥）《三國志·魏志·烏丸鮮卑東夷傳》注引《魏略》作屬繇國。"

② 埻端、璽晦，皆傳説中國名。《山海經》："國名在流沙中者埻端，璽晦，在昆侖虛東南。一曰海内之郡，不爲郡縣，在流沙中。"埻（音敦），郭懿行云："《玉篇》作埻耑，國名。"郭璞云："晦音晦，或作繭晦。"郝懿行云："晦即曖字也。《玉篇》作璽晦國。"

大江北江南江浙江廬淮湘漢濛温潁汝涇渭白沅贛泗鬱肄潢洛汾沁濟潦虖沱漳水①

川瀆交錯,渙瀾流帶。通潛潤下,經營華外。殊出同歸,混之東會②。

【校注】

① 此題目是對《山海經》一節原文的概括,現摘記於下:"岷三江:首大江出汶山,北江出曼山,南江出高山。高山在城(成)都西。入海,在長州南。浙江出三天子都,在其(蠻)東。在閩西北,入海,餘暨南。廬江出三天子都,入江,彭澤西。一曰天子鄣。淮水出餘山,餘山在朝陽東,義鄉西,入海,淮浦北。湘水出舜葬東南陬,西環之。入洞庭下,一曰東南西澤。漢水出鮒魚之山,帝顓頊葬於陽,九嬪葬於陰,四蛇衛之。濛水出漢陽西,入江,聶陽西。温水出崆峒,(崆峒)山在臨汾南,入河,華陽北。潁水出少室,少室山在雍氏南,入淮西鄢北。一曰緱氏。汝水出天息山,在梁勉鄉西南,入淮極西北。一曰淮在期思北。涇水出長城北山,山在郁郅長垣北,[北]入渭,戲北。渭水出鳥鼠同穴山,東注河,入華陰北。白水出蜀,而東南注江,入江州城下。沅水[山]出象郡鐔城西,[入]東注江,入下雋西,合洞庭中。贛水出聶都東山,東北注江,入彭澤西。泗水出魯東北而南,西南過湖陵西,而東南注東海,入淮陰北。鬱水出象郡,而西南注南海,入須陵東南。肄水出臨晉(武)西南,而東南注海,入番禺西。潢水出桂陽西北山,東南注肄水,入敦浦西。洛水出(上)洛西山,東北注河,入成皋[之]西。汾水出上窳北,而西南注河,入皮氏南。沁水出井陘山東,東南注河,入懷東南。濟水出共山南東丘,絶鉅鹿澤,注渤海,入齊琅槐東北。潦水出衛皋東,東南注渤海,入潦陽。虖沱水出晉陽城南,而西至陽曲北,而東注渤海,入[越]章武北。漳水出山陽東,東注渤海,入章武南。"畢沅云:"右《海內東經》舊本合'岷三江,首……'以下云云爲篇,非,今附在後。"又云:"自'岷三江,首……'以下疑《水經》也。"袁珂云:"畢沅之說是也。'岷三江,首……'以下文字確與經文無關,今從畢說,附在經文之後,祇存郭注,其餘他家注釋俱從略,不更分節次;略有校改,亦不更記出處。作( )記者,正文、脱文,作[ ]記者,衍文。"

② 川瀆,河流溝渠,此指經文所記之河川。渙瀾,光華燦爛。流帶,謂水流長如帶。華外,謂華夏內外。東會,謂衆發源地不同,但都同歸於海。

補　遺

封　豕①

有物貪婪，號曰封豕。薦食無厭，肆其殘毀。羿乃飲羽，獻帝效伎②。

【校注】

① 封豕，獸名。《山海經》："有嬴民，鳥足。有封豕。"郭璞云："大豬也，羿射殺之。"袁珂據吳其昌《卜辭所見殷先公先王三續考》以爲封豕是"王亥"之誤，但疑亦不能明也。亦作"封豨"。

② "有物"句，謂大猪封豕本是貪得無厭的動物。薦食，數數吞食，一再吞食。"羿乃"二句，謂后羿奮飲羽之箭，射殺封豕，把自己的成功技藝奉獻給了堯帝。謂羿奉堯之命而射封豕。

鼯　鼠①

鼯之爲鼠，食煙棲林。載飛載乳，乍獸乍禽。皮籍孕婦，人爲大任②。

【校注】

① 鼯鼠，亦稱大飛鼠，《爾雅·釋鳥》："鼯鼠，夷由。"郭璞注云："狀如小狐，似蝙蝠，肉翅，翅尾項脅，毛紫赤色，背上蒼艾色，腹下黃，喙頷雜白，脚短爪長，尾三尺許，飛且乳，亦謂之飛生，聲如人呼，食火煙，能從高赴下，不能從下上高。鼯音吾。"邢昺疏云："鼯鼠，一名夷由。"

② "皮籍"二句，籍通藉，薦。大任，即太任，周季歷之妃，文王之母。意謂孕婦坐卧在鼯鼠皮上，就會像大任一樣生出周文王那樣貴爲天子的兒子。

弱　水①

弱出崑山,鴻毛是沉。北淪流沙,南暎火林。惟水之奇,莫測其深②。

【校注】

① 弱水,古人稱水淺或地僻不通舟楫者爲弱水,意謂水弱不能騰舟,輾轉傳譌,遂有力不能負芥或不勝鴻毛之説。《山海經》所記弱水甚多。《海内西經》:"弱水、青水出西南隅,以東,又北,又西南,過畢方鳥東。"郭璞云:"(《漢書》)《西域傳》:烏弋國去長安萬五千餘里,西行可百餘日,至條枝國,臨西海。長老傳聞,有弱水西王母云。(《三國志・魏書》)《東夷傳》曰:長城外數千里,亦有弱水。皆所未見也。《淮南子・墬形訓》云:弱水出窮石。窮石今之西郡刑(删)冉蓋其派别之源耳。"又《大荒西經》:"(崑崙之丘)其下有弱水之淵環之。"郭璞云:"其水不勝鴻毛。"《玄中記》云:"天下之弱者,有崑崙之弱水焉,鴻毛不能起也。"《輿地圖》云:"崑崙弱水,非乘龍不至。"

② 暎,同映。謂弱水北没於流沙,南有炎火之山映照。

都廣之野①

都廣之野,珍恠所聚。爰有羔穀,鸞歌鳳舞。后稷託終,樂哉斯土②。

【校注】

① 都廣之野,一作"廣都之野"。《山海經・海内經》:"西南黑水之間,有都廣之野,后稷葬焉。爰有膏菽、膏稻、膏黍、膏稷,百穀自生,冬夏播琴。鸞鳥自歌,鳳鳥自舞,靈壽實華,草木所聚。爰有百獸,相群爰處。此草也,冬夏不死。"楊慎云:"黑水廣都,今之成都也。"《華陽國志・蜀志》云:"廣都縣,郡西三十里,元朔二年置。"曹學佺《蜀中名勝記》以爲在今成都附近雙流縣境。郭璞云:"其城方三百里,蓋天地之中,素女所出也。《離騷》曰:絶都廣(野)而直指號(兮)。"

② 羔穀,即經文所説膏菽、膏稻、膏黍、膏稷等。膏謂甘美。郭璞云:"言味好皆

滑如膏。《外傳》曰:膏粢之子,菽豆粢粟也。"託終,謂周祖先后稷死後葬於都廣之野。

猩　猩①

能言之獸,是謂猩猩。厥狀似猴,號音若嚶。自然知往,頗測物情②。

【校注】

① 猩猩,已見《海內南經》的《狌狌》圖讚。此作猩猩,《山海經》:"有(青)獸,人面,名曰猩猩。"郭璞云"能言"。袁珂云:"《禮記·曲禮》:猩猩能言,不離禽獸。此郭注所本。《呂氏春秋·本味篇》云:肉之美者,猩猩之脣。高誘注云:猩猩,獸名也,人面狗軀而長尾。狌狌知人名,已見《海內南經》。"

② 嚶,鳥鳴聲。《海內南經》狌狌節,郭璞注:"聲如小兒啼也。"所以嚶也是形容猩猩的鳴叫聲。知往,謂知人名也,已見《狌狌》圖讚注。

若　木①

若生之木,昆山是濱。朱華電照,碧葉玉津。食之靈知,爲力爲神。②

【校注】

① 若木,神話中謂長在日入處的一種樹木。《山海經》:"大荒之中,有衡石山、九陰山、洞野之山,上有赤樹,青葉、赤華。名曰若木。"郭璞云:"生昆侖西附西極,其華光赤下照地。"郝懿行云:"若,《說文》(六)作叒,云'日初出東方湯谷所登榑桑,叒,木也,象形。'今案《說文》所言是東極若木,此經及《海內經》所說乃西極若木,不得同也。《離騷》云:'折若木以拂日。'王逸注云:'若木在崑崙西極,其華照下地。'《淮南·墬形訓》云:'若木在建木西,末有十日,其華照下地。'皆郭注所本也。又《文選·月賦》注引此經若木下有'日之所入處'五字。《水經·若水注》引此經若木下有'生昆侖山西附西極'八字,證以王逸《離騷》注'若木在崑崙西極',則知《水經注》所引八字,古本蓋在經文,今誤入郭注爾。又郭注'其華光赤下照地',王逸

《離騷》注亦有'其華照下地'五字,以此互證,疑此句亦當在經中,今本誤入注文也。"

② 昆山,即昆侖山,謂若木生於昆侖山西附西極日入之所。"朱華"二句,謂若木華赤色像電光一樣照耀下地,碧綠的葉子像玉石一樣潤澤。"食之"二句,謂人食若木可以聰明智慧,獲得神力。爲神,郝懿行《山海經箋疏》作"爲仁"。

翡 翠①

翠雀麋鳥,越在南海。羽不供用,肉不足宰。懷璧其罪,賈害以采②。

【校注】

① 翡翠,鳥名,也叫翠雀,羽有藍、綠、赤、棕等色,可爲飾品,雄赤曰翡,雌青曰翠。《山海經》:"有翠鳥。"袁珂云:"《周書·王會篇》云:倉吾翡翠。《楚詞·招魂》'翡翠珠被'王逸注云:雄曰翡,雌曰翠。洪興祖補注引《異物志》云:翠鳥形如燕。赤而雄曰翡,青而雌曰翠,翡大於翠。其羽可以飾幰帳。"

② 麋,水邊、岸旁。麋鳥,謂翠雀生於水邊,所以下句云"越在南海"。麋或通麇、麛鳥,即小鳥。""羽不"二句,謂翡翠鳥形小如燕,羽毛不足供給實用,宰殺了也沒有多少肉,不值得人們捕捉。但翡翠鳥的羽毛可以飾幰帳,因此就以自己的彩色羽毛使自己遭受捕殺之害。郭璞正以此句,抒發了自己對當時社會政治的憤懣之情。

欸 冬①

吹萬不同,陽煦陰蒸。欸冬之生,擢穎堅冰。物休所安,焉知涣凝②。

【校注】

① 欸冬,植物名,即款東,又名顆凍、欸凍。《爾雅·釋草》:"菟奚,顆凍。"郭璞注云:"款冬也,紫赤華,生水中。"邢昺疏云:"藥草也,一名菟奚,一名顆凍。"

② "吹萬"句,吹萬,風吹所至,及於萬物。《莊子·齊物論》:"夫吹萬不同而使

其自己也,咸其自取。"司馬彪注云:"言天氣吹煦,生養萬物,形氣不同。""陽煦"句,謂萬物都靠陽光的温暖、陰氣的蒸發而生長。"歘冬"二句,謂歘冬生長是在天寒地凍、流水結冰之時。"物休"二句,謂萬物生滅,各有其所適應的氣候環境,哪管水的涣流和凝冰。

鬼　草[1]

焉得鬼草,是樹是藝。服之不憂,樂天儀世。如彼滚舟,任波流滯[2]。

【校注】

[1] 鬼草,草名。《山海經》:"(牛首之山)有草焉,名曰鬼草,其葉如葵而赤莖,其秀如禾,服之不憂。"《太平御覽》四六八引作"鬼目"。

[2] "是樹"句,樹、藝,皆種植之意。謂哪里能得到鬼草而加以種植。"服之"四句,《太平御覽》四六九卷引作"服之不憂,樂天傲世。如彼浪舟,任波流滯"。謂服食鬼草可以忘憂,傲游於世,樂盡天年。就像波浪中的小船,任隨波浪流蕩或停滯。

蟒　蛇[1]

蠢蠢萬生,咸以類長。惟蛇之君,是謂巨蟒。小則數尋,大或百丈[2]。

【校注】

[1] 蟒蛇,大蛇,肉可食。又叫蚺蛇、鱗蛇。《爾雅·釋魚》:"蟒,王蛇。"郭璞注云:"蟒,蛇最大者,故曰王蛇。"

[2] 蠢蠢,衆多而雜亂貌。萬生,猶言萬物。"咸以"句,謂萬物的形體長短,都與其同類差不多。"惟蛇"句,謂蟒蛇乃是蛇中之王,所以叫王蛇。"小則"二句,謂蟒蛇的長短相差很大。

枳首蛇①

夔稱一足②,蛇則二首。少不知無,多不覺有。雖資天然,無異駢拇③。

【校注】

① 枳首蛇,即兩頭蛇。《爾雅·釋地》:"中有枳首蛇焉。"郭璞注云:"岐頭蛇也。或曰:今江東呼兩頭蛇爲越王約髮。亦名弩弦。"邢昺疏云:"枳,岐也。此即兩頭蛇也。今江東呼越王約髮,言是越王約髮所變也。亦名弩弦,即以形相似而名之也。"

② 夔,神話獸名。《經典釋文·莊子·秋水》引李頤云:"黃帝在位,諸侯於東海流山得奇獸,其狀如牛,蒼色無角,一足能走,出入水即風雨,目光如日月,其音如雷,名曰夔。黃帝殺之,取皮以冒鼓,聲聞五百里。"

③ "少不"四句,謂夔一足、枳蛇兩頭,多或少都禀資天然,但和駢拇無甚兩樣。駢拇,《莊子·駢拇》:"駢拇枝指,出乎性哉,而侈於德;附贅懸疣,出乎形哉,而侈於性。"成玄英疏云:"駢,合也,大也,謂足大拇指與第二指相連合爲一指也。枝指者,謂手大拇指傍枝生一指成六指也。"故郭璞用此意,說明夔一足、枳蛇兩頭,雖資天然,但都有多餘無用之物,和駢拇枝指沒有兩樣。

鱯 魚①

鱯之爲狀,半鳥半鱗,形如雞鯉,食之已疣②。

【校注】

① 鱯(音藻)魚,《山海經》:"(獄法之山)瀤澤之水出焉,而東北流注於泰澤。其中多鱯魚,其狀如鯉而雞足,食之已疣。"

② 雞鯉,謂鱯魚狀如鯉而雞足。疣,皮膚上的贅生物,同肬。已疣,謂治療疣疾。

飛　魚[①]

飛魚如豚,赤文無羽,服之不雷,可以御兵[②]。

【校注】

① 飛魚,《山海經》:"(牛首之山)勞水出焉,而西流注於潏水。是多飛魚,食之已痔。"又云:"(騩山)正回之水出焉,而北流注於河。其中多飛魚,其狀如豚而赤文,服之不畏雷,可以御兵。"袁珂云:"《藝文類聚》卷二引《山海經》云:飛魚如豚,赤文無羽,食之辟兵,不畏雷也。《初學記》卷一引郭璞《圖讚》略同,惟無羽作無鱗,雷也作雷音,義較長。疑即此讚也。食之辟兵可以爲經文服之御兵作詮解。又上文牛首山勞水已有飛魚,與此同名,非一物也。"郝懿行注勞山飛魚曰:"《中次三經》復有飛魚,與此異。《太平御覽》九百三十九卷引張駿《山海經·圖讚》曰:如鮒,登雲遊波。今案:如鮒之上當脱飛魚二字,遂不成文。又引林邑《國記》曰:飛魚,身圓,長丈餘,羽重沓,翼如胡蟬,出入群飛,游翔翳薈,而沉則泳海底。"

② 豚,小猪。此句謂飛魚形狀像小猪。不雷,不畏雷音。御兵,即可以辟兵,避免兵器傷害。

焦　僥[①]

焦僥極麽,靖人唯小。四體具足,鬚眉才了[②]。

【校注】

① 焦僥,傳說中的小人。已見前《海外南經·焦僥國》注,讚詞與此不同。

② "極麽"句,麽,細小。謂焦僥國人身長尺五寸或三尺,都是極細小之人。靖人,亦傳說中的小人。《山海經》:"有小人國,名靖人。"郭璞云:"《詩含神霧》曰:東北極有人長九寸,殆謂此小人也。或作竫,音同。"郝懿行云:"《説文(十)》云:竫,細皃。蓋細小之義,故小人名靖人也。《淮南子》作諍人,《列子》作諍人,並古字通用。《列子·湯問篇》云:東北極有人名曰諍人,長九寸。與郭引《詩含神霧》同。《初學記》十九卷郭氏《讚》云:焦僥極麽,靖人又小,四體取足,眉目才了。"才了,謂靖人細小,胡鬚眉目也小得剛能明白看見。

釋天地圖讚①

祭地肆瘞，郊天致煙。氣升太一，精淪九泉。至敬不文，明德惟鮮②。

【校注】

① 此是《爾雅圖讚》，《爾雅·釋天》："祭天曰燔柴，祭地曰瘞薶。"燔柴，祭天之禮。郭璞注云："既祭積薪燒之。"瘞薶，祭名，古代祭地，瘞繒埋牲，因名瘞薶，郭璞注云："既祭埋藏之。"所以，釋天地圖讚，即解釋祭祀天地之禮的圖讚。

② "祭地"二句，祭地，祭祀神州地祇。肆，解剔牲體，謂於俎上進所解牲體於神坐前。瘞，瘱，謂既祭，瘞繒埋牲於地中。郊天，謂於南郊祭祀天帝。致煙，謂積薪於壇上，而取玉及牲置柴上燔之，使煙氣之臭上達於天。"氣升"二句，太一，天神之貴者，昊天上帝。九泉，地下深處，謂祭天以煙氣之臭上升天上，祭地以玉牲之精氣淪没於地下。"至敬"二句，文，文飾，謂祭祀乃是對神祇最恭敬的一種文飾。所以，只要有至敬的誠心，就可以不拘形式的祭祀天地。明德，完美的德性，謂人只要有完美的德性就是最好的祭祀禮。

星圖讚①

茫茫地理，粲爛天文。四靈垂象，萬類羣分。眇觀六沴，咎徵惟君②。

【校注】

① 此亦《爾雅圖讚》，《爾雅·釋天》中有釋星象的内容。

② 茫茫，曠遠貌。地理，山川土地的環境形勢，謂廣闊的大地上山川縱横，原濕雜陳，各有條理。粲同燦，燦爛，鮮明貌。天文，日月星辰等天體在宇宙間分佈運行等現象，謂天上的日月星辰鮮明閃耀是天的文彩。四靈，指蒼龍、白虎、朱雀、玄武，古代天文學家把黄道（太陽和月亮所經天區）的恒星分成二十八個星座，稱爲二十八宿，四方各有七宿。東方七宿合稱蒼龍，西方七宿合稱白虎，南方七宿合稱朱雀，北方七宿合稱玄武。所以，四靈就是二十八宿，也泛指天上的星星。此謂星辰垂象於

天。萬類,即萬物。羣,種類。群分,即物以群分。六沴,指六氣不和。氣不和而相傷爲沴。咎徵,古時稱灾禍徵兆。意謂遠看天地四時不和會造成灾害,但能不能發現灾禍的徵兆而加以預防,轉禍爲福,却在人們的主觀努力。

炎山讚①

木含陽氣,精構則燃。焚之無盡,是生火山。理見乎微,其妙在傳②。

【校注】

① 炎山,即炎火之山。《山海經》:"(崑崙之丘)其外有炎火之山,投物輒然。"郭璞云:"今去扶南東萬里,有耆薄國;東復五千里許,有火山國,其山雖霖雨,火常然。火中有白鼠,時出山邊求食,人捕得之,以毛作布,今之火浣布是也。即此山之類。"

② "木含"二句,意謂木是陽氣之精構成,自然含有可燃燒性。"焚之"二句,謂炎火之山生長燒之不盡之木。理見乎微,謂炎火之山的自然之理太微妙了。其妙句,《藝文類聚》七卷引作"其傳在傳",郝懿行注云:"其傳當爲其妙之譌。"在傳,謂見於古籍記載。郝懿行云:"《水經·灅水注》引《神異經》云:南方有火山焉,長四十里,廣四五里,其中皆生不燼之木,盡夜火然,得暴風猛雨不滅。中有大鼠重百斤,毛長二尺餘,細如絲,色白,時時出外,以水逐而沃之,則死。取其毛績以爲布,謂之火澣布。即郭氏所說也。……《藝文類聚》八十卷引《玄中記》云:南方有火炎山,四月生火,其木皮爲火浣布。《搜神記》亦同兹説。將火浣布,故有鼠毛及木皮二種也。《類聚》七卷引郭氏讚云:木含陽氣,精構則燃。焚之無盡,是生火山。理見乎微,其傳在傳。"

筆 讚①

上古結繩,易以書契。經緯天地,錯綜羣藝。日用不知,功蓋萬世②。

【校注】

① 此爲《爾雅圖讚》,《爾雅·釋器》:"簡謂之畢,不律謂之筆。"郭璞注云:"蜀

人呼筆爲不律也,語之轉變。"

② 結繩,文字產生前的一種記事方法。用繩打結,以不同形狀和數量的繩結標記不同事件。書契,猶文字。《易·繫辭》:"上古結繩而治,後世聖人易之以書契。"郭璞用其意,説明文字的產生和發展。經緯,規畫治理。錯綜,交錯綜合。此二句意謂,文字產生以後,特別是書寫工具發明以後,就可以書寫天地之道,著成百家之書。所以,末二句謂,人們天天用筆寫作,却不知道筆的功用蓋通萬世,對社會生活產生了極大的作用。

龜　讚①

天生神物,十朋之龜②。或游于火,或游于蓍。雖云類殊,象二一歸。亹亹致用,極數盡幾③。

【校注】

① 龜,烏龜,又稱水龜。腹背皆有硬甲,頭尾和四肢能縮入甲内,耐飢渴,壽命很長。古人以龜爲靈物,灼龜甲以卜,謂卜爲龜卜。《山海經》記有多種龜。而此讚則是咏《爾雅》所釋之龜。故此是《爾雅圖讚》。

② "天生"二句,謂龜有靈智,能够占卜,故曰神物。《易·損》六五爻辭:"十朋之龜。"《爾雅·釋魚》解之曰:"一曰神龜,二曰靈龜,三曰攝龜,四曰寶龜,五曰文龜,六曰筮龜,七曰山龜,八曰澤龜,九曰水龜,十曰火龜。"邢昺疏曰:"神龜者,龜之最神明者也。……靈龜者,玄文五色,神靈之精也。攝龜,龜之小者,腹甲曲折,能自張閉者也。寶龜,傳國所寶者。……文龜,甲有文彩者。筮龜,在蓍叢下者。山龜,生山中者。澤龜,生澤中者。水龜,生水中者。火龜,生火中者。"

③ "或游"二句,游于火,謂用龜甲占卜。占卜時以火灼龜甲,龜甲上的裂紋叫占兆,以之預測吉凶。游于蓍,謂用蓍草占卜。蓍,草名,多年生草本植物,一本多莖。我國古代常用以占卜,預測休咎。二者的占卜方法雖不同類,但不論蓍之奇耦、龜之裂紋所示之象如何,都是用爲預測吉凶禍福的,故曰象二歸一。亹,勤勉不倦。《易·繫辭》上:"探賾索隱,鈎深致遠,以定天下之吉凶,成天下之亹亹者,莫大乎蓍龜。"郭璞正用此意,謂勤勉不倦地鑽研卜筮,極盡數命幾兆以致用。

蚌　讚[1]

　　萬物變蛻,其理無方。雀雉之化,含珠懷璠。與月盈虧,協氣晦望[2]。

【校注】

① 蚌,軟體動物。蚌殼内有珍珠層,或能産珠。《爾雅·釋魚》:"蚌,含漿。"郭璞注云:"蚌即蜃也。"郝懿行《義疏》云:"《説文》:蚌,蜃屬。按《月令·注》:大蛤曰蜃。《晋語·注》:小曰蛤,大曰蜃。是蜃爲蛤屬,許(慎)以釋蚌,亦通名耳。"

② 蛻,蟬、蛇之類脱去皮殼。此句謂萬物之蟬蛻變化。無方,没有固定的法度。此句謂萬物發展變化之理,没有固定的規律。雀雉之化,《國語·晋語》:"趙簡子嘆曰:雀入於海爲蛤,雉入於淮爲蜃。"郭璞用此意,説明萬物變化無方,蚌是雀、雉變化而來。"含珠"句,璠,耳飾。此句謂蚌可産珍珠。"與月"二句,盈,指月圓;虧,指月缺。晦,農曆月的末一日;望,農曆月的十五日。舊説,蚌孕珠如人懷姙,與月的盈虧晦望都有關。

蟬　讚[1]

　　蟲之精絜,可貴惟蟬。潛蜕棄穢,飲露恒鮮。萬物皆化,人胡不然[2]。

【校注】

① 蟬,種類甚多。《爾雅·釋蟲》:"蜩,蜋蜩,螗蜩,蚻,蜻蜻,蠽,茅蜩,蝒,馬蜩,蜕,寒蜩,蜓蚞,螇螰。"邢昺疏云:"此辨蟬之大小及方言不同之名也。"今俗名知了,或作蜘蟟。於夏秋間出現,雄蟬翅後有發音器。幼蟲居土中,自化蛹至成蟲,爲期約兩年。既爲成蟲,雄者交尾後即死,雌者産卵後亦死,生命不過兩三周。

② 絜,通潔,謂蟬是最清潔的蟲。"潛蜕"二句,蜕,謂蟬蜕去甲殼。穢,當作穢。《史記·屈原列傳》:"濯淖污泥之中,蟬蜕於濁穢,以浮遊塵埃之外,不獲世之滋垢,皭然泥而不滓者也。"郭璞即用此意,讚美蟬的高潔。飲露,謂蟬不食,只飲鮮潔的露水。"萬物"二句,這是郭璞因蟬蜕而發的感慨,仍用趙簡子之意。《國語·晋語》:

"趙簡子嘆曰：雀入於海爲蛤，雉入於淮爲蜃，黿鼉魚鱉，莫不能化，唯人不能，哀夫！"郭璞正用此意，説明人無法解脱塵世的煩惱。

螢火讚[1]

熠熠宵行，蟲之微么。出自腐草，煙若散漂。物之相煦，孰知其陶[2]。

【校注】

[1] 螢，通熒，螢火蟲。《爾雅·釋蟲》："熒火，即炤。"郭璞注曰："夜飛，腹下有火。"

[2] 熠，光耀，明亮。熠熠，當作熠燿，《詩·豳風·東山》："熠燿宵行。"《傳》："熠燿，燐也，燐，熒火也。"郭璞用其詩句，説明螢火蟲是夜晚出行。么，同幺，細小。微么，謂螢火蟲是蟲中最細小的蟲。"出自"句，謂螢火蟲是腐草所生。崔豹《古今注·魚蟲》"螢火，一名耀夜，一名景天，一名熠燿，一名丹良，一名燐，一名丹鳥，一名夜光，一名宵燭。腐草爲之，食蚊蚋。"《禮·月令》亦云："腐草爲螢。""煙若"句，形容熒火蟲之光亮像烟火一樣飄散。"物之"二句，煦，即煦，和悦。謂螢火蟲生於腐草，而又照耀腐草，相互和悦，誰知其是怎麽陶冶造就的。

苤苢讚[1]

車前之草，別名苤苢。《王會》之云，其實如李。名之相亂，在乎疑似[2]。

【校注】

[1] 苤苢，當作芣苢，草名。《爾雅·釋草》："芣苢，馬舄。馬舄，車前。"郭璞注云："今車前草，大葉，長穗，好生道邊，江東呼爲蝦蟇衣。芣音乎，苢音以。"邢昺疏云：藥草也，別三名……《詩·周南》云：采采芣苢。陸璣疏云：馬舄，一名車前，一名當道，喜在牛蹄中生，故曰車前、當道也。今藥中車前子是也。幽州人謂之牛舌草，可鬻作茹大滑，其子治婦人難產。王肅引《周書·王會》云：芣苢如李，出於西戎。"

[2] 王會，即《逸周書·王會篇》。王肅以爲芣苢即《王會篇》所謂實如李的芣

苣,産於西戎。而王基認爲不是,因産於西戎,非《周南》婦人所能採之。郭璞以爲兩種苤苢,名實相亂,在於疑似之間。

杜　若[①]

蘪蕪善草,亂之地床。不隕其實,自別以芳。佞人似智,巧言如簧[②]。

【校注】

① 杜若,即杜衡。《爾雅·釋草》:"杜,土鹵。"郭璞注云:"杜衡也,似葵而香。"邢昺疏云:"香草也,一名杜,一名土鹵。"郭璞云《山海經》云:天帝山有草,其狀如葵,其臭如蘪蕪,名曰杜衡,可以走馬,食之已瘦,是也。"

② 蘪蕪,香草名,《爾雅·釋草》:"蘄茝,蘪蕪。"郭璞注云:"香草,葉小如菱狀。"《淮南子》云:"似蛇床。"《山海經》曰:"臭如蘪蕪。"邢昺疏云:"芎藭苗也。一名蘄茝,一名蘪蕪,《本草》一名薇蕪,一名江蘺。陶注云似蛇床而香,郭云香草,葉小如菱狀者,言如菱葰之狀也。[注]《淮南子》云似蛇床者,案《淮南子·氾論篇》云:夫物之相類者,世主之亂惑也。嫌疑肖像者,衆人所眩耀也,故狠者類知,而非知也;愚者類君子,而非君子也;戇者類勇,而非勇也。使人相去也。若玉之與石也,葵之與莧也,則論人易矣。夫亂人者,若芎藭之與藁本,蛇床之與蘪蕪也。許慎云:此四者,藥草,臭味之相似,惟治病則力不同,是也。"據上所引,地床,當爲蛇床之譌。蛇床,植物名,又名蛇粟、蛇米,入藥。郭璞正用《淮南子》所説蛇床與蘪蕪臭味相似,而實不相同之意,説明貪佞小人似智者,其本質表現就在於巧舌如簧,而非智者。

芙　容[①]

芙容麗草,一曰澤芝。泛葉雲布,映波橓熙。伯陽是食,饗比靈期[②]。

【校注】

① 芙容,即芙蓉,荷花的别名。《爾雅·釋草》:"荷,芙蕖。其莖茄,其葉蕸;其本蔤,其華菡萏,其實蓮,其根藕,其中的,的中薏。"邢昺疏云:"李巡曰:皆分别蓮莖

華葉實之名。芙蕖,其總名也,別名芙蓉,江東呼荷、菡萏、蓮華也。的,蓮實也。薏,中心也。郭璞曰:薏,莖下白蒻在泥中者。今江東人呼荷華爲芙蓉,北方人便以藕爲荷,亦以蓮爲荷。蜀人以藕爲茄,或用其母爲華名,或用根子爲母葉號,比皆名實相錯,習俗傳誤,失其正體者也。陸璣疏云:蓮,青皮,裏白,子爲的。的中有青爲薏,味甚苦。故里語云:苦如薏。是也。"

② 澤芝,即荷花,《古今注》:"芙蓉,一名荷花,生池澤中,一名澤芝。"泛葉雲布,謂荷葉像密佈的雲一樣在水面浮動。映波椵熙,謂荷花像赤色的雲霞一樣與波光水色相映照。椵,古霞字。熙,光明。伯陽,即老子,姓李名耳字伯陽,楚苦縣歷鄉曲仁里人,爲周守藏室之史,傳説壽百六十餘歲,或言二百餘歲。《毛詩義疏》云:食芙蓉"輕身益氣,令人強健"。郭璞或以爲老子長壽是以芙蓉爲食的。饗通享,謂享有的年壽,可與靈龜的壽期相比。《史記》云:"龜千歲游於蓮葉之上焉。"所以郭璞把龜與老子相比。

麻①

草皮之良,莫貴於麻。用無不給,服無不加。至物在邇,求之好遐②。

【校注】

① 麻,植物名。《爾雅·釋草》:"黂,枲實;枲,麻。"案:麻,舊屬穀類植物,今屬桑科。花雌雄異株,雄花粉曰勃。雄麻曰枲,亦曰牡麻;雌曰苴麻,亦曰苧蔴、子麻、麻母。皮韌,漚之可織布;雄麻質佳,雌麻粗碩不潔白,用於喪服。子實曰蕡,可作飼料、榨油、制燭,亦入藥。

② "用無"四句,謂麻能滿足人民生活的各種需要,起碼人人都得穿衣,所以說用無不給,服無不加。至物就在眼前,可是人們常常捨近求遠,不穿麻服,而追求絲織品。邇,近。遐,遠。

珪①

玉作五瑞,辯章有國。君子鳴佩,亦以表德。永觀厥祭,時惟文則②。

【校注】

① 珪,古圭字。《爾雅·釋器》有珪,古代帝王、諸侯舉行隆重儀式時所用的玉制禮器,上尖下方,形制大小因爵位及用途不同而異。

② 五瑞,古代諸侯作符信用的五種玉。《書·堯典》:"輯五瑞,既月,乃日覲四岳群牧,班瑞於群後。"《疏》:"公執桓圭,候執信圭,伯執躬圭,子執穀璧,男執蒲璧。"另外,《白虎通·文質》:"何謂五瑞?謂珪、璧、琮、璜、璋也。"辯章,分辨明白。《尚書·堯典》:"九族既睦,平章百姓。"辨、平古通用,意謂國以所執之圭玉辨別官爵之大小。"鳴佩"二句:古代貴族以佩玉爲飾,以玉比德,所以説鳴佩表德。"永觀"二句,祭祀時用不用玉是有一定法則的,只有大祀才用。

尺 蠖①

貴有可賤,賤有可珍。嗟兹尺蠖,體此屈伸。論配龍蛇,見歎聖人②。

【校注】

① 尺蠖,蟲名。《爾雅·釋蟲》:"蠖,蚇蠖。"邢昺疏云:"蠖,一名尺蠖,郭云今蚭蠋,《方言》云:蠾蠋謂之尺蠖。郭云:又呼步屈。《説文》云:蠖,屈伸蟲也。《易·繫辭》下:尺蠖之屈,以求信者。是也。"

② "貴有"二句,謂貴重之物也有鄙賤之處,鄙賤之物也有可珍貴之處。"體此"句,謂尺蠖的形體先屈後伸,以求前進,比如人生在世,有時屈,有時伸,貴賤都不會是永久不變的。"論配"二句,《易·繫辭》下:"尺蠖之曲,以求信也;龍蛇之蟄,以存身也。"郭璞即用此意讚美尺蠖。

菊①

菊名白精,布華玄月。仙客薄采,何憂華髮②。

【校注】

① 菊,植物名,品類繁多。《爾雅·釋草》:"蘜,治蘠。"郭璞注云:"今之秋華

菊。"邢昺疏云："蘜,一名治蘠。郭云今之秋華菊。案《月令》季科云:菊有黄花。《本草》云:菊華一名節華。陶注云:菊有兩種,一種莖紫氣香而味甘,葉可作藥而食者爲真;一種莖青而作蒿艾氣味,苦不堪食者,名薏,非真也。"

② 白精,菊之别名。玄月,農曆九月的别名。仙客,對道士的尊稱。華髮,年老而頭髮花白。此謂長年飲菊羹即可長壽,不憂頭髮花白或秃頂。

萍①

萍之在水,猶卉植地。靡見其布,漠爾鱗被。物無常託,孰知所寄②。

【校注】

① 萍,植物名,即浮萍,又稱水萍。《爾雅·釋草》："萍,蓱,其大者蘋。"邢昺疏云："舍人曰:萍,一名蓱,大者名蘋。郭曰:水中浮萍,江東謂之藻。陸璣《毛詩義疏》云:今水上浮萍是也。其粗大者謂之蘋,小者曰蓱,季春始生,可摻蒸爲茹,又可苦酒,淹以就酒。"

② 卉,草的總名。謂萍生長在水中,猶草生長在土裏一樣。"靡見"二句,謂没有看見散播,就漠然無聲地像魚鱗似的蓋滿了水面。"物無"二句,是郭璞的感慨,説明物没有一定的托身之地,誰能知道它將寄身於何地,不過是像浮萍一樣,在水面漂浮罷了。

卷 施①

卷施之草,拔心不死。屈平嘉之,諷詠以比。取類雖邇,興有遠旨②。

【校注】

① 卷施,草名。《爾雅·釋草》："卷施草,拔心不死。"邢昺疏云："卷施草,一名宿莽,拔其心亦不死也。"

② 屈平,即屈原,《離騷》是其代表作品。屈原在《離騷》中用朝搴木蘭、夕攬宿莽,比喻自己勤勉地修養鍛煉自己的才學品德。所以説取類雖近,而興寄着深遠的

意旨。

螳螂[1]

螳螂飛蟲，揮斧奮臂。當轍不回，可踐可避。勇士致斃，厲之以義[2]。

【校注】

① 螳螂，昆蟲名。《爾雅·釋蟲》："不過，蟷蠰。其子蜱蛸。"邢昺疏云："不過，一名蟷蠰，一名蟷琅，母也。其子一名蜱蛸，一名蟔蟭，一名螵蛸，蟷蠰卵也。《方言》云：譚魯以南謂之蟷蠰，三河之域謂之螳螂，燕趙之際謂之食庬，齊杞以東謂之馬穀，其子同名螵蛸也。《月令》仲夏云：螳螂生，是也。"《爾雅》又云："莫貉，螳螂，蛑。"郭璞注云：螳蜋，有斧蟲，江東呼石蜋。孫叔然以《方言》說此，義亦不了。貉音鶴，蛑音謀。"邢昺疏云："莫貉，一名螳螂，一名蛑，即上不過也。捕蟬而食，有臂若斧，奮之當軼不避。《莊子》云：猶螳螂之怒臂以當車軼，是也。江東呼爲石蜋，……《方言》曰：螳螂謂之髦，或謂之虰，或謂之芊芊。孫炎取此《方言》之文，以虰上屬爲說。按《說文》以虰蛵，負勞爲一，則《方言》之說，既失其指，孫氏引之爲說，是亦不了也。"

② 螳螂前有兩足，高舉如人執斧之形，故云揮斧奮臂，當轍不回，本喻不自量力，今郭璞反其意而用之。謂螳螂當車，決不回避，像勇士一樣犧牲了，却能激勵人們爲正義而鬥爭。《莊子·人間世》云："汝不知夫螳螂乎？怒其臂以當車轍，不知其不勝任也。"《韓詩外傳》八："齊莊公出獵，有螳螂舉足將搏（原作搏）其輪。問其御曰：此何蟲也？御曰：此是螳螂也。其爲蟲知進而不知退，不量力而輕就敵。"郭璞正是反用典故，所以說"勇士致斃，厲之以義"。

麟[1]

麟惟靈獸，與麐同體。智在隱蹤，仁表不抵。孰爲來哉？宣尼揮涕[2]。

【校注】

① 麟，傳說中獸名，即麒麟。《爾雅·釋獸》："麐，麕身，牛尾，一角。"邢昺疏

云:"李巡曰:麐,瑞應獸名。孫炎曰:靈獸也。《京房易傳》曰:麐,麏身、牛尾、狼額、馬蹄,有五彩,腹下黄,高丈二。《詩·周召》云:麟之趾。毛《傳》云:麟信而應禮,以足至者也。鄭《箋》云:麟角之末有肉,示有武而不用。陸璣云:麟,麏身、牛尾、馬足,黄色,圓蹄,一角,角端有肉,音中鐘吕,行中規距,游必擇地,詳而後處,不罹羅網,王者至仁,則出。"

② 麏,獸名,同麕,即麋鹿。謂麟體形如鹿。"仁表"二句,謂麟當王者至仁在位才出現,虛有仁表的人在位則不來。宣尼,指孔子,謂春秋魯哀公十四年麟出現,孔子即哀嘆其來非時也。所以反袂拭面,曰:"吾道窮矣。"作《春秋》則至此而止。

比肩獸①

蟨與邛虛,乍兔乍鼠。長短相濟,彼我俱舉。有若自然,同心共膂②。

【校注】

① 比肩獸,蟨和邛邛岠虛二獸的合稱。《爾雅·釋地》:"西方有比肩獸焉,與邛邛岠虛比,爲邛邛岠虛齧甘草。即有難,邛邛岠虛負而走,其名謂之蟨。"郭璞注云:"《吕氏春秋》曰:北方有獸,其名爲蟨,鼠前而兔後,趨則頓,走則顛,然則,邛邛岠虛亦宜鼠後而兔前。前高,不得取甘草,故須蟨食之。今雁門廣武縣夏屋山中有獸,形如兔而大,相負共行,土俗名之爲蟨鼠。"邢昺疏云:"云西方有比肩獸焉者,此謂蟨也,與邛邛岠虛相比,蟨則肩瘴不能走而能取甘草,邛邛岠虛則前高,不得取甘草而善走。《穆天子傳》曰:邛邛岠虛走百里。是也。故各以其能而濟所不能,蟨常爲邛邛岠虛齧甘美之草,仰而食之,即有急難,邛邛岠虛則揹負而走者,其名謂之蟨也。"

② 蟨,獸名。《韓詩外傳》:"西方有獸,名曰蟨,前足鼠,後足兔。"《吕氏春秋》作"蟨",《淮南子》作"蹶"。岠虛,即邛邛岠虛,獸名。傳説邛邛岠虛與蟨互相依存,邛邛岠虛善走而不善求食,蟨善求食而不善走。平時蟨以美草供給邛邛岠虛,遇難時邛邛岠虛負蟨而逃。或云邛邛、蟨虛是兩種獸。邛邛,《逸周書·王會》:"獨鹿邛邛,邛邛,善走者也。《注》:邛邛,獸,似岠虛,負蟨而走也。"岠虛,《漢書注》引張揖曰:"蛩蛩,青獸,狀如馬。距虛似贏而小。"乍鼠乍兔,謂蟨與邛邛岠虛的前後足,有的前鼠而後兔,有的後鼠而前兔。"長短"四句,謂蟨與邛邛岠虛互相幫助,是自然而然,同心協力地生活。

鼎[1]

九牧貢金,鼎出夏后。和味養賢,以無化有。赫赫三事,鑒於覆簌[2]。

【校注】

[1] 鼎,古代的一種烹飪器。《爾雅·釋器》:"鼎絕大謂之鼐,圜弇上謂之鼒,附耳外謂之釴,款足者謂之鬲,䰞謂之鬵,鬵,鉹也。"邢昺疏云:"此別鼎名也。"

[2] 九牧,九州。相傳夏禹收九州之金鑄成九鼎,遂以鼎爲傳國寶器。《左傳》宣公三年:"昔夏之方有德也,遠方圖物,貢金九枚,鑄鼎象物,百物而爲之備,使民知神奸。"夏后,指夏禹。"和味"二句,養賢,指善於炊事的人。意謂好的炊事員能夠調和滋味,經過鼎的烹飪,能夠變化出本來沒有的味道。"赫赫"二句,赫赫,地位顯赫。三事,指三事大夫。古稱三公爲三事大夫,三公雖無職,而參與六鄉之事,故稱三事。覆簌,即覆餗,餗,鼎中的食物。《易·鼎》:"鼎折足,覆公餗。"《注》:"餗,糝也,八珍之膳,鼎之實也。"意謂地位顯赫的三公,擔負治理國家大事的重任,必須以鼎折足,傾覆鼎中食物的事爲鑒戒,小心謹慎,才能不敗壞國事。表現了郭璞對當時朝政的批評。

金銀讚[1]

惟金三品,揚越作貢。五材之珍,是謂國用。務經軍農,爰及雕弄[2]。

【校注】

[1] 金銀,即黃金、白銀。《爾雅·釋器》:"黃金謂之璗,其美者謂之鏐;白金謂之銀,其美者謂之鐐,餅金謂之鈑,錫謂之鈏。"邢昺疏云:"此別金錫之異名也,黃金一名璗,其精美者名鏐,白金名銀,其精美名鐐。郭云此皆道金銀之別名……"

[2] 三品,謂金、銀、銅。《書·禹貢》:"厥貢,惟金三品。"《疏》:"金銀銅也。"揚越,又作揚粵。古族名,以居古揚州一帶得名。此謂揚州一帶貢納金銀銅。五材,謂金、木、水、火、土。《左傳》襄公二十七年:"天生五材,民並用之。"所以郭璞曰:金是

五材中最珍貴的物資,是國家人民所用之材。軍農,指軍事的兵器、農事的農具等。雕弄,謂鏤刻金銀銅以爲裝飾品。謂軍事、農事以及日常生活用品都離不開金銀銅等金屬。

柚①

厥苞橘柚,精者曰甘。實染繁霜,荼鮮翠藍。屈生嘉歎,以爲美談②。

【校注】

① 柚,果木名,果實即柚子。《爾雅·釋木》:"柚,條。"邢昺疏云:"一名條。郭云似橙實酢,生江南。《禹貢》揚州云:厥苞橘柚。孔安國云:小曰橘,大曰柚。《吕氏春秋》云:果之美者,有雲夢之柚。《本草》唐本注云:柚皮厚味甘不如橘,皮味辛而苦,其肉亦如橘,有甘有酸,酸者名胡甘,今俗人或謂橙爲柚,非也。"此讚文與前《橘欒》讚文略同。

② 苞,同包。橘,即橘子樹。《書·禹貢·疏》云:"橘柚二果,其種本別,以實相比,則柚大橘小。"甘,即柑,果木名,橘屬,其果實也稱柑,似橘而圓大,皮色生青熟黄,味酸甜不一。荼,即葉字,謂橘樹葉子青翠發藍而鮮美。屈生,即屈原。屈原寫有《橘頌》,以稱頌橘樹,比喻自己的質樸堅貞,根固難徙,表現了強烈的愛國主義思想,所以説是美談。

梧 桐①

桐實嘉木,鳳凰所棲②。爰伐琴瑟,八音克諧。歌以永言,嚦嚦喈喈③。

【校注】

① 梧桐,木名。《爾雅·釋木》:"櫬,梧。"邢昺疏云:"櫬一名梧,郭云今梧桐。《詩·大雅》云:梧桐生矣,於彼朝陽。是也。"郝懿行云:櫬本木名,即梧桐。古以桐木爲棺,因亦名棺爲櫬。"

② "鳳凰"句,傳説鳳凰非梧桐不栖。《莊子·秋水》:"南方有鳥焉,其名爲鵷

鷄,子知之乎？夫鵷鶵發於南海,而飛於北海；非梧桐不止,非練食不食,非醴泉不飲。"《韓詩外傳》卷八云："黃帝即位,宇内和平,未見鳳凰,惟思其象。乃告天老而問之,天老對曰：夫鳳象,鴻前麟後,蛇頸而魚尾,龍文而龜身,燕頷而雞啄,載德負仁,抱忠挾義,小音金,大音鼓,廷頸奮翼,五彩備明。天下有道,得鳳象之一,則鳳過之；得鳳象之二,則鳳翔之；得鳳象之三,則鳳集之；得鳳象之四,則鳳春秋下之；得鳳象之五,則鳳沒身居之。黃帝曰：於戲,允哉,朕何敢與焉！於是黃帝乃服黃衣,戴黃冕,致齋於宮,鳳乃蔽日而止,止帝東囿,集帝梧桐,食帝竹實,沒身不去。"

③"爰伐"句,謂伐梧桐製作琴瑟。梧桐材質最宜制琴瑟。八音,古代稱金、石、絲、竹、匏、土、革、木爲八音。金爲鐘,石爲磬,琴瑟爲絲,簫管爲竹,笙竽爲匏,塤爲土,鼓爲革,柷敔爲木。謂梧桐木材製作的琴瑟,能與其他樂器的音響諧和。歌以永言,見《書·堯典》："詩言志,歌永言,聲依永,律和聲,八音克諧,無相奪倫,神人以和。"永言,永,長。意謂歌是延長詩的語言,徐徐詠唱,以突出詩的意義。雝雝喈喈,《詩·大雅》："鳳凰鳴矣,雝雝喈喈。"謂音聲和協。《爾雅·釋訓》："雝雝喈喈,民協服也。"即和洽之意。

燕①

燕燕于飛,瑞娥以卵。玄玉爰發,聖敬日遠。商人是頌,詠之弦管②。

【校注】

① 燕,鳥名。《爾雅·釋鳥》："燕燕,鳦。"邢昺疏云："燕燕,又名鳦。郭云：一名玄鳥,齊人呼鳦。此燕燕即今之燕,古人重言之。《詩》云：燕燕於飛。《漢書》音謠云：燕燕尾涎涎,是也。孫炎,舍人以寫周,燕燕,鳦鳥一物三名,郭所不取也。注《詩》云燕燕於飛者,《詩·邶風》衛莊姜送歸妾之詩也。"

② 娥,美女,此指簡狄,商祖契之母,有娀氏之女,帝嚳之妃,傳説吞燕卵而孕生契。《吕氏春秋·音初》："有娀氏有二佚女,爲之九成之臺,飲食必以鼓,帝令燕往視之,二女愛而争搏之,覆以玉筐,少選發而視之,燕遺二卵,北飛,遂不反。"高誘注："《詩》云：天命玄鳥,降而生商。又曰：有娀方將,立子生商,此之謂也。"玄玉,黑色的玉,《禮·月令》孟冬之月,"(天事)衣黑衣,服玄玉,食黍與彘"。此指殷朝。發,興起,開創。意謂玄鳥遺卵致瑞之後,殷朝就興盛了起來,到商湯時就開創了殷朝。聖敬日遠,謂商湯能夠恭承天命、聲教遠播。"商人"二句,指殷商的後代。因《詩經》中的《商頌·玄鳥》一詩,就是歌頌燕遺卵簡狄吞之這件事的,所以説歌咏在弦管。

馬①

馬出明精,祖自天駟。十閒六種,各有名類。三才五御,駑駿異轡②。

【校注】

① 馬,畜名。《爾雅·釋畜》有釋馬之文,種類繁多,今略。可參看《爾雅注疏》。

② 明精,即天上星宿,此指天駟。《爾雅·釋天》:"天駟,房也。"郭璞注云:"龍爲天馬,故房四星謂天駟。"天駟,即房宿,二十八宿之一,蒼龍七宿的第四宿,有星四顆。此二句意謂,馬出自天上的星宿,天駟星宿就是馬的祖宗。十閒六種,閒,馬廄。《周禮·夏官·校人》:"天子十有二閒,馬六種。"《注》:"每廄爲一閒。"六種,指六種馬:種馬、戎馬、齊馬、道馬、田馬、駑馬。《周禮·夏官·校人》:"校人掌王馬之政,辨六馬之屬。"《注》:"玉路駕種馬,戎路駕戎馬,金路駕齊馬,象路駕道馬,田路駕田馬,駑馬給官中之役。"三才,本指天、地、人,《易·説卦》:"是以立天之道,曰陰與陽;立地之道,曰柔與剛;立人之道,曰仁與義。兼三才而兩之,故《易》六畫而成卦。"此謂通曉天、地、人三才之道的馭馬能手。五御,即五馭,駕車的五種技術。《周禮·天官·保民》:"乃教之六藝,……四曰五馭。"《注》:"五馭,鳴和鸞,逐水曲,過君表,舞交衢,逐禽左。"駑駿,謂能力低下的馬和良馬。轡,本是馬繮,此指駕御。異轡,謂劣馬和駿馬的駕馭方法不同。

貔①

《書》稱猛士,如虎如貔。貔蓋豹屬,亦曰執夷。白狐之云,自是而非②。

【校注】

① 貔,猛獸名,豹屬。《爾雅·釋獸》:"貔,白狐,其子豰。"郭璞注云:"一名執夷,虎豹之屬。貔音毗,豰,火卜切。"邢昺疏云:"《字林》云:貔,豹屬,一名白狐,其子名豰。郭云一名執夷,虎豹之屬。《詩·大雅》云:獻其貔皮。陸璣云:貔似虎,或

曰似熊,一名執夷,一名白狐,遼東人謂白羆。"

② 《書》,指《尚書·牧誓》,"如虎如貔"即見此篇。因貔與虎皆猛獸名,故以喻勇士。執夷,貔之別名。白狐,《爾雅》云是貔之別名,郭璞認爲貔是豹屬,名爲白狐,名實不符,所以說自是而非。

鋌鼠①

有鼠豹彩,厥號爲鋌。漢朝莫知,郎中能名。賞以束帛,《雅》業遂盛②。

【校注】

① 鋌鼠,即豹文鼠。《爾雅·釋獸》:"豹文鋌鼠。"郭璞注云:"鼠有文彩如豹者。漢武帝時得此鼠,孝廉郎終軍知之,賜絹百匹。鋌音廷。"邢昺疏云:"案《漢書》云:終軍字子云,濟南人也,少好學以辯博,能屬文,初入關,棄襦而去,至長安上書拜爲謁者給事中,使南越,爲呂嘉所殺。死時年二十餘,故世號之終軍。武帝嘗得豹文鼠,終軍以《爾雅》辨其名,故受賜也。"

② 郎中,謂終軍。言武帝得豹,朝廷無人識之,而終軍能據《爾雅·釋獸》稱其名。《雅》,指《爾雅》,《雅》業遂盛,謂研習《爾雅》一書的學業,因此興盛起來。

鼹鼠①

小鼠曰鼹,實有螫毒。乃食郊牛,不恭是告。厥譴惟明,徵乎其覺②。

【校注】

① 鼹鼠,一種小鼠。《爾雅·釋獸》:"鼹鼠。"郭璞注云:"有螫毒,鼹音奚。"

② 螫毒,毒害。食郊牛,《春秋》成公七年:"鼹鼠食郊牛角,改卜牛。"又定公十五年、哀公元年皆有鼹鼠傷郊祭牛事。不恭是告,謂鼹鼠食牛角,是告訴魯君對天帝不恭敬。所以何休注云:"鼹鼠者,鼠中之微者。角生上指逆之象。《易京房傳》曰:祭天不慎,鼹鼠食郊牛角。書又食者,重錄魯不覺悟,重有災也。不重言牛,獨重言鼠者,言角,牛可知。食牛者,未必故鼠,故重言鼠。"意謂鼹鼠初食牛角,咎在有司;

又有,咎在人君。"厥譴"二句,謂鼫鼠食牛角,是上天明顯的譴責,這種災禍的徵兆,魯成公應該有所覺悟。

鼫　鼠①

五能之鼠,技無所執。應氣而化,翻飛駕集。詩人歌之,無食我粒②。

【校注】

①鼫鼠,鼠名,亦稱石鼠、土鼠。《爾雅·釋獸》:"鼫鼠。"郭璞注云:"形大如鼠,頭似兔,尾有毛,青黃色,好在田中食粟豆,關西呼爲鼩鼠。見《廣雅》,鼫音石,鼩音瞿。"邢昺疏云:"云鼫鼠者,孫炎曰:五技鼠。許慎云:鼫鼠五技,能飛不能上房,能游不能渡谷,能緣不能窮木,能走不能先人,能穴不能覆身。此之謂五技。蔡邕以比螻蛄。郭云形大如鼠,頭似兔,尾有毛,青黃色,好在田中食粟豆,關西呼爲鼩鼠。見《廣雅》,鼩音瞿,今本作鼩,誤也。案:《詩·魏風》云:碩鼠碩鼠。陸璣疏云:今河東有大鼠,能人立,交前兩腳於頸上,號舞善鳴,食人禾苗,人逐則走入樹空中,亦有技,或謂之雀鼠。案此與郭氏所說同。"

②"五能"二句,謂鼫鼠雖有五種技能,但都不精,没有堅持性。"應氣"二句,《禮·月令》季存之月:"桐始華,田鼠化爲鴽。"鴽,鳥名,即鵪,又名鵪母。所以説鼫鼠感應氣侯季節而變化,可以變化爲鵪鳥而飛翔。"詩人"二句,指《詩經·魏風·碩鼠》一詩,《詩序》云:"碩鼠,刺重斂也。國人刺其君重斂蠶食於民,不修其政,貪而畏人若大鼠也。"郭璞用此意,表現了自己對人民的同情和對重斂蠶食於民的剥削者的憎恨。

詩

贈溫嶠①

人力有言,松竹有林。及爾臭味,異苔同岑②。言以忘得,交以淡成③。同匪伊和,惟我與生。爾神余契,我懷子情。攜手一豁,安知塵冥④。

【校注】

① 《贈溫嶠》,是郭璞寫給溫嶠的一首抒情詩,這裏輯錄的是全詩的節選,原文共有五章,詳見丁福保的《全晋詩》。全詩曰:"蘭薄有苣,玉泉産玫。亹亹含風,灼灼猗人。如金之映,如瓊之津。擢翹秋陽,凌波暴鱗。(其一)擢翹伊何,妙靈奇挺。暴鱗伊何,披彩邁京。清規外標,朗鑒内景。思樂雲藹,言採其穎。(其二)人亦有言,松竹有林。及爾臭味,異苔同岑。義結在昔,分涉於今。我懷惟永,載咏載吟。(其三)子策騏駿,我案駘駑。進不要聲,退不憫位。遺心隱顯,得意榮悴。尚想李嚴,逍遥柱肆。(其四)言以忘得,交以淡成。同匪伊和,惟我與生。爾神余契,我懷子情。攜手一壑,安知塵冥。(其五)"溫嶠,字大真,太原祁縣人,元帝時爲劉琨右司馬,過江後,除散騎侍郎,明帝即位,拜侍中轉中書令。與庾亮等共討王敦有功,封建寧縣開國公。後歷陽太守蘇峻作亂,嶠苦心調停於庾亮、陶侃之間,卒平峻難,官至驃騎大將軍,卒謚忠武。從全詩來看,這首詩大約作於明帝即位之初,所以郭璞說"子策騏駿,我案駘駑"。就是說溫嶠拜爲侍中轉中書令,而郭璞仍爲王敦記室參軍,平居家中,鬱鬱不得志。

② 人力,"力"字誤,丁福保《全晋詩》作"人亦",沈德潛《古詩源》作"人方"。臭味,氣味,比喻同類,彼此投合爲臭味相同。苔,苔蘚類隱花植物,也叫水衣、地衣。岑,小而高的山。謂郭璞同溫嶠是意氣相投的摯友。以上四句,是原詩第三章的前四句。

③ 言以忘得,《莊子·外物》:"筌者所以在魚,得魚而忘筌。……言者所以在意,得意而忘言。"郭璞用此意,表明自己在言意之辨中,是站在得意忘言的玄學家一邊的。交以淡成,《莊子·山木》:"且君子之交淡若水,小人之交甘若醴。君子淡以

親,小人甘以絕。"郭璞用此意,說明他同溫嶠是道義之交。就是說,郭璞和溫嶠,不僅是同鄉,青年時期就交好,而且過江後,都與明帝相親善,共同爲中興晉室而工作,特別是寫這首詩時,都反對王敦謀逆。所以溫嶠在上疏中也說:"且敦爲大逆之日,拘録人士,自免無路,原其私心,豈遑晏處……郭璞常與臣言,備知之矣。"

④ 同匪伊和,沈德潛《古詩源》作"匪同伊和",謂郭璞和溫嶠遭遇不同,而彼此却很協和友好,都不是王敦的同伙。契,投合,融洽。爾神余契,謂郭璞和溫嶠是神交,即指道義相交、推心置腹的精神之交。所以下句云"我懷子情"。言我思念子的深情,是因爲結交以情義爲懷。攜手一壑,謂兩人拉手同隱山野。一壑,當作一壡,指隱居的地方。安知塵冥,謂哪管塵世的黑闇。以上八句,是原詩的第五章。

遊仙詩十四首①

京華游俠窟,山林隱遯棲②。朱門何足榮?未若託蓬萊③。臨源挹清波,陵岡掇丹荑④。靈谿可潛盤,安事登雲梯⑤。漆園有傲吏,萊氏有逸妻⑥。進則保龍見,退爲觸藩羝⑦。高蹈風塵外,長揖謝夷齊⑧。

【校注】

① 《遊仙詩》,是郭璞寫的組詩,原有多少首已不可考了。張溥輯録的這十四首,完整的只有十首,其餘四首是殘篇。另外,見於《詩品》和《北堂書鈔》的佚句,尚有幾首。從詩中所提到的地名青溪和所抒發的人生感慨來看,這些詩大約都寫於晉元帝永昌元年(322)之後。因爲當時郭璞已離開了朝廷,爲王敦記室參軍,而又自知反對王敦謀逆,必遭殺害,所以就憂生懼死,只好寄情仙隱了。

② 京華,猶言京師,因爲京師是文物薈萃之地,故稱京華。游俠,古稱輕生重義,仗己力以助被欺凌者的人,此指有雄心壯志,希望做一番事業的人。窟,土室,人衆聚集的地方,現僅指友人聚集之所。《文選》五臣本作"客"。隱遯,指隱居避世的人。棲,居住,停留。李善注曰:"山居爲棲。"

③ 朱門,指豪貴之家。古代王侯貴族家的大門,漆成紅色以示尊貴,故以朱門爲貴族邸第的代稱。蓬萊,本是傳說中的神山名,後泛指想象中的仙境。一說"蓬萊"當作"蓬藜",指隱士居住之地。

④ 挹,舀,酌取。荑,初生的草叫荑。丹荑,赤芝,《本草經》曰:"赤芝一名丹芝,食之延年。"劉良注云:"陵上掇食荑草也。"

⑤ 靈谿,水名,庾仲雍《荊州記》云:"大城西九里有靈溪水。"潛盤,潛隱盤桓。安,何。登雲梯,指登仙,張湛《列子注》:"雲梯可以陵虛。"謂仙人昇天因雲而上,故言雲梯。

⑥ 萊氏,指老萊子。《列仙傳》曰:"萊子逃世,耕於蒙山之陽,或言之楚,楚王遂駕至老萊之門。楚王曰:守國之孤,願變先生。老萊曰:諾。妻曰:妾之居亂世,爲人所制,能免於患乎? 妾不能爲人所制。投其畚而去。老萊乃隨而隱。"逸妻,指老萊子妻。漆園傲吏,指莊周。《史記》曰:"莊子者,蒙人也,名周。周嘗爲蒙漆園吏……楚威王聞莊周賢,使使厚幣迎,許以爲相。莊周笑謂楚使者曰:……亟去,無污我。"

⑦ 進,謂避世隱居。龍現,《易·乾·九二》:"見龍在田。"退,指還居塵俗之中。觸藩羝,《易·大壯》:"羝羊觸藩,羸其角,不能退,不能遂。"退爲的"爲"字,五臣本作"則"。張翰曰:"言退而受困也,將進於道德,以保正中之美,不可歸於俗務就羸角之困者。"

⑧ 高蹈,猶遠行,指隱居。風塵,謂紛擾污濁的生活,多指仕宦。長揖,拱手高舉,自上而下的相見禮。謝,告辭。夷齊,指伯夷、叔齊。《史記》曰:伯夷、叔齊,孤竹君之二子也,父欲立叔齊,及卒,叔齊讓伯夷。伯夷曰:父命也,遂逃去。叔齊亦不肯立而逃。義不食周粟,隱於首陽山。吕延濟曰:"夷齊,伯夷叔齊二人,恥武王伐君之事,不食周粟,隱於首陽山。璞將蹈於風塵之外,不爲夷齊,守此小節,故長揖謝之而去。"

這是《遊仙詩》的第一首,用對比的手法,説明朱門不如隱遁。但隱遁仍有退爲觸藩羝的危險,所以就想高蹈風塵外而遊仙了。詩的情調雖然消極,但却是他在現實生活中苦悶心情的表現。因爲寫這首詩時,他已隨王敦之荊州,深知王敦不久必會背叛朝廷,使自己處於進退維谷之地,所以才想遠離塵世,由隱而仙了。

青溪千餘仞,中有一道士①。雲生梁棟間,風出窗户裏。借問此何誰? 云是鬼谷子②。翹迹企潁陽,臨河思洗耳③。閶闔西南來,潛波渙鱗起④。靈妃顧我笑,粲然啟玉齒⑤。蹇修時不存,要之將誰使⑥。

【校注】

① 青溪,《文選》作"青谿",山名,庾仲雍《荊州記》:"臨沮縣有青谿山,山東有泉,泉側有道士精舍。郭景純嘗作臨沮縣,故《遊仙詩》嗟青谿之美。"按,郭璞爲臨沮(今湖北當縣西北)縣不見於本傳,大約是在爲王敦記室參軍時。仞,古代長度單位,據陶方琦《說文仞字八尺考》,謂周制爲八尺,漢制爲七尺,東漢末則爲五尺六

寸。道士，吕向注曰："道士，有道者。"此指隱居避世之人。

② 鬼谷子，戰國時人，姓王名詡，隱於鬼谷，因自號爲鬼谷子，蘇秦曾學於鬼谷子。

③ 潁陽，潁水之陽，傳說唐堯時許由隱居于此。洗耳，傳說堯想以帝位讓許由，許由以爲其言不善，臨河而洗其耳。張銑注曰："翹，高也，企，舉踵也，言思慕此事。"

④ 閶闔，西北之風曰閶闔。沈德潛曰："閶闔，指風而言，言風至而波紋生。"

⑤ 靈妃，宓妃，相傳宓妃爲伏羲氏之女，溺死於洛水，遂爲洛水女神。顧，視盼。粲然，露齒而笑貌。

⑥ 蹇修，伏羲氏之臣，古之賢媒。章炳麟曰："考上古人物，略具古今人表，不見有蹇修者，此蓋以古有伏妃，故附會言之耳。今案蹇修爲理者，謂以聲樂爲使，如《司馬相如傳》所謂以琴心挑之。《釋樂》：徒鼓鐘謂之修，徒鼓磬謂之蹇，則此蹇修義也。"存，在也。要，約，求。將，欲。

這是《遊仙詩》的第二首，郭璞假稱鬼谷子，極寫隱居者的山水之樂，表現了他企羨仙隱之情，唯恨無媒可使耳。所以陳沆《詩比興箋》云："案此，益信是荆州作也。時王敦鎮荆州，漸著逆謀，景純不願與聞，故有洗耳之誓。然敦外相引重，貌爲親近，故有顧我啓齒之言，而逆志已成，不可誨悟，徒勞蹇修，知無益也。"

翡翠戲蘭苕，容色更相鮮①。綠蘿結高林，蒙籠蓋一山②。中有冥寂士，靜嘯撫清弦。放情陵霄外，嚼蘂挹飛泉③。赤松臨上游，駕鴻乘紫煙。左挹浮丘袖，右拍洪崖肩④。借問蜉蝣輩，寧知龜鶴年⑤。

【校注】

① 翡翠，兩種鳥名，翡的羽毛紅，翠的羽毛青。蘭苕，蘭和苕。李善注云："言珍禽芳草，遞相輝映，可悅之甚也。"

② 綠蘿，松蘿。蒙籠，覆蓋貌，言草木茂盛。

③ 冥，玄默。寂，無聲。冥寂士，指隱居者。嘯，蹙口成聲。陵霄，亦作凌霄，直上雲霄。蘂，同蕊，花蕊。魏文帝《典論》曰："饑餐瓊蕊，渴飲飛泉。"郭璞用其意，極寫隱士生活之高潔。

④ 赤松，古仙人，《列仙傳》曰："赤松子者，神農時雨師也，服水玉，教神農，能入火不燒，至崑崙山上，常至西王母室中，隨風雨上下。炎帝少女追之，亦得仙俱去。"鴻，鳥也。紫煙，祥瑞的雲氣。挹，牽引。浮丘，古仙人，傳說浮丘公接王子喬以上嵩高山。拍，拊也。洪崖，古仙人。傳說洪崖姓張，堯時已三千歲。

⑤ 蜉蝣，蟲名，長六七分，數小時即死。龜鶴，皆性壽之物，壽有千百之歲。張

銑注曰："龜鶴之壽皆千歲,以比仙人也。"

這是《遊仙詩》的第三首,寫隱士的清高和列仙的長壽,表現了自己向往自由自在的生活情趣。

　　六龍安可頓,運流有代謝①。時變感人思,已秋復願夏。淮海變微禽,吾生獨不化②。雖欲騰丹谿,雲螭非我駕③。愧無魯陽德,廻日向三舍④。臨川哀年邁,撫心獨悲吒⑤。

【校注】

① 六龍,指日。《淮南子·天文訓》:"爰止羲和,爰息六螭。"許慎注曰:"日乘車,駕以六龍,羲和御之。"頓,停。運流,言四時運轉。代兽的兽,是誤字,當作謝。代謝,言新陳交替。《易·繫辭上》:"日月運行,一寒一暑。"

② "淮海"二句,《國語·晉語》:"趙簡子嘆曰:雀入於海為蛤,雉入於淮為蜃,黿、鼉、鱉魚、鼈莫不能化,惟人不能,悲夫!"郭璞用其意,言微禽尚能隨環境變化形體,而我卻不能,故以為恨。

③ 丹谿,傳說中的不死之國。魏文帝《典論》:"夫生之必死,成之必敗,然而惑者望乘風雲,冀與螭龍共駕,適不死之國,因即丹谿。其人浮游列缺,翱翔倒景,然死者相襲,丘壟相望,游者莫反,潛者莫形,足以覺也。"郭璞用其意,說明神仙之不可信,因雲螭非我駕。螭,古代傳說中的龍之一種。

④ 魯陽,神話人物。《淮南子》曰:"魯陽公與韓遘難,戰酣,日暮,援戈而麾之,日為之反三舍。"許慎注曰:"二十八宿,一宿為一舍。"向,五臣本作"令"字。劉良曰:"璞愧無此德,迴日使反,得駐其壽也。"

⑤ "臨川"句,《論語·子罕》:"子在川上曰:逝者如斯夫,不舍晝夜。"郭璞用此意,言隨着時間流逝,自己也年邁了。撫心,拊心。吒,慨嘆聲。

這是《遊仙詩》的第四首,用時間流逝,禽鳥變化,反襯自己不能隨俗同流,以致年邁逼來,學仙又不成,因而撫心哀嘆,抒發了憂生懼死之情。

　　逸翮思拂霄,迅足羨遠遊①。清源無增瀾,安得運吞舟②。圭璋雖特達,明月難闇投③。潛穎怨清陽,陵苕哀素秋④。悲來惻丹心,零淚緣纓流⑤。

【校注】

① 逸,迅疾。翮,羽莖。逸翮,指善飛者。此二句,以逸翮、迅足,喻有才能的

人,言其都希望施展其才能。李善曰:"思拂霄及遠游,以喻仙者原輕舉而高蹈。"

② 增,通層;增瀾,重疊的大波。吞舟,能吞舟的大魚。《韓詩外傳》:"孟子曰:夫吞舟之魚,不居潛澤;度量之士,不居污世。"郭璞用其意,言有才能的人,如果不放在適當的地位,也不能施展其抱負。

③ 圭璋,玉器名,《禮記·聘義》:"圭璋特達。"《疏》:"聘享之禮,有圭、璋、璧、琮。璧、琮則有束帛加之乃得達,圭、璋則不用束帛,故云特達。"郭璞即以圭璋特達,比喻有才德的人可以不借助外力而獨用於世。明月,寶珠名,《漢書·鄒陽傳》:"明月之珠,夜光之璧,於暗投人於道,衆莫不按劍相眄者。"郭璞用此比喻有才德的人,如果不被人認識,也會像明月寶珠暗中投擲給人一樣,勢必被人拒絕。

④ 潛穎,指在幽潛之處結穗的植物。清陽,猶青陽,春天,此指春日。苕,草名,《爾雅·釋草》:"陵苕,黃花蔈,白花茇。"陵苕,又叫凌霄、紫葳、落葉,木質,藤本,夏秋開花,花可供藥用。素秋,秋季,古代五行説,以金配秋,其色白,故稱素秋。此二句言禾穎、陵苕之類的植物,因處境不同,生潛隱之處,則怨青陽不至,生陵阜之處,則哀素秋之早及,以比喻隱微之人恨不能顯達;顯達的人,又恨地位高,易遭風險,榮華不能長保。

⑤ 惻,凄愴,傷痛。丹心,赤誠的心。零,落。纓,繫冠的帶子。此二句悲俗遷謝,故惻心流涕。

這是《遊仙詩》的第五首,李善等人仍以遊仙釋意,但詩中却無仙隱形象,而是用比喻和典故説理,表達懷才不遇的感情。所以陳沆《詩比興箋》曰:"吞舟非瀾可運,奇才非卑位可展,仍然前章之旨也。不然,輕舉自由,遣情任物,有何暗投之按劍,有何陵苕之怨哀,有何纓淚可流、丹心可惻?"正説明了郭璞悲嘆的現實原因。

雜縣寓魯門,風暖將爲災①。吞舟涌海底,高浪駕蓬萊。神僊排雲出,但見金銀臺②。陵陽挹丹溜,容成揮玉杯③。姮娥揚妙音,洪崖頷其頤④。升降隨長煙,飄颻戲九垓⑤。奇齡邁五龍,千歲方嬰孩⑥。燕昭無靈氣,漢武非仙才⑦。

【校注】

① 雜縣(音爰),海鳥名,又叫爰居。《爾雅》:"爰居,雜縣。"《注》:"《國語》曰:海鳥爰居,漢元帝時琅邪有大鳥如馬駒,時人謂之爰居。"《疏》:"爰居,海鳥也,大如馬駒,一名雜縣,漢元帝時琅邪有之。《注》'《國語》曰:海鳥爰居'者。案《魯語》云:海鳥曰爰居,止於魯東門之外三日,臧文仲命國人祭之。展禽曰:越哉!臧孫之爲政也。夫祀國之大節也,節政之所成也,故制祭祀以爲國典。今無故而加典,非政

之宜也。今海鳥至，已不知而祀之，以爲國典，難以言仁且知矣。無功而祀之，非仁也；弗知而弗問，非知也。今茲海其有灾乎？夫廣川之鳥獸，皆知辟其灾。是歲，海多大風，冬暖，是其事也。"

② 吞舟，謂吞舟之大魚。涌，五臣本作"浮"字。蓬萊，海上仙山名。《漢書》："齊威、宣、燕昭，使人入海求蓬萊，方丈、瀛州，此三神山者，仙人及不死之藥皆在焉，而黄金白銀爲宫闕。未至，望之如雲。"張銑曰："此中神仙爲之不安而排雲上出，但見其金銀臺闕而已。"

③ 陵陽，古仙人陵陽子明的簡稱。《列仙傳》曰："陵陽子明者，銍鄉人也，好釣魚於涎溪，釣得白魚，腹中有書，教子明服食之法。子明遂上黄山採玉石脂，服之三年，龍來迎去。"挹，酌取。丹溜，即石脂，或稱流丹，石流黄之類。容成，古仙人名，《列仙傳》："容成公者，自稱黄帝師，見於周穆王，能善補導之事，髮白復黑，齒落復生，事老子，亦云老子師。"揮，以手揮之。玉杯，玉制的杯子。《神仙傳》曰："茅君學道於齊，不見，使人金案玉杯，自來人前。"

④ 姮娥，即嫦娥，羿妻，因偷吃后羿的不死藥，逃往月中而成仙。妙音，謂歌唱。洪崖，仙人名，《列仙傳》稱洪崖先生姓張氏，堯時歲已三千，居西山洪崖，稱洪崖先生。頷，動也。頷其頤，謂聽合律，故點其頤。頤，下巴。

⑤ 升降，謂上下。此咏寧封子事，《列仙傳》云：寧封子者，黄帝時人，積火自燒而隨煙上下。飄颻，飛揚。九垓，謂九天。

⑥ 奇齡，謂罕見的年齡。五龍，傳説中的五個人面龍身的仙人。《遁甲開山圖·榮氏解》曰：五龍，皇后君也，昆弟五人，皆人面而龍身。長曰角龍，木仙也；次曰徵龍，火仙也；次曰商龍，金仙也；次曰羽龍，水仙也；次曰宫龍，土仙也。父與諸子同得仙，治在五方。"方，比方。嬰孩，小孩。

⑦ "燕昭"句，《拾遺記》："燕昭王召其臣甘需曰：寡人志於仙道，可得遂乎？需曰：上仙之人去滯欲而離嗜愛，洗神滅念，游於太極之門。今大王所愛之容，恐不及玉，纖腰皓齒，患不如神，而欲却老雲遊，何異操圭爵以量滄海乎？"靈氣，靈妙不可思議之氣，即仙氣。劉良曰："燕昭王使人入海往蓬萊求不死之藥，終不能得，故云無靈氣。""漢武"句，謂漢武帝無登仙資質。《漢武内傳》："西王母曰：劉徹好道，然形慢神穢，雖當語之以至道，殆恐非仙才也。"

這是《遊仙詩》的第六首，開頭即以雜縣國門起興，隱喻王敦謀逆已成，東晋王朝將有灾難。因而，郭璞企慕列仙的生活，但又慨嘆神仙飄渺，學仙者又無登仙資質，所以求仙没有成就。沈德潛《古詩源》注云："超然而來，截然而止，須玩章法。"正説明了這首詩的藝術特點。

晦朔如循環，月盈已復魄①。蓐收清西陸，朱羲將由白②。寒露拂陵苕,女蘿辭松柏。蕣榮不終朝,蜉蝣豈見夕③。圓丘有奇草,鐘山出靈液④。王孫列八珍,安期鍊五石⑤。長揖當途人,去來山林客⑥。

【校注】

① 晦朔,陰曆以每月之盡日爲晦,而其始日爲朔。魄,月體黑處曰魄,謂輪廓無光之處。

② 蓐收,西方神名,《山海經》:"西方神蓐收,左耳有蛇,乘兩龍。"《注》云:"金神也;人面,虎爪、白毛、執鉞。見《外傳》。"西陸,昴宿所在的方位,《爾雅·釋天》:"西陸,昴也。"《易通統圖》:"日行西方白道曰西陸。"指秋天。朱羲,日。朱明爲日別稱,羲和爲古代神話中駕日車的神,合稱朱羲。由,從。白,謂白道,《漢書》:"月有九行,立秋秋分,西從白道。"

③ 寒露,猶言霜露。陵苕,即陵上草,高處的植物。苕,草名,也叫凌霄、紫葳,落葉,木質,藤本,夏秋開花,花可供藥用。女蘿,地衣類植物,即松蘿。詩傳以爲兔絲,非。劉良曰:"陵苕,即陵上草。女蘿,兔絲也,緣於松柏,爲寒所拂以萎死,故辭而去。"蕣,灌木名,即木槿,夏秋開花,朝開暮斂。榮,花。潘岳《朝菌賦序》:"朝菌者,時人以爲蕣華,莊生以爲朝菌,其物向晨而結,絕日而殞。"蜉蝣,朝生暮死的小蟲。由於其生存期極短,故云"豈見夕"。

④ 圓丘,山名,《抱朴子》:"圓丘多大蛇,又生好藥,黃帝將登焉,廣成子教之佩雄黃,而衆蛇皆去。"奇草,芝草。或云圓丘有不死樹,食之乃壽。鐘山,神話中的山名,《山海經·西山經》:"黃帝乃取峚山下之玉榮,而投之鐘山之陽。"靈液,玉膏之屬,即神話中所謂玉的膏脂。

⑤ 王孫,指貴族公子。八珍,本謂古代八種烹飪法,此指珍貴的食品。安期,即安期生,仙人名,《史記·封禪書》記漢武以方士李少君言,遣使入海求蓬萊仙人安期生之屬。五石,《抱朴子·金丹》:"五石者,丹砂、雄黃、白礬、曾青、慈石也。"李周翰注此二句云:"王孫,王公子孫,貴者也;安期先生,仙者。言貴者饌八珍之味,仙者服五石之藥。"此謂王孫列八珍以傷生,仙者鍊五石以延壽,優劣殊異也。

⑥ "長揖"二句,謂辭謝仕宦來山林隱居。當途,即當仕路。當途人,謂執事人。揖,謝也。

這是《遊仙詩》的第七首,郭璞感到時間推移,寒露肅殺,八珍傷生,因而向往神仙的長壽,愿辭謝當途之人,去作山林隱士。從而表現了他對黑暗現實的憤慨之情。

暘谷吐靈曜,扶桑森千丈。朱霞升東山,朝日何晃朗①。廻風流曲櫺,幽室發逸響。悠然心永懷,眇爾自遐想②。仰思舉雲翼,延首矯玉掌。嘯傲遺世羅,縱情任獨往③。明道雖若昧,其中有妙象④。希賢宜勵德,羨魚當結網⑤。

【校注】

① 暘谷,亦作湯谷,傳說中日出之所。靈曜,謂日光。扶桑,神話中的神木,日所出處。《十洲記》云:"扶桑在碧海中,樹長數千丈,一千餘圍,兩榦同根,更相依倚,日所出處。"森,衆盛貌。千,一作"萬"。朱霞,紅霞。晃朗,明亮貌。

② 廻風,亦作回風,即旋風。曲櫺,窗上雕有花紋的木格子。幽室,深邃昏闇的居室。逸響,超凡脫塵的聲調。悠然,閑適貌。眇爾,高遠貌。遐想,一作"遐思",謂高遠之思。

③ 雲翼,謂翼若垂天之雲的大翅,可以行高就遠。矯,高舉。玉掌,美如玉的足掌。此謂遠走高飛。嘯傲,歌咏自得,形容形曠不受拘束。遺,脫離,超脫。世羅,即世網,比喻社會上的禮法風俗對人的束縛。縱情,放縱情性。獨往,即獨行,只身孤行,指隱居。

④ "明道"句,《老子》:"明道若昧。"謂"光而不耀",因"明道者自明,非光之明,外不得而見,故若昧"。有妙象,即妙有之象,謂道。道家認爲宇宙本來是空虛無物的,萬物由無而生,這個無中之有,具有極妙的道理,所以稱爲妙有。故《老子》云:"孔德之容,惟道是從,道之爲物,惟恍惟惚,惚兮恍兮,其中有象,恍兮惚兮,其中有物。"佛教大乘空宗也認爲客觀世界的各種現象(名、相),不過是人心寄託的無中之有,所以也稱爲妙有。因此,這兩句正表現了郭璞玄學思想的特點,以道家爲主,也吸收了佛學的觀點。

⑤ 勵德,勉力修德。"羨魚"句,《淮南子·説林訓》:"臨河而羨魚,不如歸家織網。"郭璞用其意,説明不應只是羨慕隱逸,而應該有超塵脫俗的實際行動。

這是《遊仙詩》的第八首,抒發羨慕隱逸的感情。先寫明媚晨光,次寫想思遠游之情,末尾歸結到應斷然隱居上來,寫得一往情深,妙象無窮。説明郭璞的遊仙,正是歸隱。其目的是要擺脫人世的網羅,過縱情獨往的生活。

採藥遊名山,將以救年頹。呼吸玉滋液,妙氣盈胸懷。登仙撫龍駟,迅駕乘奔雷。鱗裳逐電曜,雲蓋隨風廻①。手頓羲和轡,足蹈閶闔開。東海猶蹄涔,崑崙若蟻堆②。遐邈冥茫中,俯視令人哀③。

【校注】

①　年頹,衰頹之年,謂年老。玉滋液,玉膏之屬。妙氣,特妙的香氣。龍駟,四匹龍馬駕的車。奔雷,言車駕如滾滾迅雷飛跑。鱗,《初學記》作"鮮"。鱗裳,謂龍馬的鱗甲。電曜,像電光一樣閃曜。雲蓋,彩雲爲車蓋。廻,旋。

②　頓,停頓。羲和,神話中太陽的御者。轡,馬繮。閶闔,天門。蹄涔,牛馬路上所留足迹中的積水,此謂東海也是容量微小的水坑。蟻堆,即蟻封,蟻穴外隆起的小土堆。極言崑崙山之小。

③　遐邈,謂高遠。冥茫,昏暗不明。此指塵世。所以下句云:"俯視令人哀。"意謂在高遠的天空,看一看黑暗的現實世界,的確令人悲哀。

這是《遊仙詩》的第九首,寫郭璞感到年老,生命有限,故思登仙。可是,當他真的高舉遠游,踢開了天帝的大門,立即可以進入神仙世界,却回視人間,爲現實的黑暗而悲哀,而不肯離開了。這個結尾,正表現了郭璞的憂國憂民的愛國主義思想,所以《遊仙詩》是積極浪漫主義的作品。

　　璇臺冠崑嶺,西海濱招摇。瓊林籠藻映,碧樹疏英翹。丹泉漂朱沫,黑水鼓玄濤①。尋仙萬餘日,今乃見子喬②。振髮晞翠霞,解褐被絳綃。總轡臨少廣,盤虬舞雲軺。永偕帝鄉侣,千歲共逍遥。

【校注】

①　璇,美玉。璇臺,玉飾之臺,相傳爲殷紂王所築。此指崑崙山頂仙人居處。崑嶺,崑崙之頂。西海,傳說中最西方的海。招摇,山名,《山海經·南山經》:"南山經首曰䧿山,其首曰招摇之山。"瓊林,玉樹之林。藻,謂玉樹的文彩光耀。碧樹,碧玉之樹。英翹,謂玉樹的英花特翹。丹泉,謂赤色的水,即赤水。朱沫,紅色的水泡。黑水,黑色的水即黑水。玄濤,黑色的浪濤。此六句狀寫崑崙山的美景,因爲神話中的崑崙山在西北,是帝之下都,方八百里,高萬仞,上有增城九重,正東角有崑崙宮,其處有積金爲墉城,城上有金銀臺五所,玉樓十二座,還有玉樹、碧樹。而山的位置,則在西海之南,流沙之濱,赤水之後,黑水之前。所以郭璞才作了如上的描寫,活現出一個神仙世界。

②　萬餘日,即三十餘年,雖是極言尋仙時間之長,但也說明了郭璞在青年時期就有了隱居的行動。子喬,即王子喬,《列仙傳》:"王子喬,周靈王太子晉也。好吹笙作鳳鳴,游伊洛間,道士浮丘公接上嵩高山。三十餘年後,來於山上,見桓良曰:告我家,七月七日待我猴氏山頭。果乘白鶴住山顛,望之不得到。舉手謝時人,數

③ 振髮,猶濯髮。晞,乾,晞髮使乾。翠霞,猶彩霞。解褐,本謂脱去布衣换上官服,此謂脱去凡人衣服而登仙,所以下云被絳綃。絳綃,深紅色薄紗縫制的仙衣。總轡,結繫韁繩。臨,到。少廣,岩穴名,一説山名。《莊子·大宗師》:"西王母得道,坐乎少廣。"或云西方空界之名。此謂神仙所居處。盤虬,盤曲的虬龍。雲軺,神仙乘坐的如雲的輕便車。帝鄉侣,謂神仙的侣伴。逍遥,自由自在的生活。

這是《遊仙詩》的第十首,陳沆《詩比興箋》以爲"此章乃陳遺世長往之懷也"。的確,郭璞把仙境寫得很美,描繪出他終生追求的自由自在的神仙境界。但是,郭璞是否真的想永偕帝鄉侣呢?否,這是現實的矛盾逼出來的,所以,他的解褐被絳綃,乃是思想苦悶,在黑暗現實中没有出路的曲折表現罷了。

登嶽採五芝,涉澗將六草①。散髮蕩玄溜,終年不華皓②。

【校注】

① 五芝,《抱朴子·仙藥》:"五芝者,有石芝,有木芝,有草芝,有肉芝,有菌芝,各有百許種也。"六草,不詳,當亦爲芝草類仙藥。梁簡文帝《鴻鵲賦》:"飲三芝之淳露,食六草之英芳。"採五芝、將六草,皆爲延年益壽。

② 玄溜,黑色的小股水流。華皓,年老頭髮斑白。

這是《遊仙詩》的第十一首,見於《藝文類聚》,僅此四句,顯是殘篇。採藥散髮,是爲了延年益壽。

四瀆流如淚,五嶽羅若垤①。尋我青雲友,永與時人絶②。

【校注】

① 四瀆,古人對江、河、淮、濟四條獨流入海大川的總稱。五嶽,是中國五大名山的總稱,指泰山、衡山、恒山、嵩山、華山。羅,羅列。垤,螞蟻做窩時堆在穴口的小土堆。也叫蟻封、蟻冢。

② 青雲友,指隱士。時人,世俗之人。

這是《遊仙詩》的第十二首,亦見於《藝文類聚》,仍然是殘篇。僅此四句,只説明郭璞雲遊太虚,俯視人間,决心仙隱的思想。

静歎亦何念,悲此妙齡逝。在世無千月,命如秋葉蒂①。蘭生蓬芭間,榮曜常幽翳②。

【校注】

① 妙齡,謂青春年少時期。千月,謂人生不過百歲。蔕,同蒂,花及瓜果與枝莖相連的部分。此句以秋天樹葉易落,喻人的生命有隨時死亡的危險。
② 榮曜,指蘭草的榮華光曜。幽翳,幽禁障蔽。謂蘭草的榮曜常爲蓬蒿幽蔽,喻小人常阻遮君子的仕進。

這是《遊仙詩》的第十三首,亦見於《藝文類聚》七十八卷,只殘存這六句,說明郭璞已覺年老,壽命不長,而在仕宦道路上,被小人阻障,成爲才高位卑之人。

縱酒濛汜濱,結駕尋木末。翹手攀金梯,飛步登玉闕①。左顧擁方目,右眷極朱髮②。

【校注】

① 濛汜,亦作蒙汜。古稱太陽没入之處。尋木,大木,《山海經》曰:"尋木長千里,在拘纓南,生河上西北。"末,指尋木的最高處。此二句言濛汜邊縱情飲酒,繫馬息駕於尋木末。"翹手"句,謂舉手攀緣尋木這樣的登天金梯而上天。玉闕,傳說中神仙所居的宫闕。此句謂很快地步登神仙的宫殿。
② 方目,即方瞳,方形瞳孔。道家說眼方者壽千歲,因以方瞳爲仙人之特徵。晋王嘉《拾遺記》:"惟有黄髮老叟五人,或乘鴻鶴,或衣羽毛,耳出於頂,瞳子皆方。"朱髮,即黑髮,也是長生不老的神仙之特徵。

這是《遊仙詩》的第十四首,見於《藝文類聚》七十八卷。全詩不可知,僅這六句佚文來看,仍是尋仙以求長生之意。

贈潘尼①

杞梓生南荆,奇才應世出。擢穎蓋漢陽,鴻聲駭皇室。遂應四科運,朱衣耀玉質②。

【校注】

①《贈潘尼》,見於《藝文類聚·衣冠部》。丁福保《全晋詩》題作《無題》,注

云:"次陸機贈潘尼後,《詩紀》即以此詩爲贈潘尼,其實未必即贈潘也。"這話說的有道理。因爲潘尼是潘岳的侄兒,字正叔,滎陽中牟人。郭璞流寓洛陽時,潘尼爲中書令,永嘉中遷太常卿。兩人雖有交往的可能,但此詩所讚美的人,却是楚人,與潘尼的身世不符。因此,這首詩究竟是贈誰,只好存疑。

② 杞梓,兩種優質木材,比喻優秀人才。南荆,即南楚。應世,適應時勢的變化。擢穎,喻才能出衆。漢陽,漢水之陽。水北爲陽。鴻聲,謂洪大的名聲。皇室,指朝廷。丁福保《全晋詩》作"星室"。四科,指儒家評論人物的分類。四科者,德行、言語、政事、文學。朱衣,紅色的公服,此指官職。玉質,如玉的本質,指德才而言。全句謂此人的官職與德才互相輝映。

春①

青陽暢和氣,谷風穆以温。英茞曄林薈,昆蟲咸啟門②。高臺臨迅流,四座列王孫。羽蓋停雲陰,翠鬱映玉樽③。

【校注】

① 《春》是一首寫景詩,見於《藝文類聚·春部》,但不知作於何時。全詩的用意,却在暴露貴族公子醉生夢死的生活。

② 青陽,指春天。《爾雅·釋天》:"春爲青陽。"《注》:"氣清而温陽。"谷風,指東風。《爾雅·釋天》:"東風謂之谷風。"《疏》:"孫炎曰:谷之言穀,穀,生也,谷風者生長之風也。"英,花。茞,草名,開小白花,有香氣,根入藥。莖葉細嫩時曰蘼蕪。曄,光輝燦爛。林薈,草木茂盛。"昆蟲"句,謂春天蟲類都啟蟄復出。

③ 王孫,貴族子孫,猶今言公子哥兒。羽蓋,以翠羽裝飾的車蓋。此句謂車輛之盛多。樽,盛酒器。此句謂燈紅酒緑的貴族生活。

夏①

羲和騁丹衢,朱明赫其猛。融風拂晨霄,陽精一何旵。閑宇静無娛,端坐愁日永②。

【校注】

① 《夏》這首詩,見於《藝文類聚·夏部》。雖不知寫於何時,但從詩的情調來

看,當和《春》作於同時,也是借景抒情之作。

② 羲和,神話中太陽的御者,此指太陽。丹衢,謂太陽運行的軌道。朱明,夏季,《爾雅·釋天》:"夏爲朱明。"《注》:"氣赤而光明。"此指夏天的太陽。融風,東北風曰融風。陽精,太陽的精光。冏,明亮。閑宇,謂閑居屋裏。日永,晝長,指白天很長。

別①

君如秋日雲,妾似突中煙。高下理自殊,一乖雨絕天②。

【校注】

① 《別》這首詩,見於《初學記·別部》。全詩用比,寫得直率自然,情意纏綿,但却不知作於何時。

② 突,烟囱。乖,乖違,離別。高,指雲在高高的天空;下,指煙在低矮的烟囱中。二者雖然"理自殊",但煙可上昇於天,雲可下降於地,但現在這對如雲似煙的男女愛情,却被絕天大雨阻隔而乖違了。

題墓詩①

北阜烈烈,鉅海混混。壘壘三墳,唯母與昆②。

【校注】

① 《題墓詩》,見於《世説新語·術解》。按,郭璞之母是晉元帝太興四年(321)的下半年去世的,葬於暨陽,即今江蘇省江陰縣東南長壽鎮。同時埋葬在這裏的,還有郭璞的兩個哥哥,惜不知其名。但據此可推知這首詩作於太興四年。

② 阜,土山、丘陵。烈烈,威武貌。混混,波浪盛大貌。壘壘,重積貌。昆,兄長。

附録①

本　傳②

　　郭璞字景純,河東聞喜人也。父瑗,尚書都令史③。時尚書杜預有所增損,瑗多駁正之,以公方著稱。終於建平太守。璞好經術,博學有高才,而訥於言論,辭賦爲中興之冠。好古文奇字,妙於陰陽算曆。有郭公者,客居河東,精於卜筮,璞從之受業。公以《青囊中書》九卷與之,繇是遂洞五行④、天文、卜筮之術,杯災轉禍⑤,通致無方,雖京房、管輅不能過也。璞門人趙載嘗竊《青囊書》,未及讀,而爲火所焚。

　　惠懷之際,河東先擾。璞筮之,投策而嘆曰:"嗟乎!黔黎將湮於異類,桑梓其翦爲龍荒乎!"於是潛結姻昵及交遊數十家,欲避地東南。抵將軍趙固,會固所乘良馬死,固惜之,不接賓客。璞至,門吏不爲通。璞曰:"吾能活馬。"吏驚入白固。固趨出,曰:"君能活我馬乎⑥?"璞曰:"得健夫二三十人,皆持長竿,東行三十里,有邱林社廟者,便以竿打拍,當得一物,宜急持歸。得此,馬活矣。"固如其言,果得一物,似猴,持歸。此物見馬死⑦,便噓吸其鼻。頃之馬起,奮迅嘶鳴,食如常,不復見向物。固奇之,厚加資給。

　　行至廬江,太守胡孟康被丞相召爲軍諮祭酒。時江淮清晏,孟康安之,無心南渡。璞爲占曰"敗"。康不之信。璞將促裝去之,愛主人婢,無由而得,乃取小豆三斗,繞主人宅散之。主人晨見赤衣人數千圍其家,就視則滅,甚惡之,請璞爲卦。璞曰:"君家不宜畜此婢,可於東南二十里賣之,慎勿争價,則此妖可除也。"主人從之。璞陰令人賤買此婢。復爲符投于井中,數千赤衣人皆反縛,一一自投于井,主人大悦。璞攜婢去。後數旬而廬江陷。

璞既過江,宣城太守殷祐引爲參軍。時有物大如水牛,灰色卑脚,脚類象,胸前尾上皆白,大力而遲純,來到城下,衆咸異焉。祐使人伏而取之,令璞作卦,遇《遯》之《蠱》,其卦曰:"《艮》體連《乾》,其物壯巨。山潛之畜,匪兕匪虎⑧。身與鬼並,精見二午。法當爲禽,兩翼不許⑨。遂被一創,還其本墅。按卦名之,是爲驢鼠。"卜適了,伏者以戟刺之,深尺餘,遂去不復見。郡綱紀上祠,請殺之。巫云:"廟神不悦,曰:'此是郏亭驢山君鼠,使詣荆山,暫來過我,不須觸之。'"其精妙如此。祐遷石頭督護,璞復隨之。時有鼯鼠出延陵,璞占之曰:"此郡東當有妖人欲稱制者,尋亦自死矣。後當有妖樹生,然若瑞而非瑞,辛螫之木也。儻有此者,東南數百里,必有作逆者,期明年矣。"無錫縣欸有茱萸四株,交枝而生,若連理者,其年盜殺吳興太守袁琇。或以問璞,璞曰:"卯爻發而沴金,此木不曲直而成災也。"

王導深重之,引參己軍事。嘗令作卦,璞言:"公有震厄,可命駕西出數十里,得一柏樹,截斷如身長,置常寢處,災當可消矣。"導從其言。數日果震,柏樹粉碎。

時元帝初鎮建鄴,導令璞筮之,遇《咸》之《井》,璞曰:"東北郡縣有'武'名者,當出鐸,以著受命之符。西南郡縣有'陽'名者,井當沸。"其後晉陵武進縣人於田中得銅鐸五枚,歷陽縣中井沸,經日乃止。及帝爲晉王,又使璞筮,遇《豫》之《睽》,璞曰:"會稽當出鐘,以告成功,上言勒銘⑩,應在人家井泥中得之。繇辭所謂'先王作樂崇德,殷薦之上帝'者也。"及帝即位,太興初,會稽剡縣人果於井中得一鐘,長七寸二分,口徑四寸半,上有古文奇書十八字,云"會稽嶽命",餘字時人莫識之。璞曰:"蓋王者之作,必有靈符,塞天人之心,與神物合契,然後可以言受命矣。觀五鐸啓號於晉陵,棧鐘告成於會稽,瑞不失類,出皆以方,豈不偉哉!若夫鐸發其響,鐘徵其象,器以數臻,事以實應,天人之際不可不察。"帝甚重之。

璞著《江賦》,其辭甚偉,爲世所稱。後復作《南郊賦》,帝見而嘉之,以爲著作佐郎。于時陰陽錯繆,而刑獄繁興,璞上疏曰⑪:……疏奏⑫,優詔報之。

其後日有黑氣,璞復上疏曰⑬:……

頃之,遷尚書郎。數言便宜,多所匡益。明帝之在東宮,與溫嶠、庾亮並有布衣之好,璞亦以才學見重,埒於嶠、亮,論者美之。然性輕易,不修威儀,嗜酒好色,時或過度。著作郎干寶常誡之曰:"此非適性之道也。"璞曰:"吾所受有本限,用之恒恐不得盡,卿乃憂酒色之爲患乎!"

璞既好卜筮,縉紳多笑之。又自以才高位卑,乃著《客傲》,其辭曰⑭:……

永昌九年,皇孫生,璞疏請崇恩布澤⑮,疏奏,納焉,即大赦改年。

時暨陽人任谷,因耕息於樹下,忽有一人著羽衣就淫之,既而不知所在,谷遂有娠。積月將產,羽衣人復來,以刀穿其陰下,出一蛇子便去。谷遂成宦者。後詣闕上書,自云有道術。帝留谷于宮中。璞復上疏請出之⑯。其後元帝崩,谷因亡走。

璞以母憂去職,卜葬地於暨陽,去水百步許。人以近水爲言,璞曰:"當即爲陸矣。"其後沙漲,去墓數十里皆爲桑田。未朞,王敦起璞爲記室參軍。是時潁川陳迹爲大將軍掾,有美名,爲敦所重,未幾而没。璞哭之哀甚,呼曰:"嗣祖,嗣祖,焉知非福!"未幾而敦作難。時明帝即位踰年,未改號,而熒惑守房。璞時休歸,帝乃遣使齎手詔問璞。會暨陽縣復上言曰赤烏見。璞乃上疏請改年肆赦,文多不載。璞嘗爲人葬,帝微服往觀之,因問主人何以葬龍角,此法當滅族。主人曰:"郭璞云此葬龍耳,不出三年當致天子也。"帝曰:"出天子邪?"答曰:"能致天子問耳。"帝甚異之。璞素與桓彝友善,彝每造之,或值璞在婦間,便入。璞曰:"卿來,他處自可徑前,但不可廁上相尋耳。必客主有殃。"彝后因醉詣璞,正逢在廁,掩而觀之,見璞裸身被髮,銜刀設醱,璞見彝,撫心大驚曰:"吾每屬卿勿來,反更如是!非但禍吾,卿亦不免矣。天實爲之,將以誰咎!"璞終嬰王敦之禍,彝亦死蘇峻之難。

　　王敦之謀逆也,溫嶠、庾亮使璞筮之,璞對不決。嶠、亮復令占己之吉凶,璞曰:"大吉。"嶠等退,相謂曰:"璞對不了,是不敢有言,或天奪敦魄。今吾等與國家共舉大事,而璞云大吉,是爲舉事必有成也。"於是勸帝討敦。初,璞每言"殺我者山宗",至是果有姓崇者構璞於敦⑰。敦將舉兵,又使璞筮,璞曰:"無成。"敦固疑璞之勸嶠、亮,又聞卦凶,乃問璞曰:"卿更筮吾壽幾何?"答曰:"思向卦,明公起事,必禍不久⑱。若住武昌⑲,壽不可測。"敦大怒曰:"卿壽幾何?"曰:"命盡今日日中。"敦怒,收璞,詣南岡斬之。璞臨出,謂行刑者欲何之。曰:"南岡頭。"璞曰:"必在雙柏樹下。"既至,果然。復云:"此樹應有大鵲巢。"衆索之不得。璞更令尋覓,果於枝間得一大鵲巢,密葉蔽之。初,璞中興初行經越城,間遇一人,呼其姓名,因以袴褶遺之。其人辭不受,璞曰:"但取,後自當知⑳。"其人遂受而去。至是,果此人行刑。時年四十九。及王敦平,追贈弘農太守。

　　初,庾翼幼時嘗令璞筮公家及身,卦成,曰:"建元之末丘山傾,長順之初子凋零。"及康帝即位,將改元爲建元,或謂庾冰曰:"子忘郭生之言邪?丘山上名,此號不宜用。"冰撫心歎恨。及帝崩,何充改元爲永和,庾翼歎曰:"天道精微,乃當如是。長順者,永和也,吾庸得免乎!"其年翼卒。冰又令筮其後嗣,卦成,曰:"卿諸子並當貴盛,然有白龍者,凶徵至矣。若墓碑生金,庾氏之大忌也。"後冰子蘊爲廣州刺史,妾房内忽有一新生白狗子,莫知所由來,其妾秘愛之,不令蘊知。狗轉長大,蘊入,見狗眉眼分明,又身至長而弱,異於常狗,蘊甚怪之。將出,共視在衆人前,忽失所在。蘊慨然曰:"殆白龍乎!庾氏禍至矣。"又墓碑生金。俄而爲桓溫所滅,終如其言。璞之占驗,皆如此類也㉑。

　　璞撰前後筮驗六十餘事,名爲《洞林》。又抄京、費諸家要最,更撰《新林》十篇、《卜韻》一篇。注釋《爾雅》,別爲《音義》《圖譜》。又註《三蒼》《方言》《穆天子傳》《山海經》及《楚辭》《子虛》《上林賦》數十萬言,皆傳於世。所作詩賦誄頌亦數萬言。子鷟,官至臨賀太守。

　　史臣曰:景純篤志綈緗,洽聞疆記,在異書而畢綜,瞻往滯而咸釋;情源秀逸,思業高奇;襲文雅於西朝,振辭鋒於南夏,爲中興才學之宗矣。夫語怪徵神,伎成則賤,前修貽訓,鄙乎茲道。景純之探策定數,考往知來,邁京管於前圖,軼梓竈於遐篆。而宦微於世[22],禮薄於時,區區然寄《客傲》以申懷,斯亦伎成之累也。若乃大塊流形,玄天賦命,吉凶脩短,定乎自然。雖稽象或通,而厭勝難恃,稟之有在,必也無差,自可居常待終,頹心委運[23],何至喞刀被髮[24],遑遑於幽穢之間哉!晚抗忠言,無救王敦之逆,初慚智免,竟斃"山宗"之謀。仲尼所謂攻乎異端,斯害也已,悲夫[25]!

　　讚曰:景純通秀,夙振宏材。沉研鳥冊,洞曉龜枚。匪甯國釁,坐致身災。

【校注】

　　① 張溥在前"目錄"中,把《本傳》列爲"附錄",而此處脱"附錄"二字,今按編錄體例補出。
　　② 張溥輯録的這篇《本傳》,即《晋書·郭璞傳》,但係節録,且文字與原傳略有不同,特校注於後。
　　③ "者令史"的"者"字,埽葉山房藏版《郭弘農集》作"省"字,而《晋書·郭璞傳》作"都令史",因此,"者"字當作"都"字。
　　④ 繇是,《晋書·郭璞傳》作"由是",意同。
　　⑤ "杯災"之"杯"字,誤。《晋書·郭璞傳》作"攘災",是也。
　　⑥ "活我馬乎"的"我"字,《晋書·郭璞傳》作"吾"字,意同。
　　⑦ 此物見馬死,《晋書·郭璞傳》作"此物見死馬",注云:"此物見死馬,死馬,各本作馬死,今從宋本。《通志》一二七、《册府》八七六及《搜神記》皆作死馬。"因此,當作"死馬"。
　　⑧ 匪兕匪虎,《晋書·郭璞傳》作"匪兕匪武",注云:"武本作虎,蓋唐人避諱改。"因此,"虎"字非誤。
　　⑨ 兩翼不許,"翼"字誤,《晋書·郭璞傳》作"兩靈不許",故"翼"字當作"靈"字。

⑩ 上言勒銘,"言"字誤。《晉書·郭璞傳》作"上有勒銘","言"字當作"有"字。

⑪ 璞上疏曰,張溥輯録爲"璞上疏",無"曰"字。

⑫ ……疏奏,張溥輯録時,省略了《省刑疏》全文,並無"疏奏"二字。

⑬ 璞復上疏曰:……,張溥輯録時,無"曰"字,並省略了《日有黑氣疏》全文。

⑭ 其辭曰:……,張溥輯録時,無"其辭曰"三字,並省略了《客傲》全文。

⑮ 永昌九年,"九"字誤,《晉書·郭璞傳》作"永昌元年","九"字當作"元"字。璞疏請崇恩布澤,《晉書·郭璞傳》作"璞上疏曰",並全録了《皇孫生請布澤疏》。

⑯ 璞復上疏請出之,《晉書·郭璞傳》作"璞復上疏曰",並全録了《彈任谷疏》。

⑰ "是爲舉事必有成也。於是勸帝討敦。初,璞每言殺我者山宗,至是果有姓崇者構璞於敦。"張溥輯録時省略爲:"是爲舉事,有姓崇者,構璞於敦。"

⑱ 必禍不久,張溥輯録爲"禍必不久"。

⑲ 若住武昌,一本作"若往武昌",從郭璞遇難時地看,"住"當作"往"。

⑳ 後自當知,張溥輯録爲"後當自知"。

㉑ 皆如此類也,張溥輯録爲"皆此類也",脱"如"字。

㉒ 而宦微於世,張溥輯録爲"而官微於世"。

㉓ 頹心委運,《晉書·郭璞傳》作"頽心委運"。

㉔ 啣刀被髪,《晉書·郭璞傳》作"銜刀被髪"。

㉕ "悲夫!"之上,張溥省略了"仲尼所謂……斯害也已"。

補　遺

答貫九州愁詩三首

廣莫戒寒，玄英啟謝。感彼時變，悲此物化。獨步閑朝，哀歎靜夜。德非顏原，屢空蓬舍。輕服禦冬，藍褐當夏。正未墨突，逝將命駕。幸賴吾賢，少以慰藉。

顧瞻中宇，一朝分崩。天網既紊，浮鯢橫騰。運首北眷，邈哉華恒。雖欲淩翥，矯翮靡登。俯懼潛機，仰慮飛矰。惟其嶮哀，難辛備曾。庶睎河清，混焉未澄。

自我徂遷，周之陽月。亂離方燉，憂虞匪歇。四極雖遙，息駕靡脫。願言齊衡，庶幾契闊。雖云闇投，圭璋特達。綿駒之變，何有胡越。子固喬楚，我伊羅葛。無貴香明，終自截渴。未若遺榮，閟情丘壑。逍遙永年，抽簪收髮。（《文館詞林》百五十七）

與王使君詩五首

道有虧盈，運亦淩替。茫茫百六，孰知其弊。蠢蠢中華，遘此虐戾。遺黎其諮，天未忘惠。云誰之眷，在我命代。

穆穆皇帝，固靈所授。英英將軍，惟哲之秀。乃協神□，馥如蘭臭。化揚東夏，勳格宇宙。豈伊來蘇，莫知其覆。

懷遠以文，濟難以略。光贊嶽謨，折衝帷幄。凋華振彩，墜景增灼。穆其德風，休聲有邈。方恢神邑，天衢再廓。

遭蒙之吝，在我幽人。絕志雲肆，如彼涔鱗。靈蔭謬垂，躍我龍津。翹情明規，懷德鑒神。雖賴蟄盼，永愧其塵。

靡竭匪浚，靡頹匪隆。持貴以降，挹滿以沖。邁德遺功，於盛思

終。願林之藹,樂岱之崇。永觀玉振,長賴英風。(《文館詞林》百五十七)

答王門子詩六首

芊芊玉英,濟美瓊林。靡靡王生,實邁俊心。藻豔三秀,響諧韶音。映彩春蘭,擢藥秋岑。

我雖同薄,及爾異穎。翹不冠叢,榮不熙町。因夷杖平,藉澄任靜。思樂逸驚,翻飛雲領。

疇昔之乖,永言莫見。之子於罹,再離淪湮。苕不凋翠,柯不易蒨。染霜滋芬,在陶彌練。

詩亦有言,兄弟無遠。矧我暨爾,姻媾繾綣。猗人其來,青陽載婉。言歸於好,如彼琴管。

皇極委夷,運有經綸。聊以傲詠,不榮不遯。敢希寂放,庶幾無悶。匪熏匪獸,安知藜蓀。

遺物任性,兀然自縱。倚榮彤藹,寓音雅弄。匪涉魏闕,匪滯陋巷。永賴不才,逍遙無用。(《文館詞林》百五十七)

補遊仙詩殘句

吐納致真和,一朝忽靈蛻。飄然淩太清,眇爾景長滅。(《韻補》五)

放浪林澤外,被髮師岩穴。髣髴若士姿,夢想遊列缺。(《北堂書抄》百五十八)

翹首望太清,朝雲無增景。雖欲思靈化,龍津未易上。(《韻補》三)

安見山林士,擁膝對岩蹲。(《太平御覽》三百九十四)

嘯嗷遺俗羅,得此生。(《文選》三十雜詩注,"得此生"上當脫二字)

幽思篇殘句

林無靜樹,川無停流。(《世説新語文學篇》《藝文類聚》五十六)

詩二首殘句

翩翩尋靈娥,眇然上奔月。(《北堂書抄》百五十)
得意在蘭蓀,忘懷寄蕭艾。(《太平御覽》九百九十七)